第十二册

國學叢録

王蘧常 著
郭建中 整理

王蘧常文集
吳曉明 王興孫 主編

本書由上海文化發展基金會資助出版

出版説明

《國學叢録》主要彙録王蘧常先生散見於報紙雜誌等的單篇文章，某些文章如又收於《王蘧常文集》其他卷，則汰其重複，總得二十餘篇。沈静儒先生所作《我倆結合的經過》可與《患難夫妻》一文併觀，故亦附於後。

《叢録》所收諸篇，以類相從，首史學，次集部等，後傳狀和自述。類中諸文排序，或以題名時代，或以撰作先後，不强求一律。

各篇著作時代和體例不一，現均施以新式標點。文中引文和文字譌誤則逕改，不出校記。其不當之處，敬請讀者不吝賜正。

復旦大學出版社
2021 年 9 月

目　録

商書初稿 …………………………………………………… 1
商代藝文志初稿 …………………………………………… 17
孔子傳 ……………………………………………………… 29
曾子新傳 …………………………………………………… 34
孟子源流考 ………………………………………………… 37
晏子傳 ……………………………………………………… 52
荀子新傳 …………………………………………………… 58
諸子學派評論釋誼之一 …………………………………… 64
《子二十六論》序 ………………………………………… 68
屈子作《騷》時代考 ……………………………………… 70
漢賦今存考 ………………………………………………… 78
《羣籍源流考》凡例 ……………………………………… 92
續許氏嘉興府志經籍志 …………………………………… 99
張蒼水先生事狀 …………………………………………… 132
曾文正公著述考 …………………………………………… 142
寶慶王白田、朱止泉兩先生之朱子學 …………………… 161

記唐蔚芝先生 ……………………………………………… 166
祭孫隘堪教授文 …………………………………………… 226
孫隘堪先生哀辭 …………………………………………… 227

元和孫先生行狀 …………………………………… 228
顧君誼先生傳 ……………………………………… 234
桐城姚仲實教授傳 ………………………………… 236
長樂高曙青先生傳 ………………………………… 239
清誥封建威將軍何公墓誌銘 ……………………… 241

送第十一屆畢業諸同學序 ………………………… 243
患難夫妻 …………………………………………… 244
　　附：我倆結合的經過 ………………………… 247
"孤島"時期所作詩文回憶 ………………………… 251
王蘧常自傳 ………………………………………… 259

商書初稿

此書蘧常屬草於甲子夏，迫於人事，成者無幾。下爲第三卷《王紀》之第一篇也。前尚有《世紀》兩卷，已刻於《中國國學討論社討論集》中，不複出。草創伊始，舛屚百出。惟是同學督飭相念之殷，遂自忘其淺陋，讀者過而教之，幸甚。蘧常識。

成 湯 本 紀

成湯依《詩》《書》文。案清崔氏（述）《商考信録》曰，《尚書·酒誥》《多方》《立政》等篇皆稱爲成湯，無但稱湯者。蓋禹，名也，成湯，號也。古多以一字名，未聞有以一字號者。然則成湯乃其本號，湯則後世之省文也。《商頌·殷武》亦稱成湯，《玄鳥》稱武湯，唯《長發》或但稱湯，或稱爲武王。蓋史册主於紀實，詩人主於頌美，故其稱參差不一。武王者，子孫追崇之稱，即後世謚法所自彷，既或省文爲湯；因以武加之，爲武湯耳。春秋、戰國以後率但稱湯，稱成湯者，鮮矣。其謂成湯爲號，是也；謂二字必相屬，非也。蓋湯者，因地爲號。《路史》發揮五注，謂湯縣商國中一邑，今相之湯陰，甚確。《秦紀》有亳王湯。可見曰成曰武，則後人尊之之稱，故稱成湯，可稱武湯，亦可一以表成功，一以昭威武，而第稱湯，亦未嘗不可也。至《史記》自號武王之説，則誣甚矣。又案《漢書·人表》上上稱帝湯，惟考當時皆稱王，《湯誓》王曰："格爾衆庶，夏王率遏衆力。"《盤庚》三篇，王凡十一見。《高宗肜日》王三見。《撖黎》王五見。《微子》一舉先王，三呼王子。《玄鳥》詩曰："武王靡不勝。"《長發》曰"玄王桓撥"，"武王載斾"，"實左右商王"，無稱帝者。後世始有帝乙、帝甲之稱，疑後人追加。惟卜辭亦一見帝甲，帝爲尊號，抑其名不可知，兹不從《人表》稱帝，致慎之義也。又案湯古本作唐，近儒王氏（國維）《古史新證》曰："卜辭屢見唐字，其一條有唐、大丁、大甲三人相連，而下文不具。又一骨上有卜辭三，一曰貞於唐告㕣方，二曰貞於大甲告，三曰貞於大丁告㕣，三辭在一骨上，自係一時所卜。據此則唐與大丁、大甲連文而又居其首，知唐即湯之本字。《說文·口部》：'喝，古文唐，从口、易。'與湯字形相近。《博古圖》所載齊侯鎛鐘銘曰：'虩虩成唐，有嚴在帝所，敷受天命。'又曰：'咸有九州，處禹之都。夫受天命有九州，非湯其孰能當之？'《太平御覽》八十二及九百十二引《歸藏》曰：'昔者桀筮伐唐而枚占，熒惑曰不吉。'《博物志》六亦載此事。則唐之即湯甚明。唐必湯之本字，後轉爲喝，遂通作湯矣。"其說是也。據此更可破崔說成湯二字必相屬之謬。今仍書作湯，通俗也，書曰"成湯"，尊之也。**名履**，依《論語·堯曰》篇文。**又名大乙**，依殷虛卜辭（《殷虛書契前編》卷一第三葉以下屢見）。案《書·湯誓》釋文引《世本》、《荀子·成相》篇、《史記·殷本紀》皆作天乙，近儒羅氏（振玉）《殷虛書契考釋》曰："《史記》作天乙，《索隱》引譙周說天亦帝也，殷人尊湯，故曰天乙。案天與大形近易譌，觀於大戊，卜辭亦作大戊。"（《殷虛書契前編》卷四第十六葉），以大丁、大甲諸名例之，知作大者是譙周爲曲說矣。又案《白虎通·姓名章》謂湯爲王後改名天乙，恐出臆說，不足據，又案《竹書紀年》謂有七名而九征，所謂七名不可考，惟《金樓子·興王篇》悉數之，曰："成湯姓子，名履，字天乙，凡有七號，一名姓生，二云履長，三云瘠肚，四云天成，五云天乙，六云地甲，七云成湯。"其說可怪也。**父主癸**，依《史記·殷本紀》文。**母扶都**，案《殷虛書契前編》卷一第一葉作妣庚，說詳下，《本紀》附王妃紀。**扶都以乙日生湯，故名**。依《初學記》九引《帝王世紀》文。《尚書中候》："主癸之妃曰扶都，見白氣貫月，意感以乙日生湯，號天乙。"《帝王世紀》："主癸之妃曰扶都，見白氣貫月，意感以乙日生湯，故名履，字天乙，是謂成湯。"《初學記》九引《金樓子》："成湯母感狼星之精，又感黑龍而成。"《公羊傳疏》："湯虛之星精。"（宣公三年）案皆誕妄。**長九尺**。《孟子·告子》篇、《帝王世紀》。《晏子春秋》："湯晳而長，顏以髯，兌上豐下，倨身而揚聲。"（《諫上》）《洛書》："黑帝子湯長八尺一寸，珠庭。"《春秋元命苞》："湯臂四肘。"（《太平御覽》三百八十九，又八十三，《藝文類聚》十二並引作三肘）"是謂神剛像月推移，以綏四方。"《白氏六帖》三十引）《孔叢子》"修肱龜臂。"（《嘉言》篇）《荀子》："湯扁。"（《成相》篇）《尚書大傳》："湯扁扁者，枯也。"（《御覽》三百六十三篇引《略說》）《春秋繁露》："體半枯，足左扁而右便。"（《三代改制》）《論衡》："臂再肘。"（《骨相》篇）《白虎通》："湯臂三肘，是謂柳翼。"（《聖人章》《帝王世紀》："成湯豐下銳上，晳而有髯，倨身而揭聲，長九尺，臂四肘。"（《初學記》九引）案所記各異，多近怪妄，要皆古說相傳，各有所受，姑著之。**主癸卒**，湯原文作天乙。**立，自契至湯八遷**。案，八遷，《尚書》釋文謂惟見四，《正義》僅舉其三（孔數砥石、商邱及亳爲三，而連契居商爲四遷)。劉氏(恕)《通鑑外紀》亦謂:"《商頌》:帝立子生商,是契居商也。"鄭玄曰:"在太華之陽。"皇甫謐曰:"今上洛商。"《世本》曰:"昭明居砥石。"《左傳》曰:"陶唐氏之火正閼伯居商邱,相土因之。"杜預曰:"梁國睢陽也。"及湯居亳,四遷事見經傳,而不見餘四遷。胡氏(克家)注則以契始封商,昭明再遷砥石,三遷商,相土四遷商邱,帝芒時五遷殷,帝孔甲時六遷商邱,湯七遷南亳。(其説曰:《竹書》帝桀十五年,商侯履遷於亳。"《史記正義》引《括地志》曰:"南亳,湯都。西亳,帝嚳及湯所都。"張守節曰:"湯即位都南亳,後徙西亳,是一遷也。")八遷西亳當之。梁氏(玉繩)《史記質疑》以昭明居砥石、遷於商、相土居商邱(商與商邱不同,見《左·襄九年》疏)爲三遷,《竹書》帝芒三十三年商侯遷于殷(冥之子振也),帝孔甲九年殷侯復歸商邱(不知何世)爲五遷,《路史·國名紀》云:"上甲居鄴爲六遷。"而《水經注》十九又引《世本》云:"契居蕃爲七遷。"并湯爲八當之。王氏(國維)《觀堂集林》則以《世本》契居亳遷蕃,昭明由蕃遷砥石,《荀子》、昭明又由砥石遷商,《左傳·襄九年》相土因商邱,《定四年》又云相土東都,是由東都後復歸商邱(案見上《世紀》)。《竹書》遷於殷,又云復歸商邱,并湯居亳爲八當之。衆説紛紜,似王説爲近是。胡以南亳、西亳爲兩遷,不知湯遷西亳之説蓋晉唐間文人附會,本不足訓,且即如其説,徙西亳蓋即位後事,此就即位初言,亦不當數。梁以《路史·國名紀》上甲居鄴以當一遷,不知鄴即殷也。(《史·殷本紀·索隱》曰:"殷在鄴。"別見《地理志》)亦未爲是。

湯始居亳,從先土居,作《帝誥》。《史·殷紀》。《書序》:"自契至于成湯八遷,湯始居亳,從先王居,作《帝告》、《釐沃》。**與葛爲鄰,葛伯仇餉,**《孟子》引逸書,《水經注》二十三汳水以爲古文《仲虺之誥》。**湯始征,**案其原文:"湯居亳,與葛爲鄰,葛伯放而不祀,湯使人問之曰:'何爲不祀?'曰:'無以供犧牲也。'湯遺之牛羊,葛伯食之。又不以祀,湯又使人問之曰:'何爲不祀?'曰:'無以供粢盛也。'湯使亳衆往爲之耕,老弱饋食,葛伯率其民,要其有酒食黍稻者奪之,不授者殺之。有童子以黍肉餉,殺而奪之。《書》曰:'葛伯仇餉',此之謂也。爲其殺是童子而征之,四海之内皆曰:'非富天下也,爲匹夫匹婦復讎也。'湯始征自葛載。"崔氏《考信録》曰:"此事殊瑣細,不類夏商間事,亦不類國君之所爲。牛羊既可遺,何難復與之以黍稷?而葛民非少,亦何至用亳衆往耕?且其文頗繁碎,與《詩》《書》皆不類,蓋亳嘗有童子以黍肉餉父兄,而爲葛伯所殺,是以《書》有'葛伯仇餉'之文,而當時説《尚書》者傳其事如此,孟子因而述之,其大概則不誣,而其事之曲折,則未必如此文云云也。"或孟子但言其略,而門人纍纍記之,亦未可知,不敢盡據爲實録也,故不以入正文。(《孟子·滕文公》篇)《孟子》"湯事葛",《書》曰:"湯一征自葛始。"(《梁惠王》篇)《史記》:"葛伯不祀,湯使伐之。"(《史·本紀》)《越絶書》:"湯獻牛荆之伯,之伯者,荆州之君也。湯行仁義,敬鬼神,天下皆一心歸之。

當是時，荊伯未從也，湯於是乃飾犧牛以事，荊伯乃愧然曰：'失事聖人禮。'乃委其誠心。此謂湯獻牛荊之伯也。"《吳內傳》案，《史記》蓋用《孟子》文。崔氏《考信錄》曰："案《孟子》文，湯以仇餉征葛，非以不祀征葛也，《史記》殊失《孟子》之意。又案《越絶書》云云，馬氏（驌）《繹史》曰："此復似事葛事，今類列於此。"湯曰："予有言：人視水見形，視民知治不。"伊尹曰："明哉！言能聽，道乃進，君國子民，爲善者皆在王官。勉哉！勉哉！"湯依舊本增。曰："汝不能敬命，予大罰殛之，無有攸赦。"作《湯征》。《史·殷紀》。案，宋金氏（履祥）云："史載亳征之辭不類，蓋非《湯征》之舊也。《孟子》引亳衆往耕之事，疑出此書。"江氏（聲）《尚書集注音疏》曰："此自是《湯征》逸文，且其詞氣不似《史記》之文，其爲《尚書》無疑也。"案，《史記》所采《尚書》多本于孔氏古文，此《湯征》篇則孔氏《逸書》所無，不審司馬子長何自采取？蓋必引見于周秦諸子之書，子長博洽多聞，故得采之。江説是也。史公輒以詁訓代經文，今書紀所存可驗也。佚文後人無以取，觀其詞欠醇古，遂目爲竄易失真，或竟以爲僞託，於是唐白居易《長慶集》乃有《湯征》補亡之作，皆重誣史公也。伊尹處士，《史·殷紀》。耕於有莘之野，湯三使往聘之，《孟子·萬章》篇。《史記》："伊尹處士，湯使人聘迎之，五反然後肯往從湯。"（《殷本紀》）案，《史記》五反，疑因《孟子》五就之文而誤，不從諸傳記尚有割亨要湯之説，詳下《伊尹傳》中。然後肯往從湯，言素王及九主之事。《史·殷紀》。案《殷紀·集解》引劉向《別錄》曰："九主者，有法君、專君、授君、勞君、等君、寄君、破君、國君、三歲社君，凡九品，圖畫其形。"又《索隱》曰："素王者，太素上皇，其道質素，故稱素王。九主者，三皇五帝及夏禹也。"愚案《索隱》説是。孟子所謂"使是君爲堯舜之君，使是民爲堯舜之民也"，梁氏（玉繩）謂不可據，與《韓子·難言》及《後漢書·馮衍傳》（案此係傳注引《帝王世紀》文，以爲傳文誤也）謂"伊尹干湯七十"説同妄，似未審。又考《漢書·藝文志》道家有《伊尹》五十一篇，小説家《伊尹説》二十七篇，當爲史公所本。湯舉任以國政。湯出，見野張網，四面祝曰："自天下四方皆入吾網。"湯曰："嘻！盡之矣。"乃去其三面。祝曰："欲左，左，欲右，右，不用命，乃入吾網。"諸侯聞之曰："湯德至矣及禽獸。"《尸子》："湯之德及禽獸矣。"（《文選·賢良詔》注、《四子講德論》注引）《呂氏春秋》："湯見祝網者，置四面，其祝曰：'從天墜者，從地出者，從四方來者，皆離吾網。'湯曰：'嘻！盡之矣，非桀其孰爲此也。'湯收其三面，置其一面，更教祝曰：'昔蛛蝥作網罟，今之人學紓，欲左者左，欲右者右，欲高者高，欲下者下，吾取其犯命者。'漢南之國聞之曰：'湯之德及禽獸矣。'四十國歸之。"（《異用》）《大戴禮記》："湯去張網者之三面，而二垂至。"（《保傅》）。案此篇上有趙高傅胡亥云云，漢人作也，故次《吕覽》後）《賈子新書》："湯見祝網者四面張，祝曰：'自天下者，自地出者，自四方至者皆罹我網。湯曰：'嘻！盡之矣，非桀其孰能如此。'令去三面，舍一面，而教之祝曰：'蛛蝥作網，今之人循緒（本亦作修緒）。欲左者左，欲右者右，欲高者高，欲下者下，吾請受其犯命者。'士民聞之曰：'湯之德及禽獸矣，而況我乎？'於是下親其上。"（《諭誠》）《新序》："湯見祝網者置四面，其祝曰：'從天墜者，從地出者，從四方來者皆離吾網。'湯曰：'嘻！盡之矣，非其孰能如此。'湯乃解其三面，置其一面，更教之祝曰：'昔蛛蝥作網，今之人循序，欲左者左，欲右者右，欲高者高，欲下者下，吾取其犯命者。'漢南之國聞之曰：'湯之德及禽獸矣。'四十國歸之。"（《雜事五》）案，《新書》《新序》文皆出《吕覽》，《新序》幾全同。又四十國，《文選‧東京賦》注引《吕覽》作三十國，《大戴禮記》注《保傅》篇此事亦作朝商者三十國。**當是時，夏桀爲虐政淫荒**，《史‧殷紀》。**不務德而武傷百姓，百姓弗堪**，案史文此下有"迺召湯而囚之夏臺，已而釋之"十二字，今不錄，詳下。**湯修德，諸侯皆歸湯**，《史‧夏紀》。《詩》："受小球大球，爲下國綴旒，何天之休。不兢不球，不剛不柔。敷政優優，百禄是遒。受小共大共，爲下國駿厖，何天之龍，敷奏其勇。不震不動，不戁不悚，百禄是總。"（《商頌》）《太公金匱》："桀怒湯，以諫臣趙梁計召而囚之均臺，實之種泉。嫌於死，湯乃行賂，桀遂釋之，而賞以贅茅。"《墨子》："湯封於亳，絕長繼短，方地百里，與其百姓兼相愛，交相利，率其百姓以尊天事鬼，是以天鬼富之，諸侯與之，百姓親之，賢氏歸之。"《楚辭》："湯出重泉，夫何辠尤？不勝心伐帝，誰使挑之？"王逸注："桀拘湯於重泉，而復出之，夫何用罪尤之不審也。"（《天問》）《淮南子》："湯夙興夜寐，以致聰明，輕賦薄斂，以寬民氓，布德施惠，以振困窮，弔死問疾，以養孤孀，百姓親附，政令流行。"（《修務》）《尚書大傳》："湯之君民聽寬而獄省。"（《御覽》八十三引）"桀無道囚湯，後釋之，諸侯八譯來朝者六國。"（《北堂書鈔》十引）"漢南諸侯聞之，歸之四十國。"（《路史‧後紀》十三引）《尚書中候》："天乙在薄，夏桀迷惑，諸鄰國襁負歸湯。"（《文選‧陸佐公石闕銘》注引）《列女傳》："桀召湯囚之於夏臺，已而釋之，諸侯大叛。"（《孽嬖傳》）《帝王世紀》："夏桀無道皋諫者，湯使人哭之，桀囚湯使（案，馬氏《繹史》曰：'據言囚湯使非也，使字衍。'）于夏臺，而後釋之，諸侯由是咸叛桀附湯，同日供職者五百國，三年而天下咸服。"（《御覽》八十三引）案，囚湯諸說蓋起於戰國名法家言，未可信，附出於下，備一説。**而昆吾氏爲亂，湯乃興師率諸侯，伊尹從湯，湯自把鉞**，《史‧殷紀》。**以伐昆吾**。《史記》："昆吾氏，夏之時嘗爲侯伯，桀之時湯滅之。"（《楚世家》)遂伐桀。《史·殷紀》。《詩》:"武王載斾,有虔秉鉞。如火烈烈,則莫我敢曷。苞有三蘗,莫遂莫達。九有有截,韋顧既伐,昆吾夏桀。"《商頌》《管子》:"昔者桀之時,女樂三萬人,端譟晨,樂聞於三衢,是無不服文繡衣裳者。伊尹以薄之游女工文繡纂組,一純得粟百鍾於桀之國。夫桀之國者,天子之國也。桀無天下憂,飾婦女鍾鼓之樂,伊尹得其粟而奪之流,此之謂來天下之財。"《輕重甲》)"桀者冬不爲杠,夏不束柎,以觀凍溺。弛牝虎充市,以觀其驚駭。至湯而不然,夷竟而積粟,饑者食之,寒者衣之,不資者振之,天下歸湯若流水。此桀之所以失其天下也。女華者,桀之所愛也,湯事之以千金。曲逆者,桀之所善也,湯事之以千金。內則有女華之陰,外則有曲逆之陽,陰陽之議合而得成其天子。此湯之陰謀也。"《同仁》《呂氏春秋》:"湯問於伊尹曰:'欲取天下若何?'伊尹對曰:'欲取天下,天下不可取。可取,身將先取。凡事之本,必先治身,嗇其大寶,用其新,棄其陳,腠理遂通。精氣日新,邪氣盡去,及其天年,此之謂真人。"《先己》)"桀爲無道,暴戾頑貪,天下顒恐而患之,言者不同,紛紛分分,其情難得。干辛任威,凌轢諸侯,以及兆民,賢良鬱怨,殺彼龍逢,以服羣凶,衆庶泯泯,皆有遠志,莫敢直言,其生若驚。大臣同患,弗周而畔。桀愈自賢,矜過善非,主道重塞,國人大崩。湯乃惕懼,憂天下之不寧,欲令伊尹往視曠夏,恐其不信,湯由親自射伊尹。伊尹奔夏三年,反報於亳,曰:'桀迷惑於末嬉,好彼琬、琰,不恤其衆,衆志不堪,上下相疾,民心積怨,皆曰:上天弗恤,夏命其卒。'湯謂伊尹曰:'若告我曠夏盡如詩。'湯與伊尹盟,以示必滅夏。伊尹又復往視曠夏,聽於末嬉。末嬉言曰:'今昔天子夢西方有日,東方有日,兩日相鬥,西方日勝,東方日不勝。'伊尹以告湯。商涸旱,湯猶發師,以信伊尹之盟。"《慎大覽》。馬氏《繹史》曰:"湯值涸旱以伐夏,故前編書大旱,自此伐桀之年起。"良是)《說苑》:"湯欲伐桀,伊尹曰:'請阻乏貢職以觀其動。'桀怒,起九夷之師以伐之。伊尹曰:'未可,彼尚能起九夷之師。'乃謝罪請服,復入貢職。明年,又不供貢職,桀怒,起九夷之師,九夷之師不起,伊尹曰:'可矣。'湯乃興師。"《權謀》)案,《管》《呂》《說苑》所記皆後世陰謀家所僞託,彼固習見當世之如此,而遂自以其不肖之心度古人而爲是說耳。又考九夷去夏甚遠,湯與桀近在千里之內,而夏民方引領以待偕亡,九夷之師於緩急何濟焉? 其爲僞託,固不待智者而辨矣。誓曰:"格爾衆庶,悉聽朕言,非台小子,敢行稱亂?有夏多罪,天命殛之。今爾有衆,汝曰:'我后不恤我衆,舍我穡事而割正夏。'予惟聞汝衆言,夏氏有罪,予畏上帝,不敢不正。今汝其曰:'夏罪其如台?'夏王率遏衆力,率割夏邑,有衆率怠弗協,曰:'時日曷喪,予及汝皆亡。'夏德若茲,今朕必往。爾尚輔予一人,致天之罰,予其大賚汝,爾無不信,朕不食言。爾不從誓言,予則孥戮汝,罔有攸赦。"《尚書·湯誓》。《史記》:"湯曰:'格汝衆庶,來,女悉聽朕言。匪台小子,敢行舉亂,有夏多罪,予維聞女衆言,夏氏有罪,予畏上帝,不敢不正。今夏多罪,天命殛之。今女有衆,女曰:'我君不恤我衆,舍我嗇事而割政。'女其曰:'有罪,其奈何?'夏王率止衆力,率奪夏國。有衆率怠不和,曰:'是日何時喪?予與女皆亡。'夏復若兹,今朕必往。爾尚及予一人致天之罰,予其大理女。女毋不信,朕不食言。女不從誓言,予則帑僇女,無有攸赦。'以告令師,作《湯誓》。"**升自陑,與桀戰於鳴條之野,夏師敗績,從之。**《書序》。**桀奔南巢。**《魯語上》。《山海經》:"有人無首,操戈盾立,名曰'夏耕之尸'。故成湯伐夏桀於章山,克之,斬耕厥前,耕既立,無首,走厥咎,乃降于巫山。"(《大荒西經》。《繹史》曰:"《山海經》何以載及湯事?其爲復又附益明矣。")《逸周書》:"夏多罪,湯將放之,徵前事以戒後王也,作《殷祝》。(《序》文)"湯將放桀于中野,士民聞湯在野,皆委貨扶老攜幼奔,國中虛。桀請湯曰:'國所以爲國者以有家,家所以爲家者以有人也。今國無家無人矣。君有人,請致國,君之有也。湯曰:'否!昔大帝作道,明教士民,今君王滅道殘政,士民惑矣。吾爲王明之。'士民復致于桀,曰:'以薄之君(本作居),濟民之殘(本作賤),何必君更?'桀與其屬五百人南徙千里,止于不齊,不齊士民往奔湯於中野。桀復請湯,言:'君之有也。'湯曰:'否!我爲君王明之。'士民復,重請之。桀與其屬五百人徙於魯,魯士民復奔湯。桀又曰:'國君之有也,吾則外人。有言,彼以吾道是邪,吾將爲之。'湯曰:'此君王之士也,君王之民也,委之何?'湯不能止桀。湯曰:'欲從者從君。'桀與其屬五百人去,居南巢。"(《殷祝》)《竹書紀年》:"夏桀末年,社坼裂,其年爲湯所放。"(《太平御覽》八百八十引)"湯遂滅夏,桀逃南巢氏。"(《御覽》八十二引)《墨子》:"昔者夏王桀貴爲天子,富有天下,上詬天侮鬼,下殃傲天下之萬民,祥上帝伐元山帝行,故於此乎天乃使湯至明罰焉。湯以車九兩,鳥陳雁行,湯乘大贊,犯遂下衆,人之熵遂,王乎禽推哆、大戲。"(《明鬼》)"湯放桀於大水。"(《三辯》)《荀子》:"桀死於亭山。"(楊倞注曰:"亭山,南巢之山,或本作南山。"《解蔽》)《呂氏春秋》:"令師從東方出於國,西以進。未接刃而桀走,逐之至大沙,身體離散,爲天下戮。"(《慎大覽》)"殷湯良車七十乘,必死六千人,以戊子戰於郕,遂禽推移、大犧,登自鳴條,乃入巢門,遂有夏。"(《簡選》)"萬乘之國有所誠必乎,則何敵之有矣?刃未接而欲已得矣,敵人之悼懼憚恐單蕩精神盡矣。咸若狂魄,形性相離,行不知所之,走不知所往,雖有險阻要塞,銛兵利械,心無敢據,意無敢處,此夏桀之所以死於南巢也。"(《諭威》)《尚書大傳》:"湯放桀也,居中野,士民皆奔湯。桀與其屬五百人南徙千里,止于不齊,不齊士民往奔湯。桀與其屬五百人徙於魯,魯士民復奔湯。桀曰:'國君之有也,吾聞海外有人。'與五百人俱去。"(《御覽》八十三引)"桀與昆吾同以乙卯日亡。"(《路史·後紀》十四注引)《淮南子》:"湯整兵鳴條,困夏南巢,譙以其過,放之歷山。"(《修務訓》)"湯以革車三百乘伐桀於南巢,放之於夏臺。"(《本經訓》)"湯革車三百乘,困之鳴條,禽之焦門。"(高誘注:焦或作巢。莊逵吉曰:焦與巢古通。《主術訓》)"桀困於焦門,而不能自非其所行,而悔不殺湯於夏臺。"(《氾論訓》)《史記》:"桀敗(案,桀敗二字疑倒)於有娀之虛,桀奔於鳴條,夏師敗績。"(《殷本紀》)"桀走鳴條,遂放而死。桀謂人曰:'吾悔不遂殺湯於夏臺,使至此。'"(《夏本紀》)《列女傳》:"湯受命而伐之,戰於鳴條,桀師不戰,湯遂放桀與末喜嬖妾,同舟流於海,死於南巢之山。"(《孽嬖傳》)《帝王世紀》:"湯來伐桀,以乙卯日戰于鳴條之野,桀未戰而敗績,乃與妹喜及諸嬖妾同舟浮海,奔于南巢之山而死。"案,夏商之際,後人頗滋異議。《史記·儒林傳》載黃生與轅固生爭論湯、武事,謂桀、紂雖失道,君也,湯、武雖聖,臣也,夫主有失行,臣不能正言匡過,反因而誅之,代立踐南面,非弒而何?《夏本紀》又謂桀曾召湯,囚之夏臺云云(見上),嗚呼!此皆未知當時情勢而妄爲詞者也。善乎崔氏述之言曰:"爲是說者皆誤,以湯爲桀之臣故爾,而其實不然。是時桀固無如湯何也,故《湯誓》曰:'今爾其曰夏罪其如台。'又曰:'夏王率遏衆力,率割夏邑。'是桀之政令已不行於諸侯。使桀猶爲天下共主,則當云割萬方,豈得但云割夏邑而已乎?《湯誓》曰:'今爾有衆,女曰:我后不恤我衆,舍我穡事,而割正夏。'是湯之伐桀,民亦有竊議之者。使桀與湯有君臣之分,商民何不以大義責之,而反但言舍穡之細事乎?《商頌》曰:'受小球大球,爲下國綴旒。'是湯未伐桀時,已受諸侯之朝覲矣。若湯果臣於桀,安得晏然受之?以桀之暴,雖無罪猶囚之,況受諸侯之朝而安能容之哉?《商頌》曰:'韋顧既伐,昆吾夏桀。'是湯未伐桀時,已滅數大國矣。若桀果爲天下共主,湯安得擅滅之?桀既力能囚湯,豈有聽其坐大而不問,乃束手以待其伐己者乎?由《詩》《書》之言觀之,則湯與桀之事固不如世所傳云云也。蓋三代封建之制與郡縣之法異,而夏當家天下之始,其事又與商、周不同。昔者禹有聖德,天下歸之,啓能繼禹之道,則又歸之。禹初未嘗傳之子也,大康既失德,則民之視之猶虞、夏之視朱、均耳。羿、浞迭起,后相遠逃,天下之無主已數世矣,少康能布其德以收夏衆,然後祀夏配天,不失舊物,當是時人以繼爲適,然非以爲必然也。孔甲既衰,諸侯復叛,韋、顧、昆吾迭起,夏之在天下若一大國然,但一二小弱諸侯畏其威力耳,是以湯之受球受共、伐韋伐顧,安然而無所疑,桀亦聽之而不復怪,何者?諸侯本不臣屬於桀也,桀安能召湯而囚之夏臺哉?天下者,天下之天下也,非一姓之天下也。故舜繼堯,禹繼舜,人以爲固然也。適會禹有賢子,間兩世而又少康、后杼之孫,天下附於夏者數世,由是遂以傳子爲常,猶齊之伯僅一世,而晉之伯遂至於數世也。然一姓之子孫必不能歷千百世而皆賢，不賢則民受其殃，必更歸於有德而後民安。而既已傳子，又不能復傳之賢，則其勢必出於征誅而後可。自戰國以後，楊、墨並起，而楊氏之言尤常非堯、舜、薄湯、武，毁孔子，以自張大其説，一變而託於黃、老，再變而流爲名、法，是以《史記·自敍》六術之中有墨而無楊，何者？黃、老、名、法即楊氏也，習黃、老者務以清淨無事爲貴，故以堯、舜爲擾民，以湯、武爲弑君，習名、法者務苛刻慘忍、先發制人爲強，故謂啓嘗殺益，大甲嘗殺伊尹以保其國，桀嘗釋湯於夏臺，紂嘗釋文王於羑里，而卒亡其身，其意惟欲人主之果於殺戮耳，豈顧事之虛實哉？司馬談受道論於黃公，兼通名、法之學，遷踵之而成書，故其中多載異端之説。然觀轅固生之與黃生爭論，則漢初儒者猶不惑於楊、墨，但以景帝言諱放伐之事，是以後此學者莫敢昌言明湯、武之受命耳（語詳《史記·儒林傳》）。逮至魏、晉以後，狐媚相仍，遂公然假禪讓之僞嘗征誅之真，而曲學阿世之徒從而和之，相沿既久，習爲固然，雖儒者亦不敢斥其謬，反若爲不刊之論者，良可嘆也。曰：然則齊宣何以謂之臣弑其君乎？曰：齊宣之問亦爲楊、墨邪説所誤。《春秋傳》中賢士大夫曾有一人之爲是言者乎？然其所謂君臣之者，亦但就天子諸侯之名分言之，非以爲食其禄而治其事之君臣也，故孟子曰：'殘賊之人謂之一夫，聞誅一夫，未聞弑君也。'正謂夏、商失道，政不行於天下，故不得謂之共主，非謂湯、武親立桀、紂之朝而其君不仁，遂可不謂之君也。但孟子之意在於警人主，故以仁暴大義斷之，而未暇詳申其説耳。後儒惑於異端先入之言，不察其實，遂疑孟子之言不可爲訓，誤矣！嗟夫！世之陋儒斥楊、墨爲異端，而薄湯、武以爲虧君臣之義，不知湯、武之弑君，其説乃出於楊、朱，而孔、孟無是言也。此無他，不學而已矣。"其説至礭。蓋是時，天子與諸侯天澤之辨未嚴，有德則天下歸之，即爲其主，無德則天下棄之，即儕於諸侯。所謂天子、諸侯，特視天下之歸向與否爲轉移耳（讀《孟子》朝覲謳歌獄訟之言可知也）。夏桀之時，諸侯離叛，天下之視夏固已儕於韋、顧、昆吾之列，而湯於是時萬方歸附，不待伐夏，固已隱然爲天下之共主，則所謂伐夏，特亦如伐韋、顧、昆吾而已耳。小儒硜硜，徒視後世君臣之制而未一察其情勢，遂以上誣湯武，造作語言，以爲猶有慚德，或又深事掩飾，其謬一也。至拘囚諸説，尤爲無理。蓋史家生動，其前後蜕變，萬有不同。今考夏商、商周之際，所傳往往有相同者，如夏有湯之囚，而商有文王之囚，夏啓曾殺益，而商太甲亦殺伊尹，而桀、紂暴虐之説，尤巧相偶，前後摹擬若出一轍。此理之不可通者，明出後人僞造。蓋慘刻之士託古以自張其説者，莊生所謂寓言十九，寄之他人則十信而九見信，尤不足辨也。**遂伐三朡，俘厥寶玉，誼伯、仲伯作《典寶》**。《書》："載乎及亳，征是三朡。"《書正義》引鄭注典寶引《伊訓》《史記》："夏師敗績。湯遂伐三朡，俘厥寶玉，義伯、仲伯作典寶。"《殷本紀》）**十一征而無敵於天下**。《孟子·滕文公篇》。東面而征,西夷怨;南面而征,北狄怨,曰:"奚爲後我?"案,以上蓋引《書》文。民望之若大旱之望雲霓也,歸市者不止,耕者不變,誅其君而弔其民,若時雨降,民大悦。《書》曰:"徯我后,后來其蘇。"《孟子》:"湯始征自葛載,十一征而無敵於天下。東面而征,西夷怨,南面而征,北狄怨,曰:'奚爲後我。'民之望之,若大旱之望雨也。歸市者弗止,芸者不變,誅其君,弔其民,如時雨降,民大悦。《書》曰:'徯我后,后來其無罰。'"(《滕文公》篇)案,此當爲《書·湯征》文。《滕文公》篇雖不明著"書曰",然與《梁惠王》篇大同可知也。因守致慎之義,仍採《書》文爲正文書辭。雖不免誇大,然古人質實,未必盡誣也。伊尹報政,從徐廣説。於是諸侯必服。案,各本必或作心,或作畢,《後漢書·王暢傳》引史亦作畢。愚考必、畢通,《左·隱元年》"同軌畢至",《白虎通義·崩薨》篇引畢作必,《墨子·所染》五人必,必謂畢也,作心則與必形似而譌,作必是。《史·殷紀》三千諸侯大會,案,原文此句上有"湯放桀而後薄"七字,今削,説見下。湯取天子之璽置之天子之坐,左退而再拜,從諸侯之位。案,原本舊脱"取天子之璽"以下十二字,據《唐六典》《北堂書鈔》《藝文類聚》《太平御覽》增。湯曰:"此天子位,有道者可以處之。天下非一家之有也,有道者之有也,故天下者唯有道者理之,唯有道者紀之,唯有道者宜久處之。"湯以此三讓,三千諸侯莫敢即位,然後湯即天子之位。《逸周書》。《尚書大傳》:"湯放桀而歸於亳,三千諸侯大會,湯取天子之璽置之於天子之坐,左復而再拜,從諸侯之位。湯曰:'此天子之位,有道者可以處之矣。夫天下非一家之有也,唯有道者之有也,唯有道者宜處之。'湯以此三讓,三千諸侯莫敢即位,然後湯即天子之位。"(《太平御覽》八十三引)《帝王世紀》:"即位十七年而踐天子位。"(《通鑑外紀》注引)《唐書》:"張説五星議成,湯伐桀,歲在壬戌,其明年,湯始建國,爲元祀。"(《曆志》)案,《史記》"諸侯畢服,湯乃踐天子位"語最爲得實。蓋古之有天下與否,惟視朝覲訟獄謳歌者之來向與否。《逸周書》《尚書大傳》云云,雖其詞淺迫,亦與史説相貫,必有所授,非臆説也。《吕氏春秋》乃謂"湯伐桀,克之,以讓卞隨,卞隨乃自投於穎水而死,又讓於務光,務光乃負石而沈於募水",皆後世黄、老之徒僞託以非湯、武者。夫天下非一人之天下,是時環而國者數千,安容湯之私授於一二人之手?且湯有天下而不居,不以讓諸侯,而以讓山澤之癯,陽爲高踽,有似乎後世陰謀家之用心,豈得與夫古代質厚人乎?與後世堯以天下讓許由、子州支父,及舜讓子州支伯、善卷、石户之農之説同爲誣妄,且曠閲千百年之史事而一一巧合,前後摹擬,雖至愚者所不信,尤見作僞者之心勞日拙已。又案,湯會諸侯事當在黜夏之後歸亳之前,蓋天下既知夏命已革,復聞伊尹之報政,遂來享王,故多至三千餘國,而湯亦欲示天下以至公,遂有是會。《周書》及《尚書大傳》均謂在歸亳後,似誤。如歸亳而會諸侯,設天子位於亳地,是本有自私之心,故作遜讓之意,當非成湯之所欲爲,諸侯又何從而心服乎?又考《史記》亦謂"湯踐天子位,始還亳,作《湯誥》",而《誥》首曰"王自至於東郊,告諸侯羣后",則湯還亳時固已踐天子位明矣。又《周書》後尚有與諸侯誓言,辭意幽曲,不甚可解,疑有闕文,皆削不録。**平定海内**,《史·殷紀》。**反桀之事**,案,原文此上有"桀既奔走,於是行大仁慈,以恤黔首",今删。**遂其賢良,順民所喜,遠近歸之**。《吕氏春秋·簡選》。《越絶書》:"殷湯遭夏桀無道,殘賊天下,於是湯用伊尹,行至聖之心,見桀無道虐行,故伐夏放桀,而王道興躍,革亂補弊,移風易俗,改制作新,海内畢貢,天下承順。湯以文聖,此之謂也。"(《吴内傳》)**湯歸,至于大坰,仲虺作《誥》**。《書序》。《史記》:"湯歸,至於泰卷陶,中壘作誥。"(《殷本紀》。案,《索隱》曰:"卷當爲坰,與《尚書》同,陶字衍,大坰今定陶,舊本或旁記其名,後人轉信,遂衍斯字也。"《通志》作泰坰。)案,崔氏《考信録》曰:"《僞古文尚書》有《仲虺之誥》,乃綴拾經傳之文者,參以己意,聯屬成篇者。淺弱排比,絶不類夏商間語,不但與誥體不相似,尤可笑者,隨季所引,止'取亂侮亡'四字,子皮所引,止'亂者取之,亡者侮之'八字,即前文而有詳略耳。其'兼弱攻昧',乃隨季自述武經之語,'推亡固存',乃子皮自告大夫之言,今乃悉取以入篇中,而云'兼弱攻昧,取亂侮亡,推亡固存',重複堆砌,不成文理,亦足以見其窘於詞而窮於凑矣。其篇首所稱,'惟有慚德'蓋取《左·襄二十九年》吴公子札語,亦非是。夫象箾南籥,文王樂也,而季札云:'美哉,猶有憾。'大武,武王樂也而憾之,武王伐商而反不憾,然則慚德未必以伐夏故矣,所慚所憾,蓋皆自樂言之。後世古樂亡,遂不可知耳。"其説是也。愚又考是節上文有鋪張魏事,於史實不合,姚氏鼐言之。見《左傳補注》序,是其中已有爲後人所羼入者。則此語之是否出與吴公子已不可知,又安能據不可知之語以上誣古人也哉?今不附入,下遇僞古文皆放此。**還亳,作《湯誥》**,原文此上本有"既絀夏命"四字,今删。《書序》:"湯既黜夏命,復歸於亳,作《湯誥》。""**維三月,王自至于東郊,告諸侯羣后:'毋不有功於民,勤力廼事,予乃大罰殛女,毋予怨。'曰:'古禹、皋陶久勞於外,其有功乎民,民乃有安。東爲江,北爲濟,西爲河,南爲淮,四瀆已修,萬民乃有居。后稷降播,農殖百穀。三公咸有功於民,故后有立。昔蚩尤與其大夫**

作亂百姓，帝乃弗予，有狀。先王言不可不勉。'曰：'不道，毋之在國，女毋我怨。'"案，王氏(鳴盛)《尚書後案》曰："詳此誥語意，殆爲論功定罪誥戒諸侯而作，欲其勤力民事，語多典據，與今僞《湯誥》絕不同。此乃司馬遷親從安國問故而傳之者，其爲孔壁真古文無疑。所稱四瀆配四方云云，考之《後漢·祭祀志》，光武定北郊四瀆，河西、濟北、淮東、江南，唐人亦以淮爲東瀆，祭於唐州，江爲南瀆，祭於益州，河爲西瀆，祭於固州，濟爲北瀆，祭於沼州。迄今愈不可易。似與此東爲江、南爲淮方向少不合者，蓋因古人地理言南可與東通，言北可與西通，非同東與西、南與北之迥相反，故《湯誥》以江爲東瀆，未必非南，以淮爲南瀆，未必非東也。"愚案，《史記》謂"東爲江，南爲淮"乃"東爲淮，南爲江"之誤，《初學記》六引《史》又作"北爲河，西爲濟"，《皇王大紀》引此《誥》以"輩后毋不有功子民"至"母予怨"置"故后有立"之下，互有異文，蓋壁中初出，不免錯簡。今既無從參驗，傳疑可也，亦不必強爲之説。以令諸侯。伊尹作《咸有一德》。《書序》："伊尹作《咸有一德》。"案梁氏《史記志疑》曰："康成序《書》以《咸有一德》篇在《湯誥》後，咎單作《明居》前，與《本紀》同，史公親受壁中古文者，則其繫此篇於《成湯紀》內，必古《書》次序如此，本於太甲無涉也。自僞《書》以伊尹歸政所陳，輒移於《太甲》三篇之下，《索隱》不察，反援變易之本，咎史公序《書》失次，豈不悖哉。閻氏(若璩)《古文尚書疏證》二曰：'諸經傳記伊尹並無告歸致政之事，作僞者見《書序》茫無可據，遂鑿空撰出。夫贊襄于湯而曰咸有一德，喜君臣同德之助，慶明良交泰之休，于義可也。若陳戒於太甲而曰咸有一德，是尹以已德告太甲，則爲於功伐善，非人臣對君之言。且事其孫而追述與其祖一德，得毋鞅鞅非少主臣乎？此是非之至明而易曉者。'斯説甚確。咎單作《明居》。《書序》："咎單作《明居》。"湯乃改正朔，易服色，上白，朝會以晝。《史·殷紀》。《禮記》："殷人尚白。"《檀弓》》《呂氏春秋》："湯之時，天先見金刃生於水，湯曰：'金氣勝'。金氣勝，故其色尚白，其事則金。"《淮南子》："殷人之禮，其服尚白。"《齊俗訓》《尚書略説》："殷人以日至三十日爲正。"《公羊·隱元年》疏引)"殷以季冬爲正，以十二月爲正，色尚白，以鷄鳴爲朔。"《白虎通·三正篇》引》《春秋繁露》："王者改制作科奈何？曰：'咸作國號，遷宮邑，易官名，制禮作樂。故湯受命而王，應天變夏作殷號，時正白統。親夏故虞，紬唐謂之帝堯。以神農爲赤帝，作宮邑於下洛之陽，名官曰尹。'……正白統奈何？曰：'正白統者，曆正日月朔於虛，斗建丑，天統氣始蜕化物，物始芽，其色白，故朝正服白，首服藻白，正路輿質白，馬白，大節綏幘尚白，旗白，大寶玉白，郊牲白，犧牲角繭。'"《史記》："孔子曰：'殷輅車爲善，而色尚白。'"《殷本紀》贊)《白虎通》："十二月之時，萬物始牙而白。白者陰氣，故殷爲地正，色尚白也。"湯自伐桀後大旱五原文作七,依《墨子》《呂覽》正,說見下。年,《御覽》八十三引《帝王世紀》。不收。《呂氏春秋·順民》篇。湯誓曰:《周語上》。"惟予小子履,敢用玄牡,告於上天后曰:'今天大旱,即當朕身。履未知得罪於上下,有善不敢蔽,有罪不敢赦,簡在帝心。萬方有罪,即當朕身,朕身有罪,無及萬方。'"《墨子·兼愛》篇。《論語》曰:"予小子履,敢用玄牡,敢昭告於皇皇后帝:(《白虎通·三軍》篇引作皇天上帝,又《三正篇》引作皇王后帝。)'有罪不敢赦,帝臣不蔽,簡在帝心。朕躬有罪,無以萬方,萬方有罪,罪在朕躬。'"(漢石經殘本罪字不重,又皇侃《義疏》本亦無下罪字)《周語》:"在湯誓曰:'余一人有罪,無以萬夫,萬夫有罪,在余一人。'"(上篇)《尸子》:"湯曰:'朕身有罪,無及萬方,萬方有罪,朕身受。'"(《羣書治要》、《長短經·大私》篇引《綽子》篇)《呂氏春秋》:"昔者湯克夏(《御覽》三百七十三又五百二十九引湯上並有殷字,克業作剋。)而正,天下天大旱,五年不收(《文選》劉孝標《辯命論》注引作湯克夏四年天大旱,《御覽》五百二十九引天下大旱),湯乃以身禱於桑林曰:'余一人有罪,無及萬夫,萬夫(《御覽》引皆作萬方)有罪,在余一人。無以一人之不敏,使上帝鬼神傷民之命。'"(《順民》篇)《論衡》:"傳書言湯遭旱七年,以身禱於桑林,自責以六過,天乃雨。或言五年,禱辭曰:'余一人有罪,無及萬夫,萬夫有罪,在余一人。無以一人之不敏,使上帝鬼神傷民之命。'"(《感虛》篇)"湯遭旱,自責以五過。"(《感類》篇)案,此文各書互異。孔安國及韋昭以爲伐桀告天之辭,《尸》《墨》《呂覽》及《論衡》則屬之禱旱。愚考《論語》此章於末篇前載堯之命辭,後載周之新政,疑此數節本係孔門弟子雜記諸書而成,或如柳子厚所謂"孔子常常諷道之辭,弟子十口相傳,漫記於書後,其中容有斷闕割裂,或本係斷章取義。"《周語》所引,本取單詞,似《墨子》最爲全文。詳其詞意,自爲禱旱而作,曰伐夏告天,曰克夏告天(此說崔氏述主之),皆不考其全而強爲之辭也,故寧舍《論語》而取《墨子》。又後世以身爲犧之說,疑即從"萬方有罪,即當朕身"二語演出,可深長思者也。禱於桑林之野,《尸子·君治篇》。民乃甚說,雨乃大至。《呂覽·順民》篇。《管子》:"湯七年旱,民之無糧賣子者,湯以莊山之金鑄幣而贖民之無糧賣子者。"(《山權數》)《尸子》:"湯之救旱也,乘素車白馬,著布茷,嬰白茅,以身爲牲,禱于桑林之野。當是時也,絃歌舞者禁之。"(《君治》篇,《北堂書鈔》九,《類聚》八十二,《初學記》九,《御覽》三十五、八十三、八百七十九、九百九十六引)《墨子》:"殷書曰:'湯五年旱。'"(《七患》)"湯貴爲天子,富有天下,然且不憚以身爲犧牲,以詞說於上帝鬼神。"(《兼愛下》)《莊子》:"公孫龍曰:'湯之時,八年七旱,而崖不爲加損。'"(《秋水》)《荀子》:"湯旱而禱曰:'政不節與?使民疾與?何以不雨至斯極也。宮室榮與？婦謁盛與？何以不雨至斯極也。苞苴行與？讒夫興與？何以不雨至斯極也。'"（《大略》篇）"湯七旱而天下無菜色。"（《富國篇》）《吕氏春秋》："昔者湯克夏而正天下，天大旱，五年不收。（《文選・辯命論》注引作四年，《邵正傳》注引作三年不收，皆誤。）"湯乃以身禱於桑林（原文此下有禱辭一節已見上，今删），於是剪其髮，酈其手，以身爲犧牲，用祈福於上帝。"（《順民》）《賈誼新書》："湯有十年之積，故勝七年之旱。"（《憂民》）《淮南子》："湯之時，七年旱，以身禱于桑林之際，而四海之雲凑千里之雨至。"（《主術》）"湯旱，以身禱於桑山之林。"（《脩務》，許、高注皆"桑山之林能興雲致雨，故禱之"，案《御覽》引《脩務》作桑林之下，《邵正傳》注作桑林之際。）《尚書大傳》："湯伐桀之後，大旱七年，史卜曰：'當以人爲禱。'湯乃剪髮斷爪，自以爲牲，而禱於桑林之社，而雨大至方數千里。"（《左傳・襄十年》正義引）《韓詩傳》："湯時大旱，使人禱於山川。"（《公羊・僖三十一年傳》注引）"君親之南郊，謝過自責，曰：'政不一與？民失職與？宮室崇（案，《考信錄》引作榮崇，俗本之譌）與？婦謁盛與？苞苴行與？讒倡與？'"（《桓五年傳》注。案，何注於桓五年不言是《韓詩傳》，而疏云皆《韓詩傳》之文者，據《僖三十一年傳》注引《韓詩傳》，則此亦當同，姑存之。）《説苑》："湯之時，大旱七年，雒坼川竭，煎沙爛石，於是使人持三足鼎祝山川，教之祝曰：'政不節邪？使人疾邪？苞苴行邪？讒夫昌邪？宮室崇邪？女謁盛邪？何不雨之極也！蓋言未已而天大雨。'"（《君道》）《論衡》："剪其髮，酈其手，自以爲牲，用祈福於上帝。上帝甚悦，時雨乃至。"（《感虛》）《漢書》："鼂錯曰：'湯有七年之旱而國亡捐瘠者，以蓄積多而備先具也。'"（《鼂錯傳》）《後漢書》："鍾離意上疏曰：'昔成湯大旱，以六事自責，曰政不節邪、使人疾邪、宮室榮邪、女謁盛邪、苞苴行邪、讒夫昌邪。女謁行則讒夫昌，讒夫昌則苞苴通，故殷湯以之自戒，終濟亢旱之災。'"（《鍾離意傳》）《帝王世紀》："湯自伐桀後大旱七年，湯史卜曰：'當以人禱。'湯曰：'吾所爲請者民也，若必以人禱，吾請自當。'遂齊戒、翦髮、斷爪，以己爲牲，禱於桑林之社。言未已，而大雨方數千里。"（案《御覽》引《世紀》有"使人持三足鼎視山川"云云，與《説苑》文異同。）案，禱旱事記載互異，《尸》《墨》《吕覽》《淮南》及《尚書大傳》等均謂以身禱，《韓詩傳》及《説苑》謂使人致祝，《荀子》則第曰禱旱，至《帝王世紀》乃兩取之。以身禱疑非古先王之所爲。明李氏九我曰："古者六畜不相爲用，用人以祀，惟見於宋襄、楚靈二君，湯何如人哉？祝史設有是詞，獨不知以理裁之，而乃以身爲犧，開後世用人祭祀之原乎？天不信湯平日之誠，而信湯一日之祝。湯不能感天以自修之實，而徒感天以自責之文，使後世人主一遇水旱，徒紛紛於史巫，則斯言作俑矣。"崔氏曰："《公羊・桓五年傳》云大雩者旱祭也，注云'君親之南郊，以六事謝過自責云云（案，見上引），使童男女各八人舞而呼雩，故謂之雩。'然則以六事自責，乃古雩祭常禮，非以爲湯事也。

《僖三十一年傳》云'三望者何？望祭也。然則曷祭？祭泰山、河、海'，注云：'《韓詩傳》云：湯時大旱，使人禱於山川是也。'然則是湯但使人禱於山川，初未嘗身禱，而以六事自責也。況有以身爲犧者哉？且雩，祭天禱雨也，三望，祭山川也，本判然爲兩事，雖今《詩傳》已亡，然觀注文所引，亦似絕不相涉者，不識傳者何以誤合爲一，而復增以身爲犧之事以附會之也。"其說有當。惟考《墨子》《湯誓》，確爲告天自禱，非告山川也，則使人禱之說亦未足信。《北魏書·孝文本紀》太和十五年不雨詔曰："昔成湯遇旱，齊景逢災，並不由祈山川而致雨，皆在誠發中，澍澤千里，萬方有罪，罪在一人。"北學多存古說，所徵必有本，亦明謂不禱山川也，且大旱累年，而只使人祝，明王愛民之心，未必若是之忞，桑林親禱似較爲近實。商有桑林之樂（見《左·襄十年》及注，《呂覽·誠廉》篇、《慎大覽》篇及注）、桑林之舞（見《莊子·養生主》），蓋禱於桑林而作者，則此事尤信而有徵。臧文仲謂"禹湯罪己"，《韓詩外傳》引孔子曰"成湯、文王知任其過"，亦謂此也。又案，崔氏謂湯之旱經傳絕無見者，湯克夏而反大旱，亦不當理，此亦非是。《墨子》引殷書固已有五年旱之文，特不見於今所傳經傳之中耳。以湯德至矣，必天之無旱，尤前古陰陽、五行家不稽之言。湯旱年數諸書所載亦各互異，或作七（《管子》《莊子》《荀子》《賈誼新書》《淮南子》《說苑》等），或作五（《墨子》《呂氏春秋》等），王充《論衡·感虛》篇亦云"書傳言湯遭七年旱，或言五年"，是古書本有二說，惟《墨子》引殷書，則似五年爲可信。徐氏（時棟）之說曰："七年、五年皆不誣，《呂覽·慎大》曰'商涸旱，湯猶發師'，蓋未伐桀時大旱已二年，伐桀以後大旱又五年，諸書合數前後則曰七年，史臣記得天下以後則曰五年，故《呂覽》曰：'湯克夏而正天下，天大旱五年也。'"（見徐氏《逸湯誓考》三）頗能持之有理，備一說。馬氏《繹史》見多書言七年，以爲作五年者誤。江氏聲《集注音疏》宗鄭注《書序》七年之文，亦斷五年爲誤，皆不足信。**命伊尹作爲《大濩》**，《呂氏春秋·下樂》篇。（案，原文濩作護，今改。）《周禮注》："大濩，湯樂也，湯以寬治民，而除其邪言，其德能使天下得其所也。"（《大司樂》）《左傳》："吳公子札來聘，見舞《韶濩》者，曰：'聖人之宏也，而猶有慚德，聖人之難也。'"（《左傳·襄公二十九年》）《墨子》："自作樂，命爲《護》，又修《九招》。《三辨》。案，見《御覽》引，今本《墨子》脫。）《呂氏春秋》："湯率六州以討桀罪，功名大成，黔首安寧，湯乃命伊尹作爲《大護》，歌《晨露》，修《九招》《六列》以見其善。"《左樂篇》《淮南子》："殷人其樂《大濩》《晨露》。"《韓詩外傳》："湯作《護》，聞其宮聲，使人溫良而寬大，聞其商聲，使人方廉而好義，聞其角聲，使人惻隱而愛仁（《通鑑外紀》作仁愛），聞其徵聲，使人樂善而好施，聞其羽聲，使人恭敬而好禮。"（卷八。案，《公羊·隱五年》何休解詁引聞宮聲以下十句，良作雅，寬作廣，廉作正，愛作好，恭敬作整齊，使人樂善而好施句與整齊而好禮句互易。）**濩**，原文濩作護，今改。**言救民也。**

《漢書·禮樂志》。《春秋元命苞》："湯之時，其民大樂其救之於患害，故樂名《大濩》，濩言救也。"《春秋繁露》："湯之時，民樂其救之於患害也，故濩者救也。"《白虎通》："湯樂曰《大護》，大護者，言湯承衰能護民之急也。"《禮》篇《公羊解詁》："殷曰《大護》，殷時民樂其大護己也。"(《隱五年》)案，濩或作護，或作護，《說文》無護，護、濩二字古本通用。考殷虛卜辭有一條云："乙亥卜貞王賓大乙濩亡尤"(《殷虛書契前編》卷一第三葉)，濩即大濩，祭湯而用大濩之樂也。卜辭中祭用濩者不少，而文之完具者僅此，則作濩是也。又案，《左·襄十年》"宋公享晉侯於楚丘，請以《桑林》"，杜注："《桑林》，殷天子樂名。"疑《桑林》即大濩，蓋因禱桑林而作，故又名《桑林》也。**爲天子十三年，年百歲而崩**。《御覽》八十三引《韓詩內傳》。《帝王世紀》："湯即位十七年，而踐天子位爲十二年，年百歲而崩。"(《通鑑外紀》注引)案，梁氏《人表考》云："湯墓失傳，《漢書·楚元王傳》劉向曰殷湯無葬處。"《路史·後紀八》曾嘆悼之，《水經·汲水注》(卷二十三)引杜預云："梁國蒙縣北有薄伐城，城中有湯冢。"而酈道元謂是仙人王子喬冢，有碑可證，復引漢哀帝建平元年大司空史郎長卿按行水災，因行湯冢，在漢屬扶風。今徵之迴渠亭有湯池徵陌，而道元辨其爲西戎毫王號湯者所葬。"(案，《秦甯公本紀》云："二年伐亳，三年與亳戰，亳王奔戎，遂滅湯。"然則周桓王時自有亳王號湯，爲秦所滅，乃西戎之國葬於徵者也，非殷湯矣。)惟所引漢崔駰曰："湯冢，濟陰薄縣北。"引宋何承天等《皇覽》云："薄城北郭東三里(下有云：'冢四方，方各十步，高七尺，上平也。')。"與《商書》《商頌》疏引臣瓚說同，而《路史》引韓嬰稱帝乙墓疑因帝乙而譌爲大乙爾，不然博如劉向，豈不知之？《通考》百三卷、百二十三卷言湯葬汾陰，未識典據所始。今所傳湯陵，亦在山西蒲州府榮河縣北，皆不知其所以然也。**四海之外肅慎、北發、渠搜、氐、羌來服**。《大戴禮記·少間》篇。《詩》："昔有成湯，自彼氐羌，莫敢不來享，莫敢不來王，曰商是常。"

（原載《國學年刊》第 1 期，1927 年。今據以收入。）

商代藝文志初稿

此篇爲拙作《三代史·商史》中之一篇，前年屬草麤定，旋遭大故，棄寘已久。今本校有七週年紀念之刊，來徵稿，姑以塞責。原文太多，簡括爲此篇。采摭未廣，真僞雜糅，意在博綜，未暇別擇，且客中無書可徵，舛譌極多，閱者諒之。

《湯征》一篇。在《尚書》第廿三篇。《書序》云："湯征諸侯，葛伯不禮，湯始征之，《史記·殷本紀》征作伐。作《湯征》。"今亡。舊以爲《夏書》，今從馬融、鄭玄説著之。有逸文，見《孟子·梁惠王》《滕文公》《盡心》諸篇及《史記·殷本紀》引。

《夏社》一篇。在《尚書》第廿六篇。《書序》云："湯既勝夏，欲遷其社，不可，作《夏社》《疑至》《臣扈》。"今皆亡。案，《夏社》《疑至》《臣扈》三篇文佚，不可辨其文體。考《周禮·大宗伯》疏引鄭玄《尚書》注云："犧牲既成，粢盛既絜，祭以其時。而旱暵水溢，則變置社稷。當湯伐桀之時，旱致災，明法以薦，而猶旱至七年，故湯遷社，而以周棄代之。欲遷句龍，以無可繼之者，於是故止。"又《尚書正義》引馬融《尚書》注云："聖人不可自專，復用二臣，自明也。"則亦告令之文也，故屬此。

《疑至》一篇。在《尚書》第廿七篇。

《臣扈》一篇。在《尚書》第廿八篇。

《湯誓》一篇。在《尚書》第廿九篇。《書序》云："伊尹相湯伐桀，升自陑，遂與桀戰於鳴條之野。作《湯誓》。"今存。案，《墨子·尚賢》篇引《湯誓》曰："聿求元聖，與之戮力同心，以治天下。"《周語》引《湯誓》曰："余一人有皋,無以萬夫,萬夫有皋,在余一人。"今存《湯誓》無此言。《墨子·兼愛》引湯説、《論語·堯曰篇》引文皆略同《周語》,疑亦《周語》所謂《湯誓》文。清徐時棟以爲《書》有兩《湯誓》,一伐桀,一禱旱也,作《逸湯誓考》。備一説。餘説詳下卜祭之屬《桑林禱辭》下。

《仲虺之誥》一篇。在《尚書》第三十篇。《書序》曰:"湯歸自夏,至於大坰,仲虺作《誥》。"今亡,有逸文,見《左傳·襄十四年》及《墨子·非命》篇、《荀子·堯問》篇引。

《湯誥》一篇,在《尚書》第三十一篇。《書序》云:"湯既黜,《史記》黜作絀。復歸於亳,《史記》作還亳。作《湯誥》。"今亡,有逸文,見《史記·殷本紀》引。

《伊尹四方獻令》一篇。今存,見《周書·王會》。篇疑依託,中所舉匈奴、月氏之名,不似商時所有也。

《伊陟》一篇。在《尚書》四十六篇,今亡,説詳下。

《原命》一篇。在《尚書》第四十七篇。《書序》云:"大戊贊於伊陟,作《伊陟原命》。"《史記》曰:"帝大戊贊伊陟於廟,言弗臣,伊陟讓,作《原命》。"今亡。案《史記集解》引馬氏《尚書》注曰:"原,臣名也。命原以禹、湯之道我所修也。"江聲曰:"《釋言》云'原,再也',命伊陟而伊陟讓,乃作《原命》,以是知原命爲再命也。"又云:"俗儒誤闕《太戊》一篇,而增伊陟之目以足百篇之數耳。"段玉裁曰:"《史記》伊陟讓作原命,脱'作伊陟'三字,不得緣譌立説。"《堯典》疏云:"鄭注《書序》,《肆命》二十、《原命》二十一。"山井鼎《考文》曰:"宋板作《伊陟》二十。"疑莫能明,姑仍《書序》之舊,待定。闕《大戊》一篇云云,説詳下。

《仲丁》一篇。在《尚書》第四十八篇。《書序》曰:"仲丁遷於囂,作《仲丁》。"今亡。案,詳《序》文,當爲遷都論民之文。

《河亶甲》一篇。在《尚書》第四十九篇。《書序》曰:"河亶甲居相,作《河亶甲》。"今亡。

《祖乙》一篇。在《尚書》第五十篇。《書序》曰:"祖乙圯於耿,作《祖乙》。"今亡。

《般庚》三篇。案,百篇之《書》,《湯誓》後皆爲亡篇,惟《般庚》在伏生二十九篇中。《堯典》疏云:"鄭玄則於伏生二十九篇之内,分出《般庚》三篇。"是文以《般庚》爲一篇,今甄其文,分三篇爲安,故從鄭。在《尚書》五十一、五十二、五十三篇。《書序》云:"盤庚五遷,將治亳殷,案《尚書正義》引束晳之言曰:"將治亳殷,孔子壁中《尚書》云'將始宅殷',孔謂亳字磨滅,容或爲宅。壁中之書,安國得之,治皆作亂,其字與始不類,無緣誤作始字。"段玉裁曰:"治之作亂,乃僞古文。束廣微當晉初,未經永嘉之亂,或孔壁原文尚存祕府,所説殆不虛。"今姑仍其舊。而存其説。民咨胥怨,作《盤庚》三篇。案,《史記》曰:"帝小辛立,殷復衰,百姓思盤庚,迺作《盤庚》三篇。"與《書序》不同。今存。案《尚書大傳・盤庚》引《書》曰:"若德明哉,湯任父言,卑應言。"今《盤庚》無此語,不知爲何篇逸文矣?

《説命》三篇。在《尚書》第五十四、五十五、五十六篇。《書序》曰:"高宗夢得説,使百工營求諸野,得諸傅巖,作《説命》三篇。"今亡,有逸文。見《國語・楚語》《尚書大傳》《禮記》(《文王世子》《樂記》《緇衣》)引。案,此文鄭玄《禮・緇衣》注謂傅説作書以命高宗,然細繹遺文,實君臣問答之辭,高宗命之,而傅説對之。《楚語》所引,固高宗説辭也,且律以《尚書・畢命》《冏命》,則屬於告命爲是。

右告令之屬,凡十有五目,十有九篇。

《伊尹説湯》一篇。今存,見《吕氏春秋・至味》篇,疑依託。案,《漢書・藝文志》道家有《伊尹》五十一篇,又小説家有《伊尹説》二十七篇,注曰:"其語淺薄,似依託也。"此疑即二書中之一篇。《孟子》"伊尹以割烹要湯"當據此文。先設詭詞,而曲終奏雅,有似戰國策士之風。古人不箸書,《漢書》所載自是依託,或後人輯前人遺言遺行而成。遺言或尚有據,自著一書,則前古無有,故只著零篇,不著書名,下放此。

《伊尹對湯問》厶篇。今略存,散見《吕氏春秋・先己》篇、《説苑・君道》篇、《臣術》篇、《五行大義》卷二十二、《藝文類聚》卷十八、《太平御覽》卷七百二十引。疑依託。

《咸有一德》一篇。在《尚書》第三十二篇。案,《堯典》疏云:"孔以《咸有一德》次《太甲》後第四十,鄭以爲《湯誥》後第三十二。"案,《殷本紀》亦次《湯誥》後,僞傳系之《太甲》,誤也。且據《禮・緇衣》引文,實成湯時書,其次固應在《湯誥》後,僞孔書作"伊尹告太甲"語,而以次《太甲》後,謬甚。《書序》曰:"伊尹作《咸有一德》。"今亡,有逸文,見《禮記・緇衣》篇引。此篇《書》闕有間,不可定其何屬,惟據《緇衣》引文曰"惟尹躬天見于西邑夏,自周有終相亦惟終"云云,當亦對湯之辭也。《緇衣》又引惟尹躬及湯咸有壹德,則似史臣敍述之語,故出於此。

《伊訓》一篇。在《尚書》第三十五篇。《書序》曰:"成湯歿,太甲元年,伊尹作《伊訓》《肆命》《徂后》。"今皆亡,有逸文。見《孟子·萬章》篇、《荀子·臣道》篇、《漢書·律曆志》、《堯典》正義引鄭注《典寶》引。

《肆命》一篇。在《尚書》第三十六篇。案,《史記集解》引鄭玄《尚書》注曰:"《肆命》者,陳政教所當爲也。"

《徂后》一篇。在《尚書》第三十七篇。案,《史記集解》引鄭氏曰:"《徂后》者,言湯之法度也。"

《大甲》三篇。在《尚書》第三十八、三十九、四十篇。《書序》曰:"太甲既立,不明,伊尹放諸桐,三年復歸於亳。思庸,伊尹作《大甲》三篇。"今亡,有逸文。見《孟子·公丑孫》篇、《離婁》篇、《禮記·表記》篇、《大學篇》引。

《沃丁》一篇。在《尚書》第四十一篇。《書序》曰:"沃丁既葬伊尹於亳,咎單遂訓伊尹事,作《沃丁》。"今亡。

《高宗肜日》一篇。在《尚書》第五十七篇。《書序》曰:"高宗祭成湯。有飛雉升鼎耳而雊。祖己訓諸王,作《高宗肜日》。"案,近儒王國維曰:"此篇《書序》以爲高宗祭成湯,其説全非。若爲高宗祭成湯,律以《尚書》文法,不當如此。今以《逸書》證之。《漢書·律曆志》引《伊訓》云:'伊尹祀于先王。'《史記·周本紀》引《泰誓》云:'太子發上祭於畢。'以此例推,則文内亦當有高宗肜日字矣。"其説是也。今考殷虛卜辭,凡曰王賓肜日,即爲祭王賓之日,則高宗肜日自當爲高宗之子孫祭高宗之日也。且高宗廟號也,更不當爲武丁時。《史記》以事歸之武丁,《書》則屬於祖庚時。馬驌《繹史》卷十七謂寧知非祖庚繹於高宗而有此祥,《史記》必別有所據,而牽於《書序》,故兩存之而無所擇云。金履祥《通鑑前編》斷以高宗廟號。因《史記》之言以爲祭高宗,《尚書表注》謂在祖庚時文,其識在史公上矣。《高宗之訓》《高宗肜日》今存。

《高宗之訓》一篇。在《尚書》第五十八篇,今亡,有逸文。見

《禮記·坊記》引。

　　右奏對之屬，凡十目十有厶篇。

《汝鳩》《史記》作《女鳩》。一篇。在尚書第二十四篇，今亡，詳下。
《汝方》《史記》作《女房》。一篇。在《尚書》第二十五篇。書序曰："伊尹去亳《史記》作湯。適夏，既醜有夏，復歸於亳。入自北門，乃《史記》無乃字。遇汝鳩、汝方，作《汝鳩》《汝方》。今亡。案，詳繹《序》文，當係伊尹告二人以醜夏而還之意。《大傳》云："夏人飲酒，醉者持不醉者，不醉者持醉者，相和而歌曰：'盍歸乎，薄薄亦大矣。'伊尹退而閒居，深聽樂聲，更曰：'覺兮覺兮，吾大命格兮，去不善而就善，何樂兮。'"見《路史·後紀》十四《夏后紀》引。又《新序·刺奢》篇云："桀作瑶臺，罷民力，殫民財，爲酒池漕隄，縱靡靡之樂，一鼓而牛飲者三千人。羣人相持歌曰：'江水沛沛兮，舟楫敗兮。我王廢兮，趣歸薄兮，薄亦大兮。'又曰：'樂兮樂兮，四牡蹻兮，六轡沃兮。去不善而從善，何不樂兮。'伊尹知天命之至，舉觴而告桀曰：'君王不聽臣之言，亡無日矣。'桀拍然而作，啞然而笑曰：'子何妖言？吾有天下，如天之有日也，日有亡乎？日亡吾亦亡矣。'於是接履而趨，遂通湯，湯王爲相。"《韓詩外傳》亦載此文，當即醜夏而歸之事，告二人當即告此事也。文不足徵，姑記於此。舊以此二篇爲《夏書》。見《釋文》。《書》疏云："鄭《序》以爲《虞夏書》二十篇、《商書》四十篇、《周書》四十篇，《帝告》《釐沃》《湯征》《汝鳩》《汝方》於鄭玄爲《商書》。"《釋文》亦曰："馬、鄭之徒以爲《商書》。"今從馬、鄭。

《咸乂》《史記》作咸艾。四篇。在《尚書》第四十二、四十三、四十四、四十五篇。《書序》云："伊陟相大戊，亳有祥，桑穀共生於朝。伊陟贊於巫咸，作《咸乂》四篇。"案，《史記》作"伊陟贊言于巫咸，巫咸治王家有成，作《咸艾》"，下復有"作大戊"一句，説詳下。《漢書·郊祀志》引《書序》孟康注曰："贊說也。"此四篇蓋伊陟告説巫咸之辭，今亡。

《微子誥》一篇。在《尚書》第七十二篇。《書序》云："殷既錯天命，微子作誥父師、少師。"今存。

　　右書説之屬，凡四目七篇。

《典寶》一篇。在《尚書》第三十三篇。《書序》曰："夏師敗績，湯遂從之,遂伐三朡,《史記》作夋。俘厥寶玉,誼《史記》作義。伯、仲伯作《典寶》。今亡。案,鄭玄注《伊訓》曰"載孚于亳",又曰"征是三朡",孚,俘也,即謂此事。

《大戊》一篇。今傳《尚書序》不載。《史記·殷本紀》曰:"巫咸治王家有成,作《咸艾》,作《大戊》。"今據補。案,江聲曰:"據《史記》當有《大戊》篇目。蓋古文重字不再書,止于字下加二畫而已。《書序》下云:'大戊贊于伊陟。'承此序之下,大戊字下蓋皆有兩畫,作重文以兩屬,俗儒疏忽,誤作單文,以專屬下敍,於是遂闕《大戊》篇目矣。"其說近是。細繹史文,或係伊陟記太戊桑穀之事。文闕無徵,姑出於此。

《西伯戡黎》一篇。在《尚書》第五十九篇。《書序》曰:"殷始咎周,周人乘黎,祖伊恐,奔告于受,作《西伯戡黎》。"今存。案,此篇係史臣記祖伊諫紂之辭,故以入敍記之屬。孔穎達謂亦誥也,非是。

右敍記之屬,凡三目三篇。

《明居》一篇。在《尚書》第三十四篇。《書序》曰:"咎單作《明居》。"今亡。案,《史記集解》引馬融曰:"明居,明居民之法也。"《禮·王制》篇鄭君以為殷制,其文云:"凡居民量地以制邑,度地以居民,地邑民居必參相得也。無曠土,無遊民,食節事時,民咸安其居。"或即咎單《明居》之遺說乎?

《區田》一篇。今存。相傳為伊尹作,見賈思勰《齊民要術》卷一引氾勝之述,《後漢書·劉般傳》章懷太子注、《文選》卷五十三嵇叔夜《養生論》李善注皆引之,有小異。所論與《周禮》相近,疑戰國時人依託也。

《湯刑》厶篇。今亡。有逸文,散見《呂氏春秋·孝行覽》《墨子·非樂篇》引。案,《墨子》引湯之官刑未言作於何時,考《左傳》昭六年叔向詒子產書曰:"先王議事以制,不為刑辟,懼民之有爭心也。"又曰:"夏有亂政,而作《禹刑》,商有亂政,而作《湯刑》。"又曰:"周有亂政而作《九刑》,三辟之興,皆叔世也。"則《湯刑》非湯作,蓋叔世託而為之者也,故次於後。

右典志之屬,凡三目厶篇。

《頌》十二篇。《毛詩序》曰:"微子至於戴公,其間禮樂廢壞。

有正考父者,得《商頌》十二篇於周之太師,以《那》為首。"《國語·魯語》閔馬父曰:"昔正考父校商之名《頌》十二篇於周太師,以《那》為首。今亡其七,存五篇。"案,正考父,宋大夫,孔子之先也。鄭司農云:"自考父至孔子,又亡其七篇,故餘五耳。"近儒王國維則用《韓詩》說,以為宗周中葉宋人所作,以祀其先王正考父,獻之於周太師,而太師次之於《周頌》之後。逮《魯頌》既作,又次於《魯》後。若果為商人作,則當如《尚書》例,在周頌前,不當次《魯頌》後。詳王氏《觀堂集林》卷二《說商頌》,頗能持之有故,但亦未盡足據。予別有説,今仍從舊説録之。

《湯嫁妹辭》一篇。今存,見王應麟《困學紀聞》卷一引京房說。案,荀爽對策引帝乙《歸妹》,亦謂湯以婆禮歸其妹於諸侯也,虞翻則以為紂父,存疑。

《采薇歌》一首。今存。見《史記·伯夷列傳》,云:"伯夷、叔齊餓且死,作歌。"不確指為誰作也。

《麥秀詩》一首。今存。見《史記》。《宋微子世家》云:"箕子過故殷虛作。"

　　右詩辭之屬,凡四目十五篇。案,《初學記·樂部》《北堂書鈔·樂部》引韋昭《洞記》云:"紂無道,比干極諫。知必死,作《秣馬金闕》之歌。"馮惟訥《古詩紀》商代遺詩,有大王之《岐山操》,季歷之《哀慕歌》,文王之《拘幽操》、《文王操》(《玉海》作《文王鳳皇歌》)、《箕子吟》(一曰《箕子操》)、《殷末謠》等,採自《琴苑要録》《琴操》及《論語比考讖》等書,皆偽之偽者也。又《二南》相傳為文王時詩,然《關雎》一篇,已有文王、宣王之聚訟,且傳有文王受命之文,則畫之於商,實有未安,今皆不著。

《箴》一篇。今亡。有逸文。見《吕氏春秋·有始覽·名類》篇引。

鐘銘厶篇。宋薛尚功《歷代鐘鼎彝器款識》載商鐘四,清阮元《積古齋鐘鼎款識》載商鐘三,吳大澂《愙齋集古録》載商象形鐘一。或摹畫未真,或文字弔詭,皆不易辨其真偽,且多不成篇章。如只著總名,而不舉其文,並不定篇數。地不愛寶,古器日出,我生今日,實亦不能定其確數也。下放此。又案古今著録金文之書,無慮數十種,今則未遑博綜,姑舉上三種以括之。

鐸銘ㄥ篇。吳氏載有受鐸，陳畫齋《吉金錄》同。亞形鐸，母若鐸。文簡字古，多象形，疑爲商代遺物，但銘辭亦不成篇章也。

鼎銘ㄥ篇。薛氏載商鼎四十，阮氏載二十三，吳氏不載，標商器者惟象形鼎一。古人款識，多以文字有干支字有爲商器，吳氏則以干支字爲祭器之數，但亦以商器文簡爲言。今考吳氏所載鼎銘，有干支字及文簡字古者凡四十器。其成篇章者，薛氏有父乙鼎，吳氏有旂僕鼎，朱善旂《敬吾心室彝器款識》稱旂鼎。己亥鼎，丙午鼎。

敦銘ㄥ篇。薛氏商敦四，阮氏六。陳介祺藏器目、潘祖蔭《攀古樓彝器款識》、吳氏《集古錄》、王國維皆以彝爲敦，則薛氏商彝二十有四，阮氏二十有八，皆商敦也。吳氏所載，敦有干支字及文簡字古者凡六十五。其銘辭成篇章者，薛氏有伊彝，乙酉父丁彝，案，中有"武乙彡日"云云，彡日即肜日，甲骨文亦如此，此確爲商器無疑。薛氏釋爲四日，誤也。有己酉戌案，本字作戎，薛釋爲戌，或以爲伐字。命。案本字作令，薛釋爲命，實非命字。

彝。吳氏有乙未敦，宴敦，來獸敦，丁卯敦，三家敦。

障銘ㄥ篇。薛氏商障十九，阮氏十七，吳氏載有干支字及文簡字古者凡五十三。其銘辭成篇章者，有丁子障，案亦稱餘障。篇末有"隹王十祀又二彡日"云云，十祀又二，十又二祀也，卜辭文法亦有同此者，如十一月云十月又一，每用於篇末，亦與此同。彡舊釋五，非，當爲肜字，見上。卜辭肜日有作彡者，見羅振玉《殷虛書契前編》卷一第一葉。其爲商器無疑。有卧障，有御方障。

壺銘ㄥ篇。薛氏商壺三，阮氏六，吳氏載有干支字及文簡字古者八。其銘辭成篇章者，有史懋壺，案，中有"王在㵎令㥯宮"，《卜辭前編》卷三第三葉中有"王在㵎"之文，㥯即㵎也，當即濕字，濕地有宮，爲王遊幸之地，故卜辭亦曰王在濕也，又考散盤有㵎田，㵎疑即濕字。濕在何地不可考，當在殷都千里之內。是器或爲商代遺物。

盉銘ㄥ篇。薛氏商盉二，阮氏二，吳氏載有干支字及文簡字古者四。

盤銘ㄥ篇。《禮記·大學》篇載有《湯之盤銘》。薛氏商盤一，阮氏二，吳氏載有干支字及文簡字古者六。銘辭成篇章者，有中盤，叔皇父盤，又《金石萃編》有比干銅盤銘，文辭不近古，疑偽。《中州金石記》亦云："文頗似李斯傳國璽，綿密茂美，當是秦漢人所爲。"

匜銘厶篇。薛氏商匜二，阮氏二，吳氏載有干支字及文簡字古者九。

甗銘厶篇。薛氏商甗七，阮氏二，吳氏載有干支字及文簡字古者四。

鬲銘厶篇。薛氏商鬲五，阮氏四，吳氏載有干支字及文簡字古者二。

豆銘厶篇。吳氏載有干支字者一。

卣銘厶篇。薛氏商卣三十四，阮氏十四，吳氏載有干支字及文簡字古者六十七。銘辭成篇章者，薛氏有兄癸卣，吳氏有方卣罍卣、父辛卣。

觶銘厶篇。薛氏商觶三，阮氏十四，吳氏載有干支字及文簡字古者四十五。

觚銘厶篇。薛氏商觚十三，阮氏四，吳氏載有干支字及文簡字古者二十三。薛氏以文有⿱字者，別出爲擧類，凡六器，細核之亦觚類也，且古器之有⿱字者，鼎、匜等器皆著之，不得別爲一類也。

斝銘厶篇。吳氏載有干支字及文簡字古者八。

角銘厶篇。阮氏商角七，吳氏載有干支字及文簡字古者十二，又吳氏載有干支字之觓器二。王國維考其形，以爲亦角類也。銘辭成篇章者，有宰㮰角，案，篇末有"角又五"云云，角又五者，角類之得五器也。以此言之，上文有父丁云云，不第如吳氏所謂父廟之第四器矣。丙申角，丁未⿱商角。

爵銘厶篇。薛氏商爵四十，阮氏三十三，吳氏載有干支字及文簡字古者百五十四。銘辭略具者有父甲爵。

兵戈銘厶篇。阮氏商戈三，商戈兵二。近直隸易州出土商句兵三，文字甚多，王國維有考。

石棺銘一篇。今存。見《史記》。《秦本紀》云"蜚廉生惡來，惡來有力，蜚廉善走，父子俱以材力事殷紂。周武王之伐紂，并殺惡來，是時蜚廉爲紂石北方，還，無所報，爲壇霍太山而報，得石棺，銘"云云。

口銘一篇。今存。見《國語·晉語一》，不知銘於何器。

右箴銘之屬，凡二十有二目厶篇。案，《詩·商頌譜》疏引《尚書》候黑玉赤勃文，當爲後世讖緯家所依託，不可信，不著。《太平御覽·皇王部》引鄭注曰：勒，刻也，則亦箴銘之屬。故附注於此。

《帝告》一篇。在《尚書》第廿一篇。《商書》之第一篇。《書序》云："自契至於成湯八遷。湯始居亳，從先王居，作《帝告》《釐沃》。"案《史記》告作誥，無釐沃二字。孫星衍曰："疑《帝告》《釐沃》本一篇，釐、來聲相近，言帝嚳來沃土耳。僞傳既云告來居治沃土，又云二篇，未可據也。"備一説。又案《索隱》云："告一本作俈。"疑作誥非，俈即嚳也。《管子·侈靡》篇、《史·三代世表》《封禪書》帝嚳皆作帝俈，告亦嚳之省文。蓋帝嚳爲商之所自出，湯又從其故都，故爲文以告之。古人簡質，即以其號名篇也。作誥者，疑後人依鄭君《緇衣》注改之。今亡，有逸文。見《困學紀聞》卷二引《尚書大傳》。案《紀聞》云："《大傳》帝告曰殷傳帝告書曰云云，豈伏生亦見古文逸篇邪？"孫星衍曰："王説非也，伏生以秦時藏百篇於山中，親見其文，故記其賸語。若孔壁逸書，無《帝告》也。"

《釐沃》一篇。在《尚書》第廿二篇，今亡。

《網祝》一篇。今存，見《吕氏春秋·異用》篇、《賈子新書·諭誠》篇、《新序·雜事五》，《史記·殷本紀》亦引，則以韅括出之。

《桑林禱辭》一篇。今佚。有逸文，見《周語》，引曰《湯誓》。《墨子·兼愛》篇、《尸子·綽子》篇、《荀子·大略》篇、《吕氏春秋·順民》篇、《論衡·感虛》篇。又案，清徐時棟《逸湯誓考》以爲《尚書》有兩《湯誓》，一伐桀之誓，在今《商書》爲第一篇，一禱旱之誓，《墨子》諸書所引是也。伐桀之誓，辭嚴義正，無可增損，且其文首尾完具，不得更有散佚。有出今傳《湯誓》外者，其爲別自一篇無疑，先儒合之爲過。其説甚辨，並補綴周秦諸書所引，爲《逸湯誓》一篇，凡二百五十字，雖不免妄加牽合，亦見纘續苦心，見所著《逸湯誓考》。

卜辭厶篇。卜辭甲骨發見於清光緒戊戌、己亥間案，當西曆紀元一八八八至一八八九年。河南彰德府西北五里之小屯。此地在洹水之南，水三面環之，《史記·項羽本紀》所謂洹水南殷虛上者也。方志以爲河亶甲城，實即盤庚所徙都。卜辭乃盤庚至帝乙時所刻辭，總計出土者至今日約五萬片至六萬片。文至簡質，篇恒十餘言，短者半之，最多五六十字。方寸之文，或紀數事，又字多假借；或因物賦形，有能得其讀，不能得其義者；有得其義，不能得其讀者。繁簡任意，一字異文，每至數十；書寫之法，時有凌獵，或數語之中，到寫者一二，兩字之名，合書者七八。近人雖迭有考釋，尚未能通其六七也。其貞卜事類，可約爲八目，曰祭，曰告，曰享，曰出入，曰田獵，曰征伐，曰年，曰風雨，文繁不能綜計，第舉其目而已。

右卜祇之屬，凡五目厶篇。

《湯語》厶篇。今略存。見《賈誼新書》九《修政語上》及《說苑·君道》篇，疑依託。案，《漢書·藝文志》有《天乙》三篇。天乙謂湯，雖今已無考，其僞當更在此篇下矣。古人不著書，其爲後人依託無疑，不著。

《歸藏》厶篇。《隋書·經籍志》有十三卷，晉太尉參軍薛貞注，《唐書·藝文志》有司馬膺注十三卷，《宋中興書目》載有《初經齊母本蓍》三篇，郭璞《山海經》注有《鄭母啟筮》等篇，不知是否商代之遺。桓譚《新論》曰："《歸藏》四千三百言。"或親見之邪？此書《漢書·藝文志》不載，晉《中經簿》始有之。然《周禮·春官》太卜掌三易之法，二曰《歸藏》，《禮記·禮運》孔子亦曰："吾欲觀殷道，故之宋而不足徵也，吾得坤乾焉。"《歸藏》以奥爲首，故曰得坤乾。《山海經》曰："黃帝時得河圖，商人因之曰《歸藏》。"其來已久，要爲前古之遺文，後漢時似猶存。桓譚《新論》云："《連山》藏於蘭臺，《歸藏》藏於太卜。"其言甚明也。今亡，有逸文，散見晉以後諸人所記，亦不能必其孰真孰僞矣。其書雖卜筮，實與卜辭其別猶易，不能入卜祝之屬，故次於此。

　　右論議之屬，凡二目厶篇。案，《洪範》《左傳》《說文》引，皆云《商書》，經文亦稱歲爲祀，或武王命箕予陳言，示不臣之義，或舊次在《微子》之前，如《漢書·儒林傳》云："《堯典》《禹貢》《微子》《金縢》諸篇。"不可知矣，惟其文曰："惟十有三祀，王訪於箕子。"則明《周書》也，不著。至《漢·藝文志》，《天乙》《伊尹》諸書，說已說上，亦不著。

　　大凡文九屬，六十五目，厶厶厶厶厶篇。案，尚有商代遺文，如《墨子·明鬼》篇引《商書》，《七患篇》引《殷書》，《呂氏春秋·諭大》篇引《商書》，《說文·心部》引《商書》，《孟子·公孫丑》篇引《書》曰，當皆在舊《商書》之中，惟殘篇零簡，已不能考其屬於何篇，別其文體，無可隸屬，姑附於後，俟考定焉。

　　（原載《大夏大學七週年紀念刊》，1931年。今據以收入。）

孔子傳

《太史公書·孔子世家》〔一〕贊曰:"《詩》有之:'高山仰止,景行行止。'雖不能至,然心鄉往之。余讀孔氏書,想見其爲人。適魯,觀仲尼廟堂車服禮器,諸生以時習禮其家,余低回留之,不能去云。天下君王,至於賢人衆矣,當時則榮,没則已焉。孔子布衣,傳十餘世,學者宗之,中國言六藝者,折中於夫子,可謂至聖矣。"孔子生魯昌平鄉陬邑。其先宋人也,曰孔父嘉,爲孔氏得姓之始。嘉爲宋大夫華督所害,其孫防叔避華氏亂,奔魯,爲防邑大夫,實孔氏遷魯之祖〔二〕。防叔生伯夏,伯夏生叔梁紇〔三〕,爲陬邑大夫〔四〕。紇多力〔五〕,襄公十年,吳子在柤,晉以諸侯往會之〔六〕,遂伐偪陽〔七〕,圍之不克。偪陽人啓門,諸侯之士門焉,縣門發,紇抉之以出門者,《詩》所謂"有力如虎"者也〔八〕。紇婚顏氏女曰徵在〔九〕,禱於尼丘,襄公二十年十有一月庚子而孔子生〔一〇〕。生而首上圩頂,故因名曰丘,字仲尼云。孔子生而叔梁紇死〔一一〕,葬於防山,其後母死,往合葬焉。孔子爲兒嬉戲,常陳俎豆,設禮容。少貧賤。及長,長九尺有六寸,人皆異之。嘗爲委吏〔一二〕,料量平。嘗爲司職吏〔一三〕,而畜繁息。壯而設教授徒。昭公二十年,衛齊豹殺孟縶,宗魯死之。琴張將往弔,孔子曰:"齊豹之盜,而孟縶之賊,女何弔焉?"〔一四〕二十四年,魯大夫孟釐子病且死,謂其嗣懿子曰:"孔丘,聖人之後,滅於宋,其祖弗父何始有宋而嗣,讓厲公。及正考父佐戴、武、宣公,三命兹益恭,故鼎銘云:'一命而僂,再命而傴,三命而俯，循牆而走，亦莫敢余侮。饘於是，粥於是，以餬余口。'其恭如是。吾聞聖人之後，雖不當世，必有達者。今孔丘年少好禮，其達者歟？吾即沒，若必師之。"及釐子卒，懿子與其弟南宮敬叔往學禮焉[一五]。明年，公伐季氏，不克，奔齊，魯亂[一六]。孔子亦至齊。先是，齊景公與晏嬰適魯，景公問孔子曰："昔秦穆公國小處辟，其霸何也？"對曰："秦國雖小，其志大，處雖辟，行中正，身舉五羖，爵之大夫，與語三日，授之以政，以此取之，雖王可也，其霸小矣。"景公說。至是景公復問政，對曰："君君、臣臣、父父、子子。"景公曰："善哉！信如君不君、臣不臣、父不父、子不子，雖有粟，吾豈得而食諸？"他日又問政，對曰："政在節財。"景公說，欲以尼谿田封孔子。晏嬰進曰："孔子盛容飾，繁登降之禮，趨詳之節，累世不能殫其學，當年不能究其禮，君欲用之，以移齊俗，非所以先細民也。"後景公敬見孔子，不問其禮。異日，止孔子曰："奉子以季氏，吾不能，以季、孟之間待之。"齊大夫欲害孔子，景公曰："吾老矣，弗能用也。"孔子遂行，反乎魯。年四十二，昭公卒於乾侯，定公立。立五年，夏，大夫季子卒，桓子嗣立。桓子嬖臣曰仲梁懷，與家臣陽虎有隙，陽虎欲逐懷，公山不狃止之。其秋，懷益驕，陽虎執懷，桓子怒，陽虎因囚桓子，與盟而醳之，陽虎由是益輕季氏，季氏亦僭於公室，陪臣執國政。是以魯自大夫以下，皆僭，離於正道，故孔子不仕。退而修《詩》《書》《禮》《樂》，嘗問禮於老聃[一七]，問樂於師襄[一八]。弟子彌衆，至自遠方，莫不受業焉。定公八年，公山不狃不得志於季氏，因陽虎爲亂，欲廢三桓之適，更立其庶孽。陽虎素所善者，遂執季桓子，桓子詐之，得脫。定公九年，陽虎不勝，奔於齊。是時，孔子年五十。公山不狃以費畔季氏，召孔子，欲往，子路止之，孔子曰："夫召我豈徒哉？如用我，其爲東周乎？"然亦卒不行。其後定公以孔子爲中都宰，一年，四方皆則之。由中都宰爲司空，由司空爲司寇。定公十年春，及齊平。夏，齊大夫犂鉏言於景公曰："魯用孔丘，其勢危齊。"乃使使告魯爲好會，會於夾谷。定公且以乘車好往，孔子攝相事，曰："臣聞有文事者，必有武備，有武事者，必有文備。古者諸侯出疆，必具官以從，請具左右司馬。"定公曰："諾。"會齊侯夾谷。爲壇位，土階三等，以會遇之禮相見。揖讓而登，獻酬之禮畢，齊有司趨而進曰："請奏四方之樂。"景公曰："諾。"於是旍旄羽袚，矛戟劍撥，鼓噪而至。孔子趨而進，歷階而登，不盡一等，舉袂而言曰："吾兩君爲好會，夷狄之樂，何爲於此？請命有司。"有司却之，不去。則左右視晏子與景公。景公心怍，麾而去之。有頃，齊有司趨而進曰："請奏宮中之樂。"景公曰："諾。"優倡侏儒，爲戲而前。孔子趨而進，歷階而登，不盡一等，曰："匹夫而熒惑諸侯者，罪當誅，請命有司，有司加法焉。"景公懼而動，知義不若，歸而大恐，告其羣臣曰："魯以君子之道輔其君，而子獨以夷狄之道教寡人，使得罪於魯君，爲之奈何？"有司進對曰："君子有過則謝以實，小人有過則謝以文，君若悼之，則謝以實。"於是齊侯乃歸所侵魯之鄆、汶陽、龜陰之田以謝過。定公十三年夏，孔子言於定公曰："臣無藏甲，大夫無百雉之城。使仲由爲季氏宰，將墮三都。"於是叔孫氏先墮郈，季氏將墮費，公山不狃、叔孫輒率費人襲魯，公與三子入於季氏之宮，登武子之臺，費人攻之弗克，入及公側。孔子命申句須、樂頎下伐之，費人北，國人追之，敗諸姑蔑，二子奔齊，遂墮費。將墮成，公斂處父謂孟孫曰："墮成，齊人必至於北門，且成，孟氏之保障，無成，是無孟氏也，我將弗墮。"十二月，公圍成，不克。定公十四年，孔子年五十六。行乎季氏，言之而從[一九]。三月，粥羔豚者弗飾賈，男女行者別於塗，塗不拾遺，四方之客至乎邑者，不求有司，皆如歸[二〇]。齊人聞而懼曰："孔子爲政必霸，霸則吾地近焉，我之爲先并矣，盍致地焉。"犂鉏曰："請先嘗沮之，沮之而不可，則致地庸遲乎？"於是選國中好女八十人，文馬三十駟，遺魯君，陳女樂、文馬於魯城南高門外。季桓子微服往觀再三，將受，乃語魯君爲周道游,往觀終日,怠於政事。子路曰:"夫子可以行矣。"孔子曰:"魯今且郊,如致膰乎大夫,則吾猶可以止。"桓子卒受齊女樂,三日不聽政,郊又不致膰俎於大夫,孔子遂行。宿乎屯,而師己送曰:"夫子則非罪。"孔子曰:"吾歌可夫,歌曰:'彼婦之口,可以出走,彼婦之謁,可以死敗,蓋優哉游哉,維以卒歲。"師己反,桓子曰……

附注

〔一〕《漢書·藝文志》六藝略春秋類《太史公書》,百三十篇,《隋書·經籍志》始題《史記》,蓋晉後所改,今從原名。

〔二〕《孔子家語》:"防叔畏華氏之逼而奔魯。"故孔氏爲魯人。

〔三〕叔梁字,紇名。

〔四〕孔安國曰:"陬,孔子父叔梁紇所治邑。"

〔五〕據《左氏·襄公十年傳》杜預注。

〔六〕據同上。

〔七〕據《春秋經》。

〔八〕見《左氏·襄公十年傳》。杜注云:"門者,諸侯之士在門內者也。言紇多力,挾舉懸門,出在內者。"有力如虎,見《詩·邶風》,孟獻子引《詩》譽狄虒彌,今借譽紇。

〔九〕據《家語》。

〔一〇〕據《春秋公羊傳》,《穀梁傳》同,《史記》以爲襄公二十一年生。

〔一一〕以上皆據《史記·世家》,此後凡不注出處者,皆《世家》文也。《家語》謂生三歲而紇死。

〔一二〕《世家》作嘗爲季氏史,茲據《孟子》改。崔述《洙泗考信錄》云:"委、季、吏、史四字相似,故誤,後人又妄加氏字耳。"

〔一三〕毛奇齡《四書改錯》云:"《周禮·牛人》有職人,主鳥豢者。職通作樴,弋也,所以繫牛。《孟子》作乘田。"

〔一四〕據《左傳》,從錢穆《先秦諸子繫年》說。

〔一五〕案《史記》繫於孔子十七歲,是時懿子、敬叔皆未生。據《左傳》,釐子實沒於昭公二十四年,孔子年三十四,《史記》誤,兹正。

〔一六〕據《左氏·昭公二十五年傳》。

〔一七〕問禮於老聃一事,言人人殊,《世家》以爲在昭公二十年,而孔子年三十,《莊子》謂孔子年五十一,南見老聃,是爲定公九年,《水經注》云:"孔子年十七,適周。"是爲昭公七年,《史記索隱》謂南宫敬叔言於魯君,而得適周,則爲昭公二十四年。然詳考之,皆有所不通。且其見,或言周,或言南,今皆不取,只言嘗問禮而已。

〔一八〕師襄子即擊磬襄,孔子用魯,舉爲司樂之官。《史記》下文作學鼓琴於師襄子,鼓琴爲樂之一端,禮樂爲孔子所最重,故改作樂。

〔一九〕《世家》作"孔子年五十六,行攝相事"。江永《孔子年譜》曰:"攝相乃是相禮,如夾谷相會,《論語》'趨進翼如,實退復命'是也。若魯相,自是三卿,執政自是季氏。孔子此時,但言之而從,《公羊》所謂'行乎季孫,三月不違者'耳,未嘗攝魯相也。"其説是,從之。

〔二〇〕據《孔子家語》。

(本篇爲王蘧常先生手書未完稿,未公開發表,今據以收入。)

曾子新傳

曾子者,名參,字子輿,南武城人。孔子弟子,小孔子四十六歲。至孝,養志,每讀《喪禮》,泣下霑襟。其事父也,諭之以小杖則受,諭之以大杖則走,恐虧其禮,非孝子之道也。父晳使曾子,過期而不至,人見晳曰:"無乃畏邪?"晳曰:"彼雖畏,我存,夫安敢畏?"嘗從孔子在楚而心動,辭歸,問母,母曰:"思爾齧指。"孔子以爲能通孝道,故授之業作《孝經》。曾子曰:"孝之養老也,樂其心,不違其志。樂其耳目,安其寢處,以其飲食忠養之。孝子之身終,終身也者,非終父母之身也,終其身也。是故父母之所愛亦愛之,父母之所敬亦敬之,至於犬畜盡然,而況於人乎?"又曰:"孝有三,大孝尊親,其次弗辱,其下能養。"又曰:"身也者,父母之遺體也,行父母之遺體,敢不敬乎?居處不莊,非孝也;事君不忠,非孝也;莅官不敬,非孝也;朋友不信,非孝也;戰陳無勇,非孝也。五者不遂,栽及於親,敢不敬乎?亨熟羶薌,嘗而薦之,非孝也,養也。君子之所謂孝也者,國人稱願然曰'幸哉有子',如此,所謂孝也已。衆之本教曰孝,其行曰養。養,可能也,敬爲難;敬,可能也,安爲難;安,可能也,卒爲難。父母既没,慎行其身,不遺父母惡名,可謂能終矣。"又曰:"斷一樹,殺一獸,不以時,非孝也。"又曰:"孝有三,小孝用力,中孝用勞,大孝不匱。思慈愛忘勞,可謂用力矣;尊仁安義,可謂用勞矣;博施備物,可謂不匱矣。父母愛之,喜而不忘;父母惡之,懼而無怨;父母有過,諫而不逆。父母既没,必求仁者之粟以祀之,此之謂禮終。"又曰:"忠者,其孝之本與?孝子不登高,不獲危,痺亦弗憑;不苟笑,不苟訾;隱不命,臨不指;故不在死之中也。孝子惡言死焉,流言止焉,美言興焉。故惡言不出於口,煩言不及於己。故孝子之事親也,居易以俟命,不興險行以徼幸。孝子游之,暴人違之。出門而使,不以或爲父母憂也。險塗隘巷,不求先焉。以愛其身,以不敢忘其親也。孝子之使人也,不敢肆行,不敢自專也。父死三年,不敢沒父之道,又能事父之朋友,又能率朋友以助敬也。君子之孝也,以正致諫;士之孝也,以德從命;庶人之孝也,以力惡食。"曾子仕於莒,得粟三秉。方是之時,曾子重其祿而輕其身。親沒之後,齊迎以物,楚迎以令尹,晉迎以上卿。方是之時,曾子重其身而輕其祿。曰:"往而不可還者,親也,至而不可加者,年也,是故孝子欲養而親不待也,木欲直而時不待也,是故椎牛而祭葬,不如雞豚逮存親也。"魯人攻鄪,曾子辭於鄪君曰:"請出,寇罷而來,請姑毋使狗豕入吾舍。"鄪君曰:"寡人之於先生也,人無不聞。今魯人攻我,而先生去我,胡守先生之舍?"魯人攻鄪,數之罪十,而曾子之所爭者九。魯師罷,鄪君復修曾子舍而迎之,曾子反,左右曰:"待先生如此,其忠且敬也。寇至則先去。以爲民望寇退則反,殆於不可。"弟子沈猶行曰:"是非汝所知也。昔沈猶有負芻之禍,從先生者七十人,未有去焉。"曾子之妻嘗入市,其子隨之而泣,其母曰:"女還,顧反爲女殺彘。"適市來,曾子欲捕彘,妻曰:"與兒戲耳。"曰:"兒非與戲也,兒非有知也,待父母而學者也,聽父母之教。今欺之,是教子欺也。父欺子而不信,非所以成教也。"遂亨彘。善妻,不更娶,人問其故,曰:"以華、元善人也。"人有語曰:"曾子家兒不怒。"曾子有疾,曾元抱首,曾華抱足,曾子曰:"官怠於宦成,病加於少愈,禍生於懈惰,孝衰於妻子,察此四者,慎行如始。"又曰:"華煩而實寡者天也,言多而行寡者人也。鷹隼以山爲卑,而曾巢其上;魚鱉黿鼉以淵爲淺,而蹶穴其中,卒其所以得之者,餌也。是故君子苟無以利害義,則辱何由至哉!親戚不説,不敢外交;近者不親,不敢求遠;小者不審,不敢言大。故人之生也,百歲之中,有疾病焉,有老幼焉,故君子思其不復者而先施焉。親戚既没,雖欲爲孝,誰爲孝?年既耆艾,雖欲爲弟,誰爲弟?故孝有不及,弟有不時,此之謂與?言不遠身,言之主也;行不遠身,行之本也。言有主,行有本,謂之有聞矣。君子尊其所聞,則高明矣;行其所聞,則廣大矣。高明廣大。不在於他,在加之志而已矣。"病,樂正子春坐於牀下,華、元坐於足,童子隅坐而執燭……

(原載《大夏週報》第十二卷第七期,1935年。今據以收入。本文爲未完稿。)

孟子源流考

案，《孟子》一書久晻没於諸子，其後亦但崇文章義理，於本書存佚顯晦、傳述源流少有加意者。至清儒翟晴江、周耕厓諸先生，乃有考論之作，本末小具。蓮常不揣樗昧，遠綜舊説，間約小言，草創《孟子雜考》十餘萬言，上及孟子史實、師承、學説、通論，下及弟子暨孟子各家著述，更絜其大綱，成此篇，聊爲課經之助。舛錯與否，則不敢計也。

一 《孟子》篇數及存佚真僞

《孟子》篇數各書引據略有異同。

《太史公書·孟荀傳》：《孟子》七篇。

劉氏歆九種《孟子》，凡十一篇。案，《孟子疏》云："時有劉歆九種《孟子》，凡十一篇。"九種今無可考。

《漢書·藝文志》儒家《孟子》十一篇。案，蓋依劉歆，又《志》兵陰陽家有《孟子》一篇，周廣業據劉陶《七曜論》復孟軻，遂疑《七曜》在此《陰陽篇》中，以爲外書也，沈欽韓《漢書疏證》則謂與儒家非同書，《志》五行家有《猛子閭昭》，疑此即《猛子》，猛、孟古通也。愚案周説非，《孟子》非戰，且語不涉鬼神及五行尅勝之言，何得有兵陰陽家言。沈説近是，今不取。

《風俗通》：《中外》十一篇。案，《中外》篇名自應氏起。

趙氏岐《孟子題辭》：著書七篇，又有《外書》四篇。案，内外篇名自趙氏起。

《七錄》《隋志》：晉綦母氏邃《孟子注》九卷。

賈同《責荀篇》：《孟子》十四篇。

據上實核之，篇數多少，蓋因内外篇離合而異，未嘗有出入也。凡言七篇者，只謂内篇。言十一篇者，通内外而言。言十四篇者，七篇析爲上下也。中外即内外也，惟綦母邃注爲九卷，未詳其分析之法，獨不能得其説。蓋《孟子》未經秦火，最爲完備。詳下。《外篇》晚入中祕，史公只記《中書》，故云"七篇"。其後内廷校書，内外即相合。自趙臺卿只注前七篇，以後四篇文不宏深，疑爲僞託，於是内外篇離，始有真僞之辨。自是《孟子》無足本矣。前此劉向父子及班氏固未嘗有是言也，至唐虞世南作《北堂書鈔》，稱《逸孟子》，而外篇始知已佚於世。案，漢晉六朝諸儒所引《外書》尚不明言存佚，言佚自永興始，以此推之，當佚於唐初矣。今惟存篇名於趙氏《題辭》，曰《性善辯》《文説》《孝經》《爲正》，文則略見於各書，寂寥數十條而已。其佚當在隋唐之際，而宋孫弈《履齋示兒編》乃曰："昔嘗聞前輩有云親見館閣中有《孟子外書》四篇，曰《性善辨》，曰《文説》，曰《孝經》，曰《爲政》。"劉昌詩《蘆浦筆記》云："予鄉新喻謝氏多藏古書，有《性善辨》一帙。"似南宋時猶得見之。惟考南宋去趙臺卿時已千有餘歲，唐初已稱逸去，不應館閣中能完好如故。孫氏僅得耳聞，當日在館閣諸公未有以目擊詳言之者，道聽塗説，必不足爲按據。新喻謝氏所藏一帙，則似劉氏及見之。考《隋書・經籍志》梁綦母邃《孟子注》九卷，他家注俱七卷，獨綦母氏多出二卷，豈所謂四篇者，在梁時尚得其二，至宋乃僅存劉氏所見之一篇邪？但綦母氏書李善注《文選》猶引用之，似流行於唐世，而其有無《外書》，唐人絕無片言論及，則又難以質言之矣。以上取翟氏灝《考異》。至姚士粦所傳《外書》四篇，云是熙時子注。熙時子者，相傳以爲劉貢父，前有馬廷鸞敍，清吳騫板行之。丁杰爲之條駁甚詳，顯屬僞託，更無取焉。輯集逸文者,則明有應城陳心叔,見所著《孟子雜記》中,臨湘方仲美,見所著《孟子集語》中,朱竹垞《經義考》、馬宛斯《繹史》中亦載有《孟子》逸句。至周耕厓《孟子四考》詳加參訂,作《孟子逸文考》,凡得五十有八條,最爲詳覈。惟本書久佚,篇名久訛,竟無從分篇附麗,亦古者所同唏。茲將篇名改定於下,裨觀覽焉。

第一《性善辨》。案,此從劉昌詩、孫奕說。元刻《玉海》、《藝文志考證》、陳仁錫《孟子考異》序、朱彝尊《經義考·逸經下》、翟灝《考異》均作性善,以辨字屬下篇名。灝之言曰:"據《論衡·本性》篇,但云孟子作《性善》之篇,不綴辨字,疑新喻謝氏所藏《性善辨》屬後人依放而作,非《外書》本真也。"周氏廣業《四考》云:"孟子時言性如告子等已有數家,不容無辨,文則說之足矣何待。"蘧案,周說是,王辨乎充當係簡舉,不足據。

第二《文説》。案,元刻《藝文志考證》、陳《考異》序、朱《經義考》、翟《考異》均作辨文説,見上。孫奕《示兒編》云:"時人以性善辨文爲一句。"更誤。

第三《孝經》。案,元刻《藝文志考證》、陳《考異》序、朱《經義考》、翟《考異》均作説《孝經説》,見上。

第四《爲正》。案,各本同,惟趙氏《題辭》、孫氏《示兒編》正作政,政正古通也。又孫奕曰:"時人以説孝經爲政爲一句。"誤。

二 《孟子》未經秦火

愚案趙氏岐《孟子題辭》曰:"孟子既没之後,大道遂絀。逮至亡秦,焚滅經術,坑戮儒生,孟子徒黨盡矣。其書號爲諸子,故篇籍得不泯絕。"然考《史記·始皇本紀》,始皇三十四年,丞相李斯言曰:"臣請史官非秦紀皆燒之,非博士官所職,天下敢有藏《詩》《書》百家語者,悉詣守尉雜燒之,所不去者醫藥卜筮種樹之書。"三十五年,使御史案問諸生,四百六十餘人皆坑之咸陽。《漢書·藝文志》曰:"秦燔書,而《易》爲筮卜之事,傳者不絕。"又云:"諸子之言紛然殽亂,至秦患之,乃燔滅文章,以愚黔首。"是時所最忌者學古道古之士,所坑者皆誦法孔子。長子扶蘇之言可證,不知當時《孟子》何得與《周易》同不焚? 逄行珪注《鬻子》敍云:"遭秦暴亂,書記略盡,《鬻子》雖不與焚燒,編帙由此殘闕。"此亦以諸子不焚也。翟氏灝《考異》云:"《漢書·河間王傳》稱《孟子》爲獻王所得,似亦遭秦播棄,至漢孝武世始復出者。然孝文已立《孟子》博士,而《韓氏詩外傳》、董氏《繁露》俱多引《孟子》語,則趙氏所云'書號諸子,得不泯絶'定亦不虛矣。"

三 《孟子》曾立博士

愚案趙氏《題辭》曰:"漢興,除秦虐禁,開延道德,孝文皇帝欲廣遊學之路,《論語》《孝經》《孟子》《爾雅》皆置博士,後罷傳記博士,獨立五經而已。迄今諸經通義得引《孟子》以明事,謂之博文。"此事朱子以爲在《漢書》,並無可考。閻氏若璩《四書釋地三續》則謂《漢書》固有是說,但未見《儒林傳》,不觀劉歆《移書太常博士》乎? 書云:"孝文世,《尚書》初出於屋壁,《詩》始萌芽,天下衆書往往頗出,皆諸子傳說,猶廣立於學宫,爲置博士。"諸子傳說即《孟子》等書是也,後罷之,則以董仲舒《對策》專崇六藝云。錢氏大昕《潛研堂答問》亦謂罷在漢武時。《漢書》贊武帝云:"孝武初立,卓然罷黜百家,表章六經。"以《本紀》考之,建元五年置五經博士,則傳記博士之罷當在此時矣。焦氏循《孟子正義》曰:"《禮記正義》引盧植云:'漢文皇帝令博士諸生作此《王制》之書。'今《王制》篇中制祿爵關市等文多取諸《孟子》,則孝文時立《孟子》博士審矣。"愚案閻、焦說是也。《藝文類聚》卷四十六引《漢書舊儀》曰:"孝文時,博士七十餘人。"《唐六典》卷二十二國子博士注引《漢官儀》曰:"文帝博士七十餘人。"此尤漢文廣立學宫,爲置博士之證。惟考文帝立博士至武帝建元五年,雖不能確定其年數,必當有二三十年之久,何以博士傳授了無可考？考《後漢書·翟酺傳》曰："孝文帝始置五經博士。"案，五經從何氏焯，宋本或作一，《困學紀聞》引同，疑誤。考是時《詩》《書》《春秋》已立有博士，詳近儒王氏國維《漢魏博士考》，《易》未亡失，宜亦有博士。又張揖《上廣雅表》曰："叔孫通撰置《禮記》，文不違古。"是漢初已有《禮》今文矣。漢時《爾雅》在《禮》中（陳壽祺說），《爾雅》且立博士，此亦禮有博士之證。當時傳記方廣立博士，獨謂五經無博士乎？又考漢文博士有七十餘人之多，見上。此亦漢文非只立一經之證，記此備考定。是五經博士非始於漢武也。疑趙氏所謂獨立五經亦指孝文而言，故但曰後，不別著某時。蓋旋立旋廢，故傳授不明，否則立數十年於學官，班《書》一無明文，似疏不至此。閻、錢所論容有未審。又案，皮氏日休《文藪》亦云："漢得《孟子》置博士，以專其學。"王氏應麟《五經通義》説曰："嬿哉漢之尊經乎！儒五十三家莫非賢傳也，而《孟子》首置博士，九流百八十九家，莫非諸子也，而《通義》得述《孟子》斯文之統紀，以一多士之趨向，以純非徒綴訓故誦佔畢而已。"其説尤詳，或別有所據。又翟氏灝《考異》論《孟子》為傳記博士曰："時《論語》《孝經》通謂之傳，而《孟子》亦以傳稱，如《論衡·對作》篇曰'楊墨不亂傳義，則《孟子》之傳不造'，《漢書·劉向傳》引《傳》曰'聖人不出其間，必有名世者'，《後漢書·梁冀傳》引《傳》曰'以天下與人易，為天下得人難'，《越絕書·敍外傳記》引《傳》曰'孔子去魯，燔俎無肉'，《風俗通義·十反卷》引《傳》曰'於厚者薄，則無所不薄矣'，《說文解字》引《傳》曰'箪食壺漿'，《詩·邶風》正義引《傳》曰'外無曠夫，內無怨女'，《中論·夭壽》篇引《傳》曰'所好有甚於生者，所惡有甚於死者'，又《法象》篇曰《傳》稱大人正己而物自正'，言可為證。故趙氏以《論語》《孝經》《孟子》《爾雅》博士統言之曰傳記博士，其言至確。又《漢書·景帝十三王傳》'河間獻王所得先秦舊書，《周官》《尚書》《禮》《禮記》《孟子》《老子》之屬，皆經傳說記，七十子徒所論'云云，雖與文帝時立博士之説似不脗合，然《孟子》書之見重於漢初，觀此益明矣。"

四　漢唐之際尊孟者

愚案漢唐之際孟學最衰，能尊之者傳記所載六人而已，茲列於下。

揚氏雄《法言》曰："古者楊、墨塞路，孟子辭而闢之，廓如也。"又云："孟子勇於義而果於德，知言之要，知德之奧，非苟知之，亦允蹈之。"又曰："諸子者，以其異於孔子也，孟子異乎？不異。"楊氏時《龜山文集‧答陳瑩中書》曰："雄之言以孟子不異孔子，則其尊孟也至矣。"

《宋書‧禮志》曰："晉咸康三年，國子祭酒袁瓌、太常馮懷上疏云：'孔子恂恂，道化洙、泗，孟軻皇皇，誨誘無倦，是以仁義之聲，於今猶存，禮讓之風，千載未泯。陛下以聖明臨朝，宜留心經籍，闡明學義，使諷誦之音盈於京室，味道之賢，典謨是詠，豈不盛哉！'疏奏，帝有感焉，由是議立國學，徵集生徒，而世尚《莊》《老》，莫肯用心儒訓。"案，翟氏灝《考異》曰："漢立傳記博士，尋因董仲舒專崇六藝之言罷之。司馬遷以孟子、荀卿同傳，並取騶衍、淳于髡、墨翟等雜焉。劉歆作《七略》，遂以上紹聖緒之籍漫列于《諸子部》中，嗣是以來，世漸無知尊之。《東觀漢記》言章帝賜黃香《淮南》《孟子》各一通，不惟並賜，且舉次《孟子》於《淮南》下。《論衡‧對作》篇云：'上自孔、墨之黨，下至荀、孟之徒。'《後漢書‧郭泰傳》論云：'林宗恂恂善導，雖墨、孟之徒不能絕也。'《昭明文選‧序》云：'老、莊之作，管、孟之流，不以能文爲本。'曰荀、孟，曰墨、孟，曰管、孟，不自覺其言之不倫矣。乃當江左之朝，猶有袁、馮二氏，能以孔、孟並舉，疏請留心闡明，非邑邑然朝陽之鳴鳳乎？生徒果用心焉，則《孟子》升經立學，在其會矣。惜乎世受莊、老之惑，又遲其事於數百年後也。"又案，袁瓌，晉扶樂人，字山甫，南渡後累官臨川太守，以功封長合鄉侯，徙大司農，尋除國子祭酒加散騎常侍，高祖滂、曾祖渙皆有聲於漢魏間。瓌承家學，於時喪亂之後，禮教陵遲，上疏請備學徒博士，成帝從之，國學之興自瓌始。卒諡恭，《晉書》有傳。尊孟有功，特附出。馮懷無徵。

《唐書‧選舉志》曰："寶應二年，案，寶應爲肅宗復稱年號，未一月子代宗嗣,明年七月代宗始改元廣德,所云寶應二年,蓋即廣德元年。禮部侍郎楊綰疏請《論語》《孝經》《孟子》兼爲一經。"案,楊綰《請依古察孝廉而罷進士明經疏》中附有此請,朝議謂舉進士久矣,廢之恐失其業,乃詔明經進士與孝廉兼行,所試孝廉義用何經史不復詳,未審當時從綰請否?自綰有尊孟之請,而韓文公即誕生於是時,道之將興,豈不有運命存乎?綰,華陰人,字公權,進士。大曆中,累拜中書侍郎、同中書門下平章事,綰既輔政,漸復太平舊制,鼇補穿敝,惟綰是賴。卒諡文簡,《唐史》有傳,依例附見。

韓氏愈《昌黎集‧送王塤序》曰:"孔子沒,獨孟軻氏之傳得其宗,故求觀聖人之道,必自孟子始。"又《讀荀子》曰:"孟子醇乎醇者也!"又《與孟尚書書》曰:"孟子雖賢聖,不得位,空言無施,雖切何補?然賴其言,而今學者尚知宗孔氏,崇仁義,貴王賤霸而已。其大經大法皆亡滅而不救,壞爛而不收,所謂存十一於千百,安在其能廓如也?然向無孟氏,則皆服左袵而言侏離矣。故愈嘗推尊孟氏,以爲功不在禹下者,爲此也。"案,薛氏瑄《讀書錄》曰:"千載之間,知孟子者,韓子一人而已。"崔氏適《孟子事實錄》曰:"孟子在戰國時,人視之與諸子等耳。漢興,始立於學官,然亦不久遂廢,人亦不過以傳記視之耳。自韓子出,極力推崇孟子,其書始大著於世。至宋諸儒,遂以此七篇與諸經、《論語》並重,皆自韓子之發之也。非孟子,則孔子之道不詳;非韓子,則孟子之書不著。"

《文獻通考》曰:"懿宗咸通四年,進士皮日休上疏以孟子爲學科,不報。"皮日休《文藪‧請〈孟子〉爲學科書》曰:"臣聞聖人之道,不過乎經;經之降者,不過乎史;史之降者,不過乎子;子之不異乎道者,《孟子》也。捨是子者,必戾乎經史,又率於子者,則聖人之盜也。夫《孟子》之文粲若經傳,天惜其道,不燼於秦,自漢氏得之,常置博士,以專其學,故其文繼乎六藝,光乎百氏,真聖人之微旨也!若然者,何其道曄曄於前,其書沒沒於後,得非道拘乎正,文極乎奧,有好邪者憚正而不舉,嗜淺者鄙奧而無稱邪?蓋仲尼愛文王,嗜昌歜以取味,後之人將愛仲尼者,其嗜在乎《孟子》矣。嗚呼!古之士以湯、武爲逆取者,其不讀《孟子》乎?以楊、墨謂達智者,其不讀《孟子》乎?由此觀之,《孟子》功利於人亦不輕矣。今有司除茂才,明經外,其次有熟莊周、列子書者亦登於科,其誘善也雖深,而懸科也未正。夫莊、列之文,荒唐之文也,讀之可以爲方外之士,習之可以爲鴻荒之民,有能汲汲以救時補教爲志哉?伏請命有司,去莊、列之書,以《孟子》爲主。有能精通其義者,其科選視明經同。苟若是也,不謝漢之博士矣。既遂之,如儒道不行,聖化無補,則可刑於言者。"案,薛岡《天爵堂筆餘》曰:"孟子與荀、揚同列,漢以來皆然。請廢莊、老之書,以孟子爲主,自唐皮日休始。"翟氏灝《考異》曰:"唐時陸德明撰集《經典釋文》,五典、《孝經》、《論語》、《爾雅》外,濫及老、莊,而獨不及《孟子》,趙匡上《舉選條例》,以通《道德經》《元經》《孟子》《荀子》《呂氏春秋》《管子》《墨子》《韓非子》者,同爲茂才舉,唐時不尊《孟子》若尤甚矣,故自昌黎公外求有卓識士,不得不以皮氏推焉。"愚案,翟說當也。《該聞錄》謂皮氏陷黃巢,爲翰林學士,《唐書》因而取之,誣人甚矣。皮氏於玄老猖狂之日,尚不爲所屈,獨申孟氏,見理之真如此,而謂肯屈於黃巢乎?尹洙《河南集》有《大理寺丞皮子良墓誌》,稱日休被廣明之難,奔錢氏。陸游《老學庵筆記》亦以日休終於吳越。尹、陸皆儒者,必可信,即無尹、陸言,以其尊孟推之,即足雪其誣矣。依前例附辨。

愚定此篇竟,因案漢文以後,至唐亡,凡千有餘歲,其間真知尊《孟子》者數人而已。予嘗夷考其故,蓋一厄於漢經生,二厄於黃老之徒。重經說則傳記廢,定一尊則百學放,而《孟子》微矣。且當時務爲訓故章句之學,以求義理爲鄙儒,其敝至於務碎義逃難、便辭巧說,破壞形體,後進彌以馳逐,安其所習,毀所不見,《孟子》遂不得不蹭蹬於諸子間矣。此其一也。三國以後,玄風特盛,兩晉博士只十餘人,案,西晉置五經博士十九人,永嘉以後,江左竟減爲九人,後雖增爲十六人,而不復分掌五經。士大夫習尚老莊,儒術之衰至矣。入唐,貞觀、永徽之際,經術號稱極盛,然崇老家,案,高祖武德三年五月,詔立老子廟;高宗乾封元年,尊老君爲太上玄元皇帝;玄宗開元二十九年,詔求玄元皇帝像,其崇老至矣,卒釀金丹之禍。孔子贈太師而已,後始具王禮。《五經正義》亦但取六朝南學,空虛相尚,猶是晉代餘習。李延壽云:南人約簡,得其英華,非至論。陸氏德明,南方學者也,其《釋文》亦取《老》《莊》而遺《孟子》。開元中,竟減《論語》《尚書》而加試《老子》,見《唐書·選舉志》,在開元七年。趙匡上《舉選條例》,亦以《老子》前列。輓世竟因崇老而復以《莊》《列》取士,雖有文公之表揚,楊氏之宏議,然積習已成,不能挽久頹之勢,是以皮氏之請,竟屏不報,唐代學術哀哉耗矣！此其二也。非特此也,考皮氏《文藪》,見上。則當時學者多羣鶩於嗜淺,在上者又安於邪辟而憚正絜。此數因,則《孟子》之見衰於時也宜矣。時也亦勢也,然有韓公之表揚,終啓有宋之尊孟。盈虛消息,固有至不可測者在焉。

五　宋時始尊《孟子》爲經

愚案,表章《孟子》自漢文始,其後泯没頗久,見上篇。至宋大中祥符中,真宗特敕孫奭校定《孟子》,作《音義》。七年正月,國子監上新印,賜輔臣各一部,見《玉海》。而《孟子》漸重。神宗熙寧四年,遂以《論語》《孟子》同試士,案,《宋史·選舉志》曰:"神宗用王安石議,罷詩賦、帖經、墨義,士各專治《易》《詩》《書》《周禮》《禮記》一經,兼《論語》《孟子》,每試四場,初經義,次《論語》《孟子》義,次論,次策。"元祐承之,見宋《禮部韻略》所務條式。實爲與經同尊之始。案,《程伊川文集·論禮部看詳狀》曰:"禮部看詳'博士十人,六人分講六經,四人分講《論語》《孟子》,難以施行',禮部之意,却是不知太學有四堂,自來分講諸經,四處各講《論語》《孟子》也。"似《孟子》升經之事早在宋初,故有自來四堂各講《論》《孟》之說。又案,宋初有三小經之名,《論》《孟》與《孝經》也,見《玉海》,是亦宋初已升爲經之證,史志未詳,附此備考。及淳熙中,朱子與《大學》《中庸》《論語》同編,遂有《四書》之名。案,《四書》之名實始於朱子。《朱子文集·答曹元可曰：“聖賢之書，欲其簡而易知，約而易守，則莫若《大學》《論語》《中庸》《孟子》之篇也。是以頃年嘗刻四古經於臨漳，而復刻此四書，以先後其説。”故王禕《文忠公集·四子論》曰：“近世大儒河南程子實始尊信《大學》《中庸》而表章之，《論語》《孟子》亦各有論説，而未有專書也。至新安朱子始合四書，謂之四子。”王懋《七經中義》謂“程子見《大學》《中庸》非聖賢不能作，而俱隱《禮記》中，始取以配《論語》《孟子》，而爲四書”，非也。又案，《宋史·選舉志》云：“乾道時，朱熹嘗欲罷詩賦，而分經、史、子、時務之年。其私議以《易》《詩》《書》爲一科，三《禮》爲一科，《春秋》及三《傳》爲一科，義各二道，諸經皆兼《大學》《論語》《中庸》《孟子》，義一道。議雖未上，而天下誦之。”朱子《集註》成於淳熙五年，《章句》成於淳熙十六年，而乾道時，先有諸經皆兼《學》《庸》《語》《孟》之議，是議之建，其即朱子作《集註》《章句》之權輿夫？

而《孟子》益尊。晁氏公武《讀書志》則仍以列儒家，至陳氏振孫《直齋書録解題》始以《語》《孟》同入經部，馬氏端臨《通考》從陳氏曰：“前史《藝文志》俱以《孟子》入儒家類，直齋陳氏《書録解題》始以《語》《孟》同入經類。”其説曰：“自韓文公稱‘孔子傳之孟軻，軻死，不得其傳’，天下學者咸尊孔、孟。《孟子》之書固非荀、揚以降所可同日語也。國家設科《語》《孟》，並列於經。程氏諸儒訓釋二書，常相表裏，故合爲一類。案，翟氏灝《考異》曰：“部録轉移若爲細故，而自《七略》置《孟子》於子部，東漢訖五季九百年間，《孟子》書竟闇昧於《老》《莊》《荀》《管》之列，又惡可云細邪？陳氏既有成説，而《宋·藝文志》猶以編入儒家，此馬端臨之見高於脱脱、歐陽玄一等也。”愚嘗推其漸尊之原因，蓋有三端。一由在上之倡率。宋自真宗表彰於先，神宗繼尊於後，案，熙寧中，以《孟子》試士，元豐中追封孟子爲鄒國公，尊之至也。於是漸與六經並重，故晁説之著論詆之，高宗勒令致仕，見周密《癸辛雜識》，其言曰：“説之著論非《孟子》，建炎中，宰相進擬除官，高宗以《孟子》發揮王道，説之何人，乃敢非之，勒令致仕。”當時風尚可知矣。余允文作《尊孟辨》，實亦迎合風氣而作。二因古文學之勃興。宋古文淵源於韓愈，韓愈首倡尊孟者也，於是尊韓遂影響於尊孟，故柳開以韓爲宗尚，遂以扶百年之大教，續韓、孟而繼周、孔爲己任。見《容齋隨筆》。其後歐、蘇、王並出，韓之道大行，於是尊孟亦愈力。歐之言曰：“孔子之後，惟孟子最知道。”蘇則學從孟子出，稱述尤多。王安石亦極尊孟子，有《孟子解》十四卷。晁公武曰：

"王介甫素喜《孟子》，自爲之解，其子雱與其門人許允成皆有注釋。"崇、觀間，場屋舉子宗之，熙寧更定科舉法，以《孟子》《論語》與五經並試，亦出安石議。其作《王深甫墓誌》直稱孟子爲聖，故紀氏昀遂以爲宋尊《孟子》自王安石始也。其盈虛消息皆可按也。三因理學諸儒之倡，率每以孔、孟並稱。程、朱遞興，迭相傳述，《孟子》竟蔚爲大國。五子中，程、張、朱皆有巨帙，弟子傳之著作尤夥。拙著《孟子雜考》卷八有《各家著述目》。於是理學盛，尊孟之說亦愈盛。有此數端，《孟子》之尊遂昭若日月。雖有一二疑之非之者，實無甚輕重。時爲之，亦勢爲之也。至元延祐中復科舉，以四書取士，縣爲令甲，明清仍之，未之或改，於是《孟子》之學淹百世矣。然詳考尊孟之成，一由迫於功令，二由尊古文，尊理學，遂進而尊孟。此皆指當時風氣而言，不一概論。陳振孫列之於經，其立說乃以程子爲詞，亦非尊孟子，尊程子而已，紀氏昀說。多有所假，故《孟子》之學說影響於當時亦不甚大。然唐以前周孔、孔墨並稱，其後遂以孔孟並稱，未嘗不可瞻人心學術之轉移。孔言簡，孟言漸密，程子所謂孟子性善養氣之論，皆前聖所未發，程、朱宗之，聖學遂有條例可尋。其淹被所及，已足範圍千萬世人心於不敝。一二悍者，雖深惡其學說之足爲我梗，謂明洪武廢《孟》事。案，《明史·禮志》："洪武五年，罷孟子配享。踰年，帝曰：'孟子辨異端，闢邪說，發明孔子之道，配享如故。'"又案《錢唐傳》："帝讀《孟子》至草芥寇讎之說，大不然之，欲去其配享，詔有諫者以不敬論，且命金吾射之。唐輿櫬入諫，袒胸受箭，曰：'臣得爲孟子死，死有餘榮。'帝見其誠懇，命太醫療其箭瘡。孟子配享得不廢。"唐，賢者，特附見。而於積重之下，亦莫可誰何。使天下後世，尚知有人禽之判者，其誰之功也，而一二鄙儒小拘猶謂自孟說橫流，而文化偏趨于簡單。其說謂周公、孔子皆集前古獻典而制經，孟子則發表其一己之所欲言而已，不知周公在開創之始，孟子承周衰之漸，一欲制經以制治，一欲定經以待後王，時有不同也。至孟子時，去聖人如此其近也，固無所用其定經制經，而此時人欲橫流，羣言殽亂，不得不先人心而後制度，故一則曰"性善、存心、養性"，二則曰"孝弟之道"，三則曰"義利之辨"，四則曰"王霸之分"，而發明治道，又未嘗不博考先王，根據往聖。今日能略知古時制禄爵、關市、井田之政者，由《孟子》也。善乎趙氏岐之言曰："七篇包羅天地，揆敘萬類，而鄙儒猶謂孟學行爲儒教之不幸，是何言哉！是何言哉！"

又案王安石頗知尊孟子，説見上。而元祐諸人務與作難，故司馬氏光有疑孟，晁氏以道有詆孟，非攻孟子，攻安石也。蓋由政黨之不同，進而成學術之不同，於孟子固無關也，元白廷玉珽《湛淵静語》言之頗詳。晁公武《讀書志》之不列《孟子》於經，猶説之家學耳，論《孟子》之源流者不可以不察也。

六　傳　述

案，孟子弟子不能大其學，其傳授不可考。賢如樂正子，亦無多表見，《韓非·顯學》篇稱儒有樂正氏之儒，陶潛《聖賢羣輔録》稱八儒有樂正氏，傳《春秋》爲道，爲屬辭比事之儒。《孟子》婁稱《春秋》，宜有傳其學者，樂正子殆其人與？《羣輔録》又稱公孫氏傳《易》爲道，爲潔净精微之儒，韓非《顯學》有孫氏之儒，所謂公孫氏、孫氏、不知即爲公孫丑不？都無可徵矣。孟仲子著書論《詩》，見《詩·維天之命》篇《正義》引。於孟學亦尠影響，屋廬子著書《喻老》，尤爲可怪，當出後人傳説，別詳拙著《孟子弟子考》。故韓子曰："孟子不得其傳。"然至秦漢之際，傳述者已漸多，如荀卿、韓嬰、董仲舒輩皆摭取而説之，劉向、揚雄、王充、班固、張衡、許慎等都取其言。漢文時立《孟子》博士雖不久，要必有授受之人，惜不可考矣。《漢書·河間獻王傳》王所得古文先秦舊本，不詳得自何人。西漢諸經通義得引《孟子》以明事，謂之博文，述者必廣，然亦不可指數。至《東觀漢記》言黄香詣東觀，章帝賜以《淮南》《孟子》各一通，所謂祕閣本，不知香能讀之傳之與否?《後漢書》稱穎川劉陶作《七曜論》，復孟軻所以復者，亦不可得知，惟在舉世不爲之日，而陶獨復之，不可謂非豪傑之士已。《後漢書》又稱程曾作《孟子章句》。見《儒林傳》。曾字秀升，豫章南昌人，建初三年舉孝廉，遷海西令。建初爲章帝年號，則生東漢之初，在趙岐前，專爲《孟子》之學者自此始著，乃其章句不傳，莫可考究。《傳》稱還家講授，會稽顧奉等數百人常居門下，則此數百人中必有傳《孟子》者。其後遂有趙氏岐，岐注《孟子》於患難顛沛中，王應麟說。三年乃成。何異孫《十一經問對》引趙岐本傳：唐玹陷以重法，岐變易姓名，安邱孫嵩藏之複壁中，岐隱忍困阨三年注成《孟子》。今范書無此文。岐有重名，徒衆必多，惜亦不能明其授受源流。高誘《呂氏春秋·敍》自言正《孟子章句》，誘涿郡人，後趙氏，案，誘於建安十年始舉孝廉，趙氏卒於建安六年，年已九十餘，是誘爲岐後輩。從盧植學。建安十年辟司空掾，除東郡濮陽令，十七年遷監河東，案《後漢書》無誘傳，可考者止此。所注《戰國策》《呂氏春秋》《淮南子》皆存，惟《孟子章句》亡。《隋書·經籍志》有漢鄭康成《孟子注》七卷，《唐志》亦有，卷數同。劉熙《孟子注》七卷。鄭君本傳詳列所著書，不言《孟子》。《隋志》所載未知所據，或出當時弟子纂集師說而成，如趙汸述黃澤《春秋》之學者，亦未可知。考鄭君所注諸書中引用《孟子》至多，注《周禮》引尤多。則無論是書之真僞，鄭門於《孟子》必有傳述也。劉熙嘗撰《釋名》及《謚法》，漢博士，見晉李石《續博物志》。或曰徵士北海人，字成國，據陳氏《書錄解題》及馬氏《文獻通考》。《隋志》則以爲安南太守，別有考。其書佚，無可考，其師承所在，惟據《史記》《漢書》《文選》等注所徵引，則頗與趙有異同也。以上爲漢儒傳述之可考者。其後晉有綦母邃。《偽·正義》云梁時，誤，今從周氏廣業，別有考。咸康中，袁瓌、馮懷上疏述孟，疑亦傳孟學者。唐有陸善經、張鎰、丁公著、劉軻等均傳《孟子》學，邃無考。善經妄刪趙氏《章指》，見《崇文總目》。實非深造者。鎰在大曆時除濠州刺史，《舊唐書》稱其州事大理招經術之士，講訓生徒，撰《孟子音義》等，則其傳授廣矣。公著則在太和中。劉軻所著《翼孟》，白樂天稱其於聖人之旨、作者之風往往而得，則固深造自得之士也。宋孫奭《音義》之論曰："自陸善經已降，其所訓說雖小有異同，而共宗趙氏。張氏徒分章句，漏略頗多；丁氏稍識指歸，譌謬時有。"則唐時言《孟子》學者雖未大光，多趙氏之支與流裔，家法乃漸明矣。昌黎韓氏尤深得聖人之意，其徒蓽王塤、李翱等似亦能傳其學者也。唐末則有皮氏日休，亦能傳《孟子》。及宋孫奭出，與王旭、馬龜符、吳易、馮元等推究本經，參考舊注，采諸儒之善，削異說之煩，證以字書，質諸經訓，疏其疑滯，備其闕遺，集成《音義》二卷，真宗以之頒行羣輔，孟學漸光。奭及門凡數百，其傳亦寖廣。其後二程、橫渠挺生，精研性道，辨析豪芒，於孟學獨開千古，善乎吾師。唐尚書之言曰："《孟子》一書大要在崇仁義，辨心性，別王伯，而仁義、心性、王伯之辨莫精於宋儒。"見《茹經堂文集》二編。於是《孟子》之學得漸明而漸廣，故二程一傳而有楊氏時、游氏酢、呂氏大臨、尹氏焞之學，案楊、游、呂三氏同事二程，尹氏獨事伊川。二傳而有羅氏從彥、張氏九成、王氏居正、趙氏敦臨、施氏德操之學，案羅、張、王、趙皆龜山弟子，施氏則與張氏游者。三傳而有林氏之奇、程氏迥、陳氏傅良之學。林氏爲呂氏本中弟子，程氏爲潘氏良貴弟子，陳氏爲薛氏季宣弟子。私淑則有胡氏安國之學，胡氏一傳而有徐氏時動之學。呂氏大臨則又從橫渠學者也，其講義已佚，或能集兩家之成，今則不可考矣。其後四傳而朱子、東萊、南軒出，所辨愈精而愈密，其光芒直欲上掩程、張，更無論趙氏，而傳授亦愈廣，其弟子若黃氏幹、輔氏廣、葉氏味道、劉氏爚炳、江氏默、程氏永奇、童氏伯雨、黃氏士毅、胡氏泳、晏氏淵諸人，莫不傳《孟子》，再傳則有石氏𡉏、蔡氏模諸人。案，石氏，李氏閎祖弟子，蔡氏則蔡沈之子。呂氏東萊之傳述則有王氏時敏諸人，而劉氏爚及炳又學於東萊者也。其他更不可指數。烏虖盛矣！其後元明之傳述多本程、朱，然或援功令爲進取之資，或綴餖飣爲撏撦之用，沽名者且十不及一，傳道者更千不及一，實又爲孟學之一厄。劉氏因、許氏謙、胡氏炳文、_{以上元人。}呂氏柟_{以上明人。}諸人，則猶能確守程、朱，獨標新義，固其錚錚者也。入清尚存元明之風，然世運轉移，漸尊實學，推闡愈欲求深，考證名物亦漸盛。黃氏宗羲述其師說，蓋由陸、王而求《孟子》者也，同之者有孫氏奇逢、李氏顒之學。陸氏隴其則由程、朱而求《孟子》者也，同之者有李氏光地、楊氏名時之學，承之者有焦氏袁熹之學。_{焦氏原序稱其心師陸隴其，終身不名不字而不走其門，蓋志不近名，故所造獨粹也。}其後漢學崛興，傳述《孟子》者亦一變而尊趙，更有進而力掃名理者。力攻宋學者論性善則雜飲食男女以爲言，論理氣則合程、朱與老、釋並譏，論盡心知性則援血氣嗜欲以爲自然之極致，戴氏震、焦氏循其最著者也。其他考核制度名物亦尠有條例具體者，其惑者既失精微，而辟者又隨時抑揚，違離道本，於是論《孟子》之學派有所謂漢學焉，宋學焉，矜誇侈放，不知底極。近數十年來異說橫流，更有以文化不興罪及孟子者，或且儕孟子於荀卿之下，以爲學術之罪人。雖有一二賢者相與冥默維持於不敝，且此呶呶者更何損於日月。特念藩籬既潰，天下無知者多共趣於死地而不悟，則事變之來實有不可測者。愚嘗考聖學之興衰，常繫國家之治亂，瞻望前途，莫知所既。草《孟子源流》一篇，不禁有無窮之痛矣。噫！

（原載《國學年刊》第一期，1927年。今據以收入。）

晏子傳

晏子者，名嬰，字仲，萊之夷維人也。桓子弱之子。長不滿六尺，身相齊國。桓子卒，晏子麤縗斬，苴絰、帶、杖，菅履，食鬻，居倚廬，寢苫，枕草，其老曰："非大夫之禮也。"曰："唯卿爲大夫。"孔子聞之曰："晏子可謂能遠害矣。不以己之是駁人之非，遜辭以辟咎，義也夫！"

初事齊靈公。靈公薨，事莊公。莊公三年，晉欒盈得皋，自楚適齊。晏子言於莊公曰："商任之會，受命於晉。今納欒氏，將安用之？小所以事大，信也。失信，不立，君其圖之。"弗聽。退告陳文子曰："君人執信，臣人執共，忠信篤敬，上下同之，天之道也。君自棄也，弗能久矣。"冬，諸侯會於沙隨，復錮欒氏也。欒盈猶在齊，晏子曰："禍將作矣，齊將伐晉，不可以不懼。"四年秋，齊伐衛歸。遂伐晉，晏子曰："君恃勇力以伐盟主，若不濟，國之福也。不德而有功，憂必及君。"齊侯伐晉，取朝歌，入孟門，登太行而還。

六年，崔杼弒莊公。晏子立于崔氏之門外，其人曰："死乎？"曰："獨吾君也乎哉？吾死也。"曰："行乎？"曰："吾罪也乎哉？吾亡也。"曰："歸乎？"曰："君死安歸？君民者，豈以陵民？社稷是主。臣君者，豈爲其口實？社稷是養。故君爲社稷死，則死之；爲社稷亡，則亡之。若爲己死而爲己亡，非其私暱，誰敢任之？且人有君而弒之，吾焉得死之，而焉得亡之？將庸何歸？"門啟而入，枕尸股而哭，興，三踊而出。人謂崔子："必殺之。"崔子曰："民之望也，舍之,得民。"杼立莊公弟杵臼而相之,是爲景公。慶封爲左相。盟國人於大宮,令自盟曰:"不與崔、慶而與公室者,受其不祥。言不疾、指不至血者死。"所殺七人。次及晏子,晏子奉栝血,仰天嘆曰:"嗚呼!崔子爲無道,而弑其君,不與公室而與崔、慶者,受此不祥。"俛而飲血。崔杼謂曰:"子變子言,則齊國吾與子共之。子不變子言,戟既在脰,劍既在心,維子圖之也。"晏子曰:"劫吾以刃而失其志,非勇也。回吾以利而倍其君,非義也。崔子,子獨不爲夫《詩》乎!《詩》云:'莫莫葛虆,施於條枚。愷悌君子,求福不回。'今嬰且可以回而求福乎?曲刃鉤之,直兵推之,嬰不革矣。"崔杼將殺之,或曰:"不可。子之君無道而弑之,今其臣,有道之士也,又從而殺之,不可以爲教矣。"崔杼遂舍之。晏子曰:"若大夫爲大不仁,而爲小仁,焉有中乎?"趨出,援綏而乘。其僕將馳,晏子撫其手曰:"徐之。疾不必生,徐不必死。鹿生於野,命縣於廚。嬰命有繫矣。"按之成節而後去。

景公二年,慶封滅崔氏,崔杼自縊,慶封當國。三年,慶封與慶舍政,將謀公孫竈、公孫蠆,使析歸父告晏子。晏子辭。既而欒、高、陳、鮑之徒殺慶舍。慶封奔魯。與晏子邶殿,其鄙六十,弗受。公孫蠆曰:"富,人之所欲也,何獨弗欲?"對曰:"慶氏之邑足欲,故亡。吾邑不足欲也,益之以邶殿,乃足欲。足欲,亡無日矣。在外不得宰吾一邑。不受邶殿,非惡富也,恐失富也。且夫富,如布帛之有幅焉,爲之制度,使無遷焉。夫民生厚而用利,於是乎正德以幅之,使無黜嫚,謂之幅利。利過則爲敗。吾不敢貪多,所謂幅也。"四年,吳公子札來聘,說晏子,晏子因陳桓子納政與邑。

八年,晉少姜卒。明年,公使晏子請繼室於晉。既成昏,晏子受禮。羊舌肸從之宴,相與語。肸曰:"齊其何如?"晏子曰:"此季世也。吾弗知,齊其爲陳氏矣。公棄其民而歸於陳氏。齊舊四量:豆、區、釜、鍾。四升爲豆,各自其四,以登於釜。釜十則鍾。陳氏三量,皆登一焉,鍾乃大矣。以家量貸,而以公量收之。山木如市，弗加於山，魚鹽蜃蛤，弗加於海。民參其力，二人於公，而衣食其一。公聚朽蠹，而三老凍餒。國之諸市，屨賤踊貴，民人痛疾，而或燠休之。其愛之如父母，而歸之如流水。欲無獲民，將焉辟之？箕伯、直柄、虞遂、伯戲，其相胡公大姬，已在齊矣。"

　　初，公欲更晏子之宅，曰："子之宅近市，湫隘囂塵，不可以居，請更諸爽塏者。"辭曰："君之先臣容焉，臣不足以嗣之，於臣侈矣。且小人近市，朝夕得所求，小人之利也，敢煩里旅？"公笑曰："子近市，識貴賤乎？"對曰："既利之，敢不識乎？"公曰："何貴何賤？"于是景公繁于刑。有鬻踊者，故對曰："踊貴屨賤。"及嬰如晉，公更其宅，反，則成矣。既拜，乃毀之，而爲里室，皆如其舊，則使宅人反之。"且諺曰：'非宅是卜。唯鄰是卜。'二三子先卜鄰矣，違卜不祥。君子不犯非禮，小人不犯不祥，古之制也。吾敢違諸乎？"卒復其舊宅。公弗許。因陳桓子以請，乃許之。

　　十月，公孫竈卒。司馬竈見晏子，曰："又喪子雅矣。"晏子曰："惜也，子旗不免，殆哉！姜族弱矣，而嬀將始昌。二惠競爽，猶可，又弱一個焉，姜其危哉！"十二年，公如晉，請伐北燕，晉許之，遂伐北燕。將納簡公，晏子曰："不入，燕有君矣，民不貳。吾君賄，左右諂諛。作大事不以信，未嘗可也。"果不克而還。

　　十六年，陳、鮑伐欒、高氏，高彊曰："先得公，陳、鮑焉往？"遂伐虎門。晏子端委立於虎門之外，四族召之，無所往。其徒曰："助陳、鮑乎？"曰："何善焉？""助欒、高乎？"曰："庸愈乎？""然則歸乎？"曰："君伐，焉歸？"公召之而後入。五月，欒、高敗，欒施、高彊奔魯，陳、鮑分其室。晏子謂陳桓子曰："必致諸公。讓，德之主也，讓之謂懿德。凡有血氣，皆有爭心，故利不可強，思義爲愈。義，利之本也，蘊利生孽。姑使無蘊乎！可以滋長。"

　　二十六年，公疥，遂痁，期而不瘳，諸侯之賓，問疾者多在。梁丘據與裔款言於公曰："吾事鬼神，豐於先君有加矣。今君疾病，爲諸侯憂，是祝史之罪也。諸侯不知，其謂我不敬，君盍誅於祝固、史嚚以辭賓。"公説，告晏子，晏子曰："日宋之盟，屈建問范會之德於趙武，武曰：'夫子之家事治，言於晉國，竭情無私，其祝史祭祀，陳信不愧，其家事無猜，其祝史不祈。'建以語康王，康王曰：'神人無怨，宜夫子之光輔五君以爲諸侯主也。'"公曰："據與款謂寡人能事鬼神，故欲誅於祝史。子稱是語何故？"對曰："若有德之君，外內不廢，上下無怨，動無違事，其祝史薦信，無愧心矣。是以鬼神用饗，國受其福，祝史與焉。其所以蕃祉老壽者，爲信君使也，其言忠信於鬼神。其適遇淫君，外內頗邪，上下怨疾，動作辟違，縱欲厭私，高臺深池，撞鐘舞女，斬刈民力，輸掠其聚，以成其違，不恤後人，暴虐淫縱，肆行非度，無所還忌，不思謗讟，不憚鬼神，神怒民痛，無悛於心。其祝史薦信，是言罪也。其蓋失數美，是矯誣也。進退無辭，則虛以求媚，是以鬼神不饗其國以禍之，祝史與焉。其所以夭昏孤疾者，爲暴君使也，其言僭嫚於鬼神。"公曰："然則若之何？"對曰："不可爲也。山林之木，衡鹿守之。澤之萑蒲，舟鮫守之。藪之薪蒸，虞候守之。海之鹽蜃，祈望守之。縣鄙之人，入從其政。偪介之關，暴征其私。承嗣大夫，強易其賄。布常無藝，徵斂無度。宮室日更，淫樂不違。內寵之妾，肆奪於市。外寵之臣，僭令於鄙。私欲養求，不給則應。民人苦病，夫婦皆詛。祝有益也，詛亦有損。聊、攝以東，姑、尤以西，其爲人也多矣，雖其善祝，豈能勝億兆人之詛？君若欲誅於祝史，修德而後可。"公説。

公至自田，晏子侍於遄臺，梁丘據馳而造焉，公曰："唯據與我和夫！"晏子對曰："據亦同也，焉得爲和？"公曰："和與同異乎？"對曰："異。和如羹焉，水、火、醯、醢、鹽、梅，以烹魚肉，燀之以薪，宰夫和之，齊之以味，濟其不及，以洩其過。君子食之，以平其心。君臣亦然。君所謂可而有否焉，臣獻其否，以成其可；君所謂否而有可焉，臣獻其可，以去其否，是以政平而不干，民無爭心。故《詩》

曰：'亦有和羹，既戒既平。鬷嘏無言，時靡有爭。'先王之濟五味、和五聲也，以平其心，成其政也。聲亦如味，一氣，二體，三類，四物，五聲，六律，七音，八風，九歌，以相成也；清濁，小大，短長，疾徐，哀樂，剛柔，遲速，高下，出入，周疏，以相濟也。君子聽之，以平其心。心平，德和，故《詩》曰'德音不瑕'。今據不然，君所謂可，據亦曰可；君所謂否，據亦曰否。若以水濟水，誰能食之？若琴瑟之專壹，誰能聽之？同之不可也如是。"

公敗於署梁，十有八日而不反。晏子自國往見公，比至，衣冠不正，不革衣冠，望游而馳，公望見晏子，下而急帶曰："夫子何爲遽？國家無有故乎？"晏子對曰："不，亦急也。雖然，嬰願有復也。國人皆以君爲安於野而不安於國，好獸而惡民，毋乃不可乎？"公曰："何哉？吾爲夫婦獄訟不正乎？則泰士子牛存矣。爲社稷宗廟之不享乎？則泰祝子游存矣。爲諸侯賓客莫之應乎？則行人子羽存矣。爲田野之不辟、倉庫之不實乎？則申田存矣。爲國家之有餘不足聘乎？則吾子存矣。寡人之有五子，猶心之有四支，心有四支，故心得佚焉。今寡人有五子，故寡人得佚焉，豈不可哉？"晏子對曰："嬰聞之，與君言異。若乃心之有四支，而心得佚焉可得。令四支無心，十有八日，不亦久乎？"公於是罷田而歸。公飲酒樂，公曰："古而無死，其樂若何？"晏子對曰："古而無死，則古之樂也，君何得焉？昔爽鳩氏始居此地，季蒯因之，有逢伯陵因之，蒲姑氏因之，而後太公因之。古者無死，爽鳩氏之樂，非君所願也。"

三十二年，齊有彗星，公使禳之，晏子曰："無益也，衹取誣焉。天道不諂，不貳其命，若之何禳之？且天之有彗也，以除穢也。君無穢德，又何禳焉？若德之穢，禳之何損？《詩》曰：'惟此文王，小心翼翼。昭事上帝，聿懷多福。厥德不回，以受方國。'君無違德，方國將至，何患於彗？《詩》曰：'我無所監，夏后及商。用亂之故，民卒流亡。'若德回亂，民將流亡，祝史之爲，無能補也。"公說，乃止。

公與晏子坐於路寢。公歎曰:"美哉室!其誰有此乎?"晏子曰:"敢問何謂也?"公曰:"吾以爲在德。"對曰:"如君之言,其陳氏乎!陳氏雖無大德,而有施於民。豆、區、釜、鍾之數,其取之公也薄,其施之民也厚。公厚斂焉,陳氏厚施焉,民歸之矣。《詩》曰:'雖無德與女,式歌且舞。'陳氏之施,民歌舞之矣。後世若少惰,陳氏而不亡,則國其國也已。"公曰:"善哉!是可若何?"對曰:"唯禮可以已之。在禮,家施不及國,民不遷,農不移,工賈不變,士不濫,官不滔,大夫不收公利。"公曰:"善哉!我不能矣。吾今而後知禮之可以爲國也。"對曰:"禮之可以爲國也久矣,與天地並。君令臣共,父慈子孝,兄愛弟敬,夫和妻柔,姑慈婦聽,禮也。君令而不違,臣共而不貳,父慈而教,子孝而箴,兄愛而友,弟敬而順。夫和而義,妻柔而正,姑慈而從,婦聽而婉,禮之善物也。"公曰:"善哉!寡人今而後聞此禮之上也。"對曰:"先王所稟於天地以爲其民也,是以先王上之。"

　　四十八年卒。將卒,其妻曰:"夫子無欲言乎?"曰:"吾恐死而俗變,謹視爾家,毋變爾俗也。"鑿楹納書,謂其妻曰:"子壯而示之。"及壯,發書。書之言曰:"布帛不可窮,窮不可飾。牛馬不可窮,窮不可服。士不可窮,窮不可任。國不可窮,窮不可竊也。"諡平。晏子事三公,以節儉力行仕於齊。既相齊,食不重肉,妾不衣帛。其在朝,君語及之,即危言,語不及之,即危行。國有道即順命,無道即衡命,以此三世顯名於諸侯。嘗曰:"社稷之臣,能立社稷,辨上下之宜,使得其理;制百官之序,使得其宜。作爲辭令,可分布於四方也。"今傳其書八篇,皆忠諫其君。文章可觀,義理可法,皆合六經之義。①

　　(原載《大夏週報》第十二卷第十一期,1936年。今據以收入。)

---

① 編者按,此句後有"子圉悼公元年陳鮑攻高國,圉及國夏、高張魯奔"一句,與原文不類,今刪。

荀子新傳

荀子名況,字卿〔一〕,趙人〔二〕。蓋周郇伯公孫之後,故又氏孫。或曰卿者尊之也〔三〕。

有秀才〔四〕,善爲學,常以勸人曰:"吾嘗終日而思矣,不如須臾之所學也。""不積跬步,無以至千里;不積小流,無以成江海。騏驥一躍,不能十步;駑馬十駕,功在不舍。鍥而舍之,朽木不折;鍥而不舍,金石可鏤。""真積力久則入,學至乎没而後止也。"〔五〕

其學出孔氏。言聖人必曰孔子、子弓。子弓爲孔子再傳弟子,時不相及,則私淑諸人也。學《詩》於根牟子,學《春秋》於虞卿,亦善《易》。〔六〕子弓受《易》於商瞿〔七〕,則師承於商瞿、子弓也。尤長於《禮》,然其授受已不可知矣。其學無常師如此。

年十五,即遊學於齊〔八〕。後至燕,燕王噲不之用,而賢子之,終至身死爲僇〔九〕。乃復至齊,客稷下,以學顯於當世〔一〇〕。嘗説齊相田文〔一一〕曰:"處勝人之勢,行勝人之道,天下莫忿,湯、武是也。處勝人之勢,不以勝人之道,厚於有天下之勢,索爲匹夫不可得也,桀、紂是也。夫主相者,勝人以勢也,是爲是,非爲非,能爲能,不能爲不能,屏己之私欲必以道;夫公道,通義之可以相兼容者,是勝人之道也。今相國於勝人之勢,亶有之矣,然則胡不敺此勝人之勢,赴勝人之道,求仁厚明通之君子而托王焉,與之參國政、正是非,如是則國孰敢不爲義矣?相國舍是而不爲,案直爲是世俗之所爲,曷若是而可以持國乎？今巨楚縣吾前，大燕鰌吾後，勁魏鈞吾右，西壤之不絕若繩，楚人則又有襄賁、開陽以臨吾左，是一國作謀，則三國必起而乘我，如是，則齊必斷而爲四三，國若假城然耳，必爲天下大笑。兩者孰足爲也？"〔一二〕時齊湣王奮二世之餘烈，南舉楚淮，北並巨宋，苞十國，四摧三晉，却強秦，矜功不休，百姓不堪，〔一三〕故況以爲言。〔一四〕諸儒亦皆諫，不從，各分散。慎到、接子亡去，田駢如薛，而況適楚。〔一五〕其後五國伐齊，燕入臨淄，楚、魏共取淮北，卒如況言。〔一六〕

況既至楚，春申君以爲蘭陵令〔一七〕。後或說春申君："湯以七十里，文王以百里，以有天下。今荀子天下賢人也，君借之以百里之勢，竊以爲不便。"春申君於是謝去況。〔一八〕乃復至齊，田駢之屬皆已死，而況最爲老師，齊襄王尚修列大夫之缺，而況三爲祭酒焉。

齊人或讒況〔一九〕，況去之趙，趙孝成王禮之如上卿〔二〇〕。嘗與臨武君議兵於王前，臨武君爲變詐之兵，況以仁人之兵難之，以爲凡在大王，將率末事。仁人之兵，不可詐也，彼可詐者，怠慢者也，落單者也〔二一〕，故此以桀詐桀，猶巧拙有幸也；以桀詐堯，譬之若以卵投石，以指撓沸耳。故君賢者其國治，君不能者其國亂；隆禮貴義者其國治，簡禮賤義者其國亂。治者強，亂者弱，是強弱之本也。上足仰則下可用，上不足仰則下不可用也。下可用則強，下不可用則弱，是強弱之常也。隆禮效功，上也；重禄貴節，次也；上功賤節，下也；是強弱之凡也。好士者強，不好士者弱；愛民者強，不愛民者弱；政令信者強，政令不信者弱；民齊者強，民不齊者弱；賞重者強，賞輕者弱；刑威者強，刑侮者弱；械用兵革攻完便利者強，械用兵革窳楛不便利者弱；重用兵者強，輕用兵者弱；權出一者強，權出二者弱；是強弱之常也。故齊之技擊，不可以遇魏氏之武卒；魏氏之武卒，不可以遇秦之鋭士；秦之鋭士，不可以當桓、文之節制；桓、文之節制，不可以敵湯、武之仁義；有遇之者，若以焦熬投石焉。又言爲將之六術、五權、三至，而處之以恭敬無壙，夫之謂天下之將，通於神明矣。王與臨武君同聲稱善。〔二二〕世傳況嘗作一鼎，大如五石甕，表裏皆記兵法〔二三〕。其素所蓄積者有如是夫。昔人有言：兵者爲儒者最精之事，而國之興衰存亡係焉，況於宗國強弱之數，蓋籌之熟矣，然王雖善之而終不能用也。

嘗一應秦聘〔二四〕。謂入境觀其風俗，其百姓樸，其聲樂不流污，其服不佻，其畏有司而順；及都邑官府，其百吏肅然，莫不恭儉敦敬，忠信而不楛，古之吏也；不比周，不朋黨，倜然莫不明通而公也，古之士大夫也；觀其朝廷，其間聽決，百事不留，恬然如無治者，古之朝也。故四世有勝，非幸也，數也。故曰佚而治，約而詳，不煩而功，治之至也，秦類之矣。雖然，縣之以王者之功名，則倜倜然其不及遠矣。〔二五〕見秦昭王與相范雎論政，謂雎曰："秦不及王，殆以無儒，故曰粹而王，駁而霸，無一焉而亡，此秦之所短也。"謂昭王曰："儒者法先王，隆禮義，謹乎臣子，而致貴其上者也。人主用之，則勢在本朝而宜，不用，則退編百姓而慤，必爲順下矣。雖窮困凍餒，必不以邪道爲貪；無置錐之地，而明於持社稷之大義，叫呼〔二六〕，而莫之能應，然而通乎裁萬物養百姓之經紀。勢在人上，則王公之材也；在人下，則社稷之臣，國君之寶也。雖隱於窮閻漏屋，人莫不貴之，道誠存也。仲尼將爲司寇，沈猶氏不敢朝飲其羊，公慎氏出其妻，慎潰氏逾境而徙，魯之鬻牛馬者不豫賈，脩正以待之也〔二七〕。居於闕黨，闕黨之子弟罔罘〔二八〕，分有親者取多，孝弟以化之也。儒者在本朝則美政，在下位則美俗，儒之爲人下如是矣。其爲人上也廣大矣。志意定乎內，禮節脩乎朝，法則度量正乎官，忠信愛利形乎下。行一不義，殺一無罪，而得天下，不爲也。此君義信乎人矣，通於四海，則天下應之如讙，是何也？則貴名白而天下願也〔二九〕。故近者歌謳而樂之，遠者竭蹙而趨之，四海之內若一家，通達之屬，莫不從服，夫是之謂人師。《詩》曰：'自西自東，自南自北，無思不服'，此之謂也。"昭王曰善。〔三〇〕然亦無所遇，而年亦垂垂老矣。

時鄉國多難，未可歸。因念舊治蘭陵；蘭陵之民，亦彌久而彌思之，遂往家焉。況嫉濁世之政，亡國亂君相屬，不遂大道，而營於巫祝，信機祥，鄙儒小拘，如莊周等，又滑稽亂俗。於是推儒墨道德之行事興壞，序列著數萬言〔三一〕，凡三十二篇〔三二〕。卒葬蘭陵〔三三〕。漢劉向敘其書曰：蘭陵多善爲學，蓋以卿，長老至今稱之。曰：蘭陵人喜字爲卿，蓋以法荀卿也。弟子可考者，李斯、韓非、毛亨、浮丘伯、張蒼、陳囂等〔三四〕。再傳弟子有賈誼〔三五〕。

論曰：況書多稱禮，然每出新解，異前儒。如言禮者治辨之極，強國之本，威行之道，功名之總也。又曰：禮者，法之大分，類之紀綱也。禮之正國，猶衡之於輕重，繩墨之於曲直，規矩之於方圓，既錯之，而人莫能誣也。又曰：公輸不能加於繩，聖人莫能加於禮。禮者眾人法而不知，聖人法而知之。則所言禮也，而已轉爲法矣。又曰：隆禮至法，則國有常。又曰：百吏畏法循繩，然後國常不亂。則直言法矣。故況之崇禮，即所以崇法也。則韓、李之爲法，固承其師說也。韓集法家之大成，李佐秦成大一統之局，則其所業，固無負於師乎？《史記》傳略而多誤，胡元儀別傳詳矣，而少別擇，乃忘其譾陋而重纂之。

附注

〔一〕據劉向《別錄》、劉歆《七略》、《漢書·藝文志》。

〔二〕據《史記·孟荀列傳》。

〔三〕據胡元儀《郇卿別傳》及《史記索隱》。案，顏師古以爲荀改孫，避漢宣帝諱，漢不避嫌名，非也。

〔四〕據《七略》《別錄》。

〔五〕據《荀子·勸學》篇。

〔六〕據《七略》《別錄》。

〔七〕據《史記·仲尼弟子列傳》。

〔八〕據《風俗通·窮通》篇。案：《史記》《七略別錄》《顏氏家訓》皆作五十。

〔九〕據《韓非子·難三》篇。

〔一○〕據《史記·儒林傳》。

〔一一〕案"田文"二字，據汪中《荀卿子通論》補。

〔一二〕據《荀子·彊國》篇。

〔一三〕據桓寬《鹽鐵論·論儒》篇。

〔一四〕據汪中《荀卿子通論》。

〔一五〕據《鹽鐵論》。

〔一六〕據汪中《荀卿子通論》。

〔一七〕據《史記·孟荀列傳》。

〔一八〕據《戰國策·楚策》、劉向《別錄》。

〔一九〕據《史記·孟荀列傳》。

〔二○〕據《楚策》及金正煒《戰國策補釋》。

〔二一〕案，"落單"原作"路亶"，此從《新序》。

〔二二〕據《荀子·議兵》篇。

〔二三〕據《虞荔鼎錄》。

〔二四〕據《風俗通》。

〔二五〕據《荀子·彊國》篇。

〔二六〕案，原作"嗚呼"，此從《新序》。

〔二七〕案，"脩正"原作"必蚤正"，依王引之、俞樾說正。

〔二八〕案，"眔"原作"不"，依王念孫說改今字。

〔二九〕案，"願"原作治，依顧千里校正。

〔三○〕據《荀子·儒效》篇。

〔三一〕據《史記·孟荀列傳》。

〔三二〕據劉向《別錄》。

〔三三〕據《史記》本傳。

〔三四〕據《史記》、陸璣《毛詩草木蟲魚疏》、陸德明《經典釋文敘錄》、《荀子·議兵》篇。

〔三五〕據《經典釋文敘錄》。

(原載《中國歷史文獻研究集刊》第二集,嶽麓書社,1981年。今據以收入。)

諸子學派評論釋誼之一

《尸子·廣澤篇》

《尸子》書名，尸佼所著。尸，姓；佼，名。晉人。案《史記·孟荀列傳·集解》引劉向《別錄》，《後漢書·呂強傳》注同《史記》，則作楚人。《漢書·藝文志》班固自注又以爲魯人。梁玉繩以《別錄》爲是，是也。《別錄》案《尸子》書曰晉人，魯與晉形近而傳譌，作楚者又因魯而譌，晉後屬楚，故曰楚人也。秦相衛鞅客也。衛鞅商君謀事畫計，立法理民，未嘗不與佼規也。商君被刑，佼恐并誅，乃亡逃入蜀，自爲造二十篇，書凡六萬餘言，卒因葬蜀。《史記集解》引《別錄》。《漢書·藝文志》：《尸子》二十篇，在雜家。章懷太子注《後漢書》，謂十九篇陳道德仁義之紀，一篇言九州險阻，水泉所起墜形之文。《後漢書·呂強傳》。劉向序《荀子》又謂尸子著書，非先王之法，不循孔氏之術。劉勰謂其兼總雜術，術通而文鈍。《文心雕龍·諸子篇》。今書散佚，不可詳矣。清汪繼培有輯本，蓋十得其二而已。本篇爲《爾雅·釋詁》邢昺疏所引之一節。

墨子貴兼

梁任公年丈曰："墨子貴兼者，墨子主兼愛，常以兼易別，故墨子自稱曰兼士，其非墨家者則稱之曰別士。"

孔子貴公

如《禮記·禮運》孔子曰"大道之行也,與三代之英,丘未之逮也,而有志焉。大道之行也,天下爲公,選賢與能,講信修睦,故人不獨親其親,不獨子其子,使老有所終,壯有所用,幼有所長,矜寡孤獨廢疾者皆有所養。男有分,女有歸,貨惡其棄於地也,不必藏於己,力惡其不出於身也,不必爲己。是故謀閉而不興,盜竊亂賊而不作,故外户而不閉,是謂大同"云云,一貴公之説也。

皇子貴衷

《皇子》無考。《風俗通義》曰:"皇氏,三皇之後,因氏焉。"《莊子·達生》篇齊士有皇子告敖者,與桓公論鬼。又《列子·湯問》篇論火浣布曰'皇子以爲無此物',或即此人,蓋博物君子。梁任公年又曰:"貴衷者,衷中也,其説蓋如子莫執衷邪?"

田子貴均

田子名駢,又名廣,《經典釋文》引《慎子》。齊人。《史記·孟荀列傳》。齊田氏本陳氏,故《吕氏春秋·不二》篇、《淮南子·人間》篇稱陳駢游稷下。《漢書·藝文志》注。好高議,設爲不宦。《齊策》。齊人爲語曰天口駢。王應麟《漢書藝文志考證》引《七略》。《漢書·藝文志》有書二十五篇,案,《釋文》作十五篇,誤。在道家,今亡。《淮南子·人間》篇載唐子短駢於齊威王事,《荀子·非十二子篇》謂田駢尚法,蓋學本黄老,大歸名法,故貴均。《吕覽·不二》篇陳駢貴齊,齊亦均也。

列子貴虚

列子姓列名禦寇,《莊子·讓王》、《列子·黃帝》《仲尼》《說符》。亦作禦寇,《莊子》第三十二篇名。亦作圄寇,《戰國策·楚策》《新序·節士》。亦作圉寇,《漢書·藝文志》班固自注。鄭人。案,《莊子·應帝王》篇鄭有神巫曰季咸,鄭人見之皆棄而走,列子見之而心醉,是列子鄭人也,僞劉向《列子序》云鄭人,蓋據此也。學於壺子,《淮南子·繆稱訓》。案,《莊子·應帝王》篇神巫壺子出謂列子曰"子之先生亦明",謂列子之師也。自以爲未始學而歸,三年不出,爲其妻爨食,豕如食人,於事無所親,雕琢復朴,塊然獨以其形立。紛而封哉,一以是終。《莊子·應帝王篇》。先莊子,莊子稱之。《漢志》注。《漢書·藝文志》有書八篇,在道家。今本《列子》八篇,蓋魏晉以來好事之徒聚斂《管子》《晏子》《論語》《山海經》《墨子》《尸佼》《韓非》《呂氏春秋》《韓詩外傳》《淮南》《說苑》《新序》《新論》之言,附益晚説而成。劉向《敍錄》亦依託,馬敍論云。不足信。道家以清虛爲治,故曰貴虛。

料子貴別囿

料子無考,梁任公年丈疑即尹文或其弟子,顧實以爲即宋銒。料古音讀如小,料有小訓。故與宋爲幽冬陰陽聲對轉,古人姓名往往隨方音而轉,無一定之用字也。囿,宋本《爾雅疏》作原,蓋宥字之誤。囿、宥古通。《莊子·天下》篇謂宋銒、尹文接萬物以別宥爲始,《呂氏春秋·去宥》篇:"鄰父有與人鄰者,有枯梧樹,其鄰之父言梧樹之不善也,鄰人遽伐之,鄰父因請而以爲薪,其人不說,曰:'鄰者若此其險也,豈可爲之鄰哉?'此有所宥也。夫請以爲薪與弗請,此不可以疑枯梧樹之善與不善也。齊人有欲得金者,清旦,被衣冠,往鬻金者之所,見人操金,攫而奪之,吏搏而束縛之,問曰:'人皆在焉,子攫人之金,何故?'對吏曰:'殊不見人,徒見金耳。'此真大有所宥也。夫人有所宥者,固以晝爲昏,以白爲黑,以堯爲桀,宥之爲敗亦大矣。亡國之主,其皆甚有所宥邪? 故凡人必別宥然後知,別宥則能全其天矣。"此別囿之說也。畢沅云:"別宥者,謂有所拘礙而識不廣也。"

"其學之相非也,數世矣而已"

此即韓子所謂"取舍相反不同,而皆自謂真孔、墨,孔、墨不可復生,將誰定後世之學乎",何焯云:"而下疑脫不字。"

"皆弇於私也"

弇,蔽也,《爾雅·釋言》"葢也",葢亦蔽也;《釋天》"弇日爲蔽雲",亦謂蔽也。天、帝、皇、后、辟、公、弘、廓、宏、溥、介、純、夏、幠、冢、晊、昄皆大也,十有餘名而實一也,若使兼公虛均衷平易別囿一實也,則無相非也。

孫星衍曰:"宋本《爾雅疏》宏作閎,閎當作閎,宏閎古字通。"《尸子》輯本。此用《爾雅》文。

(原載《大夏期刊》第四期,1934年。今據以收入。)

《子二十六論》序

蘧常受業於吾師守玄先生之門,幾十五年矣。讀先生之爲書,亦幾數百卷,而百家學爲最多,曰《莊子内篇學》者若干卷,曰《天下篇集釋》者若干卷,曰《老學》者若干卷,曰《墨學》者若干卷,曰《墨子間詁補正》者若干卷,曰《公孫龍子集解》者若干卷,曰《諸子概論》者若干卷。今冬又賜此書讀之,既竟,乃作而言曰:"多矣哉!古未嘗有也。以一人之心力,鑽穴百家之奥窔,衡其長短,貫其源流。澌學辰,則似《莊》之《天下》;源自出,則似《淮南》之《要略》;别是非,則似《荀》之《非十二子》《解蔽》與《天論》。以數千年聚訟紛紜之方術,等量而一出於至公,獨不硜硜於名物訓詁之末,古未嘗有也。此書都四卷,而論儒、道、墨爲尤詳。儒墨爲顯學,先秦已然。儒道之争則自漢,而儒卒汏百家以爲尊,今儒亦澌滅盡矣,而先生諄諄論之。先生儒者也,而獨論百家之學,其有無涯之痛乎?蘧常嘗論春秋以來,天下務於合縱連衡,而天子爲寄君,政異俗殊,人尚詐諼,於是老莊尚無爲而任天,欲反諸皇古之治,其意在誅僭亂,革澆漓也,此先生所以叚老莊之説以風今之薄世乎?墨翟處弱宋,目覩弟靡淫侈之俗,自伐其國,故倡爲節用弭兵之説以捄之。彊敵不可以口舌弭也,故言備城門積機關,卒却彊楚。此先生蒿目時囏,所以叚墨説以勵今之薄世乎?論儒家則力崇孔子,括其旨曰愛人,言其故曰唯仁,又言仁起於夫婦之别,推而至於父子,極於老老幼幼,而其所以行其教則在教育。又推論九流之學,孔門實兆其崇。是先生欲以儒家括九流，言九流猶言儒家也。今世方剷倫常，以儒爲戲，而先生乃欲以迂闊之言化之，吾見其方枘圜鑿之不相容也。知其枘鑿而猶言之，吾知先生之心苦矣。先生不能自伸其言，而叚儒、道、墨之言以爲諷爲勵，吾知先生之心尤苦矣。蘧常序之，不徒苦先生之心，而亦自抱其無涯之戚也。於戲！甲戌臘不盡八日，弟子王蘧常謹序。

（原載《學術世界》第一卷一期，1935年。今據以收入。）

屈子作《騷》時代考

《離騷》之文，歷古相傳，皆以爲作於懷王之世。懷王之於屈子，僅疏之而已，未嘗絕之也，而其辭一何悲怨至是？余嘗反覆抽繹，並詳讀屈子其他諸作，恍然知《離騷》實與《九章》《卜居》《漁父》諸篇同作於放流江南以後。史遷、劉向、王逸諸人未考其實，以文中無顯著之辭，如《九章》《涉江》《哀郢》等所云，遂貿然以爲作於初廢之時，致《離騷》之真義，更數千載而莫有知之者。夫《離騷》之文，非特爲千古言情之祖，抑關生死去就之大義。作於頃襄之時，則爲迫於情之不容已，作於懷王之世，則不免狹隘牢愁，近於器小矣。爰拈五證以明之。

（一）證之於地理。案本文中涉及地理者，凡十有八事，茲考之如下。

羽之野。《文選》五臣本，"羽"下有"山"字，洪興祖《楚辭補註》："羽山東裔在海中。"

沅、湘。《山海經》："湘水出帝舜葬，東入洞庭下。沅水出象郡鐔城西，東注江，合洞庭中。"按沅、湘今爲湖南省四大水之二，其水道猶昔。

蒼梧。《禮記》："舜葬於蒼梧之野。"案蒼梧山名，亦名九疑，在楚之南鄙，今屬湖南省寧遠縣。

縣圃。相傳爲神山，在崑崙之上，《淮南子》以爲太帝之居。

崦嵫。日所入山也，《淮南子》："日入崦嵫。"

咸池。日所浴處也。
白水。《淮南子》:"白水,崑崙之山。"
閬風。山名,在崑崙之上。
高邱。王逸《楚辭注》:"高邱,閬風山上也。"
窮石。高誘《淮南子》注:"窮石,山名,在張掖。"
洧盤。水名,《禹大傳》:"洧盤之水,出崦嵫之山。"
九疑。即帝舜葬地,詳見"蒼梧"條。
傅巖。《尸子》:"傅巖在北海之洲。"
崑崙。李賢《後漢書》注:"崑崙在肅州酒泉縣西南,地之中也。"
流沙。《山海經》:"流沙出鍾山,西行。"注:"今西海居延澤。"
赤白。出崑崙山,入南海。
不周。山名。《山海經》:"西北海之外,有山而不合,曰不周。"
西海。《補注》:"西海在大秦國之西。"

總上諸說,若"縣圃""崑崙""咸池""赤水"十數者,皆所謂心欲奮飛,託思寄意,神仙遐舉,周遊天地,而杳眇不可知者也。"羽野""傅巖"數者,則推論史事而及者也。惟"沅湘"與"蒼梧""九疑"乃實爲楚國之地。夫託意杳眇,及推論史事者,固無論矣。至實爲楚地之"沅湘""蒼梧""九疑",皆在大江以南。大江以北,爲屈子平生遊釣之鄉,竟無一語及之,是可知此時原之必在於南也。蓋屈子之作《騷》,非有意爲文,乃欲吐其胸中之哀怨耳。故但舉所見者,隨意言之,觸目傷心,不復計較追憶。若果猶在江北,乃獨棄其近者不道而言其遠者,天下寧有是理乎?且夫屈子當未絀之時,日維圖議國事,掌率譜屬,居懷王之左右;既絀之後,亦僅奉使至齊,未聞他往。江南蠻陬之地,長江天塹,所以限南北者,屈子前此足跡所未嘗至,何得於其山水而詳述之?夫沅湘之水,《九章》之中,固亦屢言之,《涉江》:"旦余將濟乎江湘。"又云:"乘舲船余上沅兮。"《懷沙》:"浩浩沅湘兮。"然彼乃史公等所謂作於南放之後者也,今本文之述地理竟與之相同，此不可以見屈子之已在於南乎？

（二）證之於草木。案本文中所舉草本之名，能略考其產地者凡十有五條，茲列舉如下。

江離。"離"，一作"蘺"，《說文·艸部》蘺下曰："楚謂之蘺。"

芷。吳仁傑《離騷草木疏》："今所在皆有之，吳地尤多。"

蘭。《水經注》："零陵郡都梁縣西小山上，有淳水，其中悉生蘭草，綠葉紫莖。"又劉次莊《樂府集》："《離騷》曰：'紉秋蘭以爲佩。'又曰：'秋蘭兮青青，綠葉兮紫莖。'今沅澧所生花，在春則黃，在秋則紫。"

木蘭。任昉《述異記》："木蘭川在尋陽江，地多木蘭。"

宿莽。《南越志》："卷施，江淮間謂之宿莽。"

椒。《草木疏》："江淮及北土皆有之。"

菌桂。郭璞《山海經注》："衡山多菌桂。"

蕙。《補注》："即零陵香，生零陵山谷中。"

揭車。《補注》："生彭城。"

杜衡。郭璞云："江淮間皆有之。"

薜荔。《草木疏》："隨處有之。"

胡。《草木疏》："處處有之。"

茝。《說文·艸部》："薐，茝也。楚謂之茝。"

芙蓉。邢昺《爾雅疏》："江東人呼荷華爲芙蓉。"

葹。梁章鉅《文選旁證》《管城碩記》以爲即卷施宿莽。

總上十五類中屬於楚者二，專屬於楚南者五，屬於其他各地者四，各地皆有者亦四，獨無專屬於楚北者。夫屬於楚者，不論楚南北皆有也。各地皆有者，楚南自亦有之也，是則楚南於茲十五類中，已具其十有七，所無者，僅屬於其他各地之四者耳，而楚南於當時恐亦未必不產也。蓋《離騷》實繼三百篇而作，香草美人，覽物起興，凡所稱引，必皆接於目前者。若果作於楚北，則何以舍楚北習見之物不言,而獨言在江南數百里外不可見者乎？此不可通者也。

（三）證之於方言。案本文中方言可確證其屬於楚國者,凡二十有三事,茲列舉如下。

扈。王逸注:"被也,楚人名被爲扈。"

離。見上論草木下。

紉。揚子《方言》:"擘,楚謂之紉。"

汩。《方言》:"疾行也,南楚之外曰汩。"

搴。同攓,《方言》:"攓,取也,楚南曰攓。"

宿莽。《方言》:"卉,莽,草也,東越揚州之間曰卉,南楚曰莽。"餘見上論草木下。

謇。《方言》:"吃也,楚語也。"

羌。王逸注:"楚人語,辭也。"

貪婪。婪亦作惏,惏與琳通。《方言》:"晉、魏、河内之北謂惏曰殘,楚謂之貪。"又,"惏,殘也,陳、楚曰琳"。

憑。《方言》:"憑,怒也,楚曰憑。"

諑。《方言》,"諑,愬也,楚以南謂之諑。"

淫。與婬通。《方言》:"媱,遊也,江、沅之間謂戲爲婬。"

傺。《方言》:"傺,逗也,南楚謂之傺。"

荎。見上論草木下。

嫮。賈侍中説:"楚人謂女曰嫮。"

嫈。與僥通。《方言》:"僥,特也,楚曰僥。"

頗。王逸注:"一作陂。"《方言》:"陂,衺也,陳、楚、荆、揚曰陂。"

脩。《方言》:"脩,長也,陳、衺之間曰脩。"

閶闔。《説文》:"天門也,一曰楚人名門曰閶闔。"

蓴。王逸注:"楚人名結草折竹以卜曰蓴。"

蘇。《方言》:"蘇,芥,草也,江、淮、南楚之間曰蘇。"

遭。王逸注："轉也，楚人名轉爲遭。"
軔。《方言》："輨、軔、鍊、鐫也，南楚曰軔。"

總上所述，屬於楚者半，屬於楚南者亦半，屬於楚者，該南北以言者也，則《離騷》之所謂楚聲，盡南楚之聲也。屈子放於江南九年，《哀郢》："至今九年面未復。"旁皇山澤之間，日所接者楚南之人也，日所聞者楚南之聲也，鄉邦之音，不復接於耳，相習既久，於是吐辭摛藻，無非南土之音矣。凡語言之於人，必久而始嫺，楚南鴃舌，其聲音必大異於楚北，屈子既未至其地，又何以能熟知而詳道之邪？此又本文作於楚南之確證也。

（四）證之於文義。案本文寓意稱物，其辭雖微，然細會之亦多情見乎辭者，茲特擇其尤著者詮釋如下。

"不撫壯而棄穢兮"二句。王逸注："願令君甫及年德盛壯之時，脩明政教，棄去讒佞。"案，《哀郢》補注云："案《楚世家》、《屈原傳》、《六國世表》、劉向《新序》云，秦使張儀之楚，賂上官大夫靳尚及夫人鄭袖，共譖屈原，屈原遂放於外。"當懷王之十六年，張儀相楚，是屈子之被讒，基於張儀之用事。張儀爲相之日，即屈子見絀之時，懷王已在位十六年矣，何得謂爲甫壯？<small>此時懷王少子令尹子蘭已用事，則懷王之非甫壯可知，事見劉向《新序》。</small>其後頃襄王即位，即信讒放屈子於江南，是撫壯云云，必指襄王，非謂懷王，明甚。

"傷靈脩之數化"。舊注："靈脩謂君，化，變也。"懷王既信讒疏屈子，襄王又用讒放屈子，靈脩數化，是用哀傷，若以爲僅指懷王言，數化何解？

"老冉冉其將至兮"。屈子見絀於懷王十六年時，至頃襄王時南遷，已越十餘年，<small>懷王於三十年入秦，至襄王三年卒於秦。</small>南放以來，又復數年。歲月遷延，脩名不立，故不禁憂老之將至，是可見本文之作於南放以後也。蓋古人以七十爲老，若屈子在懷王之時，年已近老，則更越二十餘年之後，蓋復衰頹，固不可用於世，何爲猶怨君之不悟而自沈以死也？

"願依彭咸之遺則，吾將從彭咸之所居。"補注："屈原死於頃襄之世，當懷王時作《離騷》，已云'願依彭咸之遺則，我將從彭咸之所居'，蓋其志先定，非一時忿懟而自沈也。"案，洪說非。懷王之於屈子，初雖疏之，其後追悔徵用，《補注》："屈平既疏，不復在位，懷王悔不用屈原之策，於是復用屈原。"是其心猶未忘情於屈子，則屈子於此時何爲遽存自死之心？此在他人，尚不如是，況屈子之惓惓於君國者乎？及至頃襄之世，放流竄逐，去君益遠，既無復用之望，乃始不得不出於自沈，故在本文中明言之，復於《九章》中申言之，《抽思》："指彭咸以爲儀。"所以表其志之已決也。若於初時僅見廢絀，既已矢心自沈，則何以其後重遭貶斥，茹痛飲恨，有十倍於初廢之時者，而反遷延九年始投江乎？無是理也。

"既替余以蕙纕兮"四句。王逸注："君所以廢棄己者，以余帶佩衆香，行以忠信之故也。"蓋其意若曰，蕙纕攬茝，余之所善，而君之所惡，前王所以替余者以此，今王所以替余者亦以此，曰"既"，曰"又"，言己已重遭貶黜也，然"苟余心之所善，雖九死猶不悔"，本文之辭如此，則本文之作於重貶以後，不更昭然明乎？

（五）證之於屈子其他諸文。案，言者，意也，心之聲也，心與意復隨境遇以變易者也，一時之境不同，則一時之心與意亦不同，一時之心與意不同，則一時之文亦不同。惟必境同，心同，意同，然後其文亦隨之而同，苟時殊，境遷，心意已變，則其文必不相同也。《離騷》之作，史公等既以爲在懷王之時，而《九章》《漁父》等篇，遠在放逐江南以後，則時越十餘年，情殊境異，各文之辭意，宜必不復同矣。乃今讀《九章》《卜居》《漁父》諸篇，與本文相似者實多，此又何故也？試舉一著者言之，《九章·惜誦》"指蒼天以爲正"一節與本文"指九天以爲正"一節同，"令五帝以折中"一節與本文"依前聖以節中"一節同，"心鬱邑余侘傺"一節與本文"忳鬱邑余佗傺"一節同,《涉江》"世溷濁而莫余知"一節即本文"世溷濁而不分"一節之意也,"伍子逢殃,比干菹醢"一節即本文"固前脩以菹醢"一節之意也,《抽思》"昔君與我成言"一節,即本文"初既與余成言"一節之意也,"何獨樂斯謇謇"一節即本文"吾固知謇謇之爲患"一節之意也,"指彭咸以爲儀"一語即本文"願依彭咸之遺則,吾將從彭咸之所居"之意也,"理弱而媒不通"一節即本文"理弱而媒拙"一節之意也。他若《卜居》"就卜詹尹"之意即本文"命靈氛爲余占之"之意,《漁父》"寧赴湘流"之意即本文"寧溘死以流亡"之意,至於《懷沙》一賦,尤太史公以爲屈子垂死之詞者也,而其所謂"內直質重,大人所盛"非即本文"伏清白以死直,固前聖之所厚"之謂乎?"黨人鄙固,不知余之所臧"非即本文"内恕己以量人,各興心而嫉妒"之謂乎?"古固有不並"云云非即本文"鷙鳥之不羣,自前世而固然"之意乎?"知死不可讓,願勿愛兮"非即本文"寧溘死以流亡,不忍爲此態"之意乎?此外屈子諸文,與本文辭意相類者尚多,以或則非直陳己志,或則陳義淺薄,非屈子所爲,《九歌》所以娛神,雖時寓己志,然其辭益微矣。《九章》自《懷沙》以下及《遠遊》諸篇,曾文正、吳至父皆疑其係後人僞記,摹擬之跡甚顯,其説至確。故不著。然即此以觀其辭意相同者,何其多也!若果謂其作於南北二地,則先後之時日不同也,先後之遭際不同也,一己之心意尤不同也,而屈子咸強而同之;前居漢北,所云如是,後居楚南,所云亦惟如是,二十餘年之前所云如是,二十餘年之後所云亦惟如是;懷王疏之,即欲遺世而自沈,頃襄放之逐之,亦惟欲遺世而自沈,不顧情勢,不分輕重,天下之不善言情者,孰有甚於此者乎?夫屈子乃千古之最善言情者,而謂竟若是也乎?史遷、劉向、王逸諸説之謬於此可不辨而自明矣。

觀上諸義,則屈子作《騷》之時代,可以確知,而《離騷》之真義,或可大明於天下矣。或有難者曰:《離騷》《九章》之非一時所作,非特古説如是,亦其辭之各異也。《涉江》云"哀南夷之莫我知",《哀郢》云"去故鄉而就遠兮,遵江夏以流亡,發郢都而去閭兮,怊荒忽其焉極",《抽思》云"惟郢路之遼遠兮",又云"狂顧南行",是明言其南遷之所經,若《離騷》果亦作於楚南,何以無一語及此?是不然。《九章》諸文,篇各異義,《涉江》《哀郢》,係回溯去國之情,《抽思》追懷往事,撫今傷昔,其敍南遷也固宜,《離騷》之作則以南遷既久,鬱結紆軫,終無望於復回,故乃寫其憂思,寄其哀怨,計其時必已近於《懷沙》,是尚何心追敍往日所經,若因是而遂疑其非作於南楚,則《惜誦》《懷沙》諸作,亦無追敍往日之所經者,亦將疑其非作於南遷以後乎?難者又曰,《懷沙》之作於將死,固無可疑,至於《惜誦》,昔人固有疑其與《離騷》同時作者矣,則安知《離騷》與《惜誦》不同作於楚北也哉?是亦不然。《九章》之作於楚南,考其辭,究其義,早已無絲毫之疑矣,故姚惜抱亦僅疑其與《離騷》同時作,未斷其作於何地也,且惜抱深於文者,讀《惜誦》之文,而知與《離騷》同時作,則益可證《離騷》之文,必作於楚南無疑矣。難者又曰,子以地理、草木、文義等證《離騷》之作於楚南,固精確而不磨矣,至於方言爲證,則宋玉相傳爲鄢人者,何以其文亦有楚南之音也?是又不然。宋玉之作,今所傳者尚多,而可考其實爲南楚之方言者僅有《神女賦》"嬛被服"之"嬛"、《登徒子好色賦》"闚臣三年"之"闚"、《招魂》"汨吾南征"之"汨"等三數字而已,餘均爲陳、楚之音,豈若《離騷》之多半爲南音也。況宋玉學於屈子,宋玉之南音,當必得於其師之文,猶後人摹《騷》之作,往往楚聲滿紙,又安得據以爲證哉?

案,此係五年前舊作,友人曾借登《國學年刊》,其書未行,後又爲天津某報刊入《文學周刊》中,行亦未廣,故重布於此。著者識。

(原載《小雅》第四期,1931年。今據以收入。)

漢賦今存考

余前爲本校諸生講肄辭賦,擬纂《兩漢賦薈》,曾觕定一目。今茲本校半月刊有六一紀念專號之輯,徵文於予,遂以此目易名曰《漢賦今存考》付之。憶去歲六一紀念時,曾命諸生作《大夏大學賦》,欲以潤飾鴻規,辨章學術,庶幾李伯仁之於辟雍,許堯佐之於經閣,亦一時盛事也。後以時促,僅草創條目,未觀厥成。乃曾幾何時,山嶽闇然,烽烟市起,圖籍蕩爲灰燼,橫舍淪於殊域,可勝慨哉!可勝慨哉!民國二十六年五月十五日。

武帝一篇《漢書‧藝文志》詩賦略"上所自造賦二篇"。案,上即武帝也。

《李夫人賦》見《漢書‧外戚傳》,《藝文類聚》卷三十四。案,或曰《文選‧秋風辭》亦賦也,正合二篇之數。

班婕妤二篇

《自悼賦》《漢書‧外戚傳》,《列女傳》卷八,《藝文類聚》卷三十,《文選》注。案,《文選》注作《自傷賦》。 《擣素賦》《古文苑》,《藝文類聚》八十五有刪節,《文選》謝惠《連雪賦》注。案,李善曰:"疑此《賦》非婕妤之文,行來已久,故兼引之。"

淮南王安二篇《漢志》:《淮南王賦》八十二篇。

《屏風賦》《藝文類聚》六十九,《初學記》二十五,《太平御覽》七百一,《古文苑》淳熙本　《薰籠賦》《北堂書鈔》一百三十五,《御覽》七百十引《別錄》。案,《賦》已佚。

中山王勝一篇

《文木賦》《西京雜記》下。案,《雜記》未必可信,下放此。

孔臧四篇《漢志》太常蓼侯孔臧賦二十篇,今《孔叢子》所傳,疑偽託,不可信。

《諫格虎賦》《孔叢子·連叢上》　《楊柳賦》同上　《鴞賦》同上,《藝文類聚》九十二,《太平御覽》九百二十七　《蓼蟲賦》《孔叢子·連叢上》,《藝文類聚》八十二,《太平御覽》九百四十八

賈誼五篇《漢志》:《賈誼賦》七篇。

《旱雲賦》《古文苑》,《文選》注。案,旱一作早。　《虡賦》《藝文類聚》四十四,《初學記》十六,《古文苑》　《服鳥賦》《史記》本傳,《漢書》本傳,《文選》,《藝文類聚》九十二　《弔屈原賦》《史》《漢》本傳,《文選》,《藝文類聚》四十。案,《文選》《類聚》作《弔屈原文》,茲從《史》《漢》。　《惜誓》《楚辭》十一。案,王逸序云:"不知誰所作,或曰賈誼。"疑莫能明也,姑出於此。

莊忌一篇《漢志》:莊夫子賦二十四篇,原注名忌,後漢辟明帝諱,稱嚴夫子。

《哀時命賦》《楚辭》,《文選》注。案,《文選》注引作《哀時命賦》,《楚辭》只曰

《哀時命》,茲從《選》注。

羊勝一篇

《屏風賦》《西京雜記》上,《初學記》二十五,《古文苑》經龕本

公孫詭一篇

《文鹿賦》《西京雜記》上

公孫乘一篇

《月賦》《西京雜記》上,《文選》注。案,嚴可均云:"《初學記》一以爲枚乘作,疑誤。"

鄒陽二篇

《酒賦》《西京雜記》上,《文選》注,《初學記》十又二十六

《几賦》《西京雜記》上

枚乘三篇 《漢志》:《枚乘賦》九篇。

《柳賦》《西京雜記》上,《初學記》二十八　《梁王菟園賦》《古文苑》,《藝文類聚》六十五,《文選》注　《臨灞池遠訣賦》《文選》謝朓《休沐重還道中詩》注。案,賦已佚。又案,馬融《笛賦序》云:"慕王子淵、枚乘、劉伯康、傅武仲等蕭琴笙頌。"考子淵有《洞蕭賦》,武仲有《琴賦》,則枚叔或有《笙賦》耶? 待考。又案,《文選》江文通《望金山詩》注引枚叔《正情賦》,蓋袁淑之誤。

淮南小山一篇《漢志》：淮南王羣臣賦四十四篇。

《招隱士》《楚辭》《文選》

路喬如一篇

《鶴賦》《西京雜記》上

司馬相如九篇《漢志》司馬相如賦二十九篇。

《子虛賦》案，《史記》本傳云"客遊梁，數歲，乃著子虛之《賦》，會梁王卒，相如歸，上讀《子虛賦》而善之，乃召問相如，相如曰：'此乃諸侯之事，未足觀也，請爲天子《遊獵賦》。'賦成奏之。相如以'子虛'，虛言也，爲楚稱。烏有先生者，烏有此事也，爲齊難，無是公者，無是人也，明天子之義，故空藉此三人爲辭，以推天子諸侯之苑囿。其卒章歸之於節儉，因以風諫，其辭曰"云云，是今所傳《子虛上林賦》原名《天子遊獵賦》，原《子虛賦》，蓋遊梁時作，今已亡。《文選》析《天子遊獵賦》"亡是公聽然而笑"以上爲《子虛賦》者非也。《天子遊獵賦》首稱子虛云云，疑騥括原《子虛賦》文，非即《子虛賦》也。又案，近檢《潛邱劄記》曰："真《子虛賦》久不傳，《文選》所載，乃《天子遊獵賦》，昭明誤分之而標名耳。"與予不謀而合，附記於此，其他如《柯氏考要》《日知錄》《學林》皆言昭明誤分，惟《淳南集·文辨》謂《子虛》自有首尾，而其賦上林也，復合之爲一，似未必然。　《天子遊獵賦》《史記》本傳，《文選》，《藝文類聚》六十六。案，《文選》分"亡是公"以上爲《子虛賦》，以下爲《上林賦》，非是。又案，晉陳武有《子虛上林賦音解》，見《爾雅·釋文》《釋天》《釋獸》篇，司馬彪亦有注。《哀二世賦》《史》《漢》本傳，《藝文類聚》四十。案，《漢書》失篇，末五句應從《史記》。　《大人賦》《漢書》本傳，《藝文類聚》七十八　《長門賦》《文選》，《藝文類聚》三十。案，朱子曰："《漢書》皇后及相如傳無奉金求賦後幸事。"吳至父曰："此爲假託之文。"　《美人賦》《古文苑》，《藝文類聚》十八，《初學記》十九。案，此效宋玉《登徒子好色賦》，張惠言曰："恐六朝人所擬。"　《梨賦》《文選·魏都賦》劉逵注引　《魚葅賦》《北堂書鈔》一百四十六。案，賦已亡。　《梓桐山賦》《玉篇·石部》。案,賦已佚。

董仲舒一篇《漢志·詞賦略》不載,或在《諸子略》儒家百二十三篇中,班固《兩都賦》序言仲舒作賦。

《士不遇賦》《藝文類聚》三十,《文選》注,《古文苑》

東方朔六篇《漢志·詞賦略》不載,疑在《諸子略》雜家二十篇中。

《皇太子生棋賦》《漢書》本傳,案賦已佚　《屏風賦》同上　《殿上拍柱賦》同上　《平樂觀賦》同上　《獵賦》同上　《七諫》《楚辭》

司馬遷一篇《漢志》:《司馬遷賦》八篇。

《悲士不遇賦》《藝文類聚》三十,《文選》注

枚皋三篇《漢志》:《枚皋賦》一百二十篇。

《皇太子生賦》案,《漢書》本傳云:"皋與東方朔作《皇太子生賦》。"生下應據《朔傳》加褚字,已佚。　《平樂觀賦》本傳,已佚。　《戒終賦》案,本傳云:"初衛皇后立,皋奏賦以戒終,不知何名,姑以《戒終》名之,已佚。"又云:"從行至甘泉、雍、河東,東巡狩,封泰山,塞決河宣房,游觀三輔,離宮館,臨山澤,弋獵射,御狗馬蹴鞠刻鏤,上有所感,輒使之賦,凡可讀者百二十篇。"姚振宗謂:"此即據《別錄》。"

劉向十篇《漢志》：《劉向賦》三十三篇。

《九歎》《楚辭》　《請雨華山賦》《古文苑》。案，此《賦》脫譌甚多。　《雅琴賦》《文選》注，《初學記》　《圍棋賦》《文選》注。案，嚴可均云："《藝文類聚》七十四引馬融《圍棋賦》亦有此四句。"　《芳松枕賦》《白帖》十四，《御覽》七百七引《別錄》。案，賦已佚。又案，《箋注倭名類聚鈔》冊七有劉向《熏爐賦》，《文選》注引作銘，玩其文義，作銘是，附出於此。　《合賦》《御覽》七百十七引《別錄》。案，已佚。　《麒麟角杖賦》《北堂書鈔》一百三十三，《御覽》七百十《事類賦注》十四引《別錄》。案，已佚。　《行過江上弋雁賦》《御覽》八百三十二引《別錄》。案，已佚。　《行弋賦》同上　《弋雌得雄賦》同上

劉歆三篇

《遂初賦》《藝文類聚》二十七，《文選》注，《古文苑》　《甘泉宮賦》《藝文類聚》六十二，《初學記》二十四，《文選》注，《古文苑》　《燈賦》《藝文類聚》八十

王褒二篇《漢志》：《王褒賦》十六篇。

《洞簫賦》《文選》，《藝文類聚》四十四　《九懷》《楚辭》

揚雄十三篇《漢志》：《揚雄賦》十二篇。

《蜀都賦》《古文苑》淳熙本，又章樵注本，《藝文類聚》六十一　《甘泉賦》《漢書》本傳，《文選》，《藝文類聚》三十九　《河東賦》《漢書》本傳，《文選》，《藝文類聚》三十九　《羽獵賦》《漢書》本傳，《文選》，《藝文類聚》六十六。案，後趙陳武有《羽獵長楊賦音解》，見蕭該《漢書揚雄傳音義》　《長楊賦》本傳，《文選》　《覈靈賦》《文選》注，《御覽》一。案，已殘。　《太玄賦》《古文苑》　《逐

《貧賦》《藝文類聚》三十五,《初學記》十八,《御覽》四百八十五,《古文苑》　《都酒賦》《漢書》遊俠陳遵傳,《北堂書鈔》一百四十八,《藝文類聚》七十二,《初學記》廿六,《御覽》七百五十八,又七百六十一。案,《漢書》題作《酒箴》,《御覽》引《漢書》作《酒賦》,各書作《酒賦》,《北堂書鈔》作《都酒賦》,嚴可均云:"都酒者,器名也,驗文當目都酒爲長。"　《琴情賦》《文選》注。案,疑即琴清英　《反離騷》本傳,《藝文類聚》五十六,《文選》。案,《文選》陸機《弔魏武帝文》注引此題作《釋愁》,又作《反騷》。　《廣騷》本傳。案,已佚。　《畔牢愁》同上

馮商一篇《漢志》:《待詔馮商賦》九篇。

《燈賦》《藝文類聚》八十引《別錄》。案,已佚。

崔篆一篇

《慰志賦》《後漢書‧崔駰傳》

以上西漢

桓譚一篇

《仙賦》《北堂書鈔》一百二,《藝文類聚》七十八。案,顧櫰三補《後漢書藝文志》云:"有《大道賦》、《集仙宮賦》並序。"《集仙宮賦》不知即此《仙賦》否? 孫星衍《續古文苑》云"《雍勝略》載此云《集靈宮賦》",誤。又《文心雕龍》云《集靈》諸賦褊淺無才,則譚更有《集靈賦》矣。

馮衍二篇

《顯志賦》《後漢書》本傳,《類聚》二十六。案,《初學記》引作《明志賦》。

《揚節賦》《文選》潘岳《西征賦》注,《初學記》六引序,賦已佚。案,顧櫰三以爲即《顯志賦》,然《顯志》自有序論,與《初學記》所引《揚節賦》序不同,自是兩篇。

梁竦一篇

《悼騷賦》本傳注引《東觀漢紀》。案,孫星衍《續古文苑》有序云:"《范史·竦傳》云:'後坐兄松事,與弟恭俱徙九真。既徂南土,歷江、湖、濟、沅、湘,感悼子胥、屈原以非辜沉身,乃作《悼騷賦》,繫於石而沈之。'必出竦此賦序文。"章樓太子注云:"《東觀記》載其文曰云云,蓋序已在正文,故注不更言也。"嚴可均《全漢文》不載序。

班彪四篇

《覽海賦》《類聚》八,《文選》注　《北征賦》《文選》,《類聚》二十七　《冀州賦》《水經注》,《類聚》六,又十八,《文選》注,《初學記》八。案,《水經·蕩水注》、《藝文類聚》二十八作《遊居賦》,張溥《百三名家集》誤收《班蘭臺集》中。　《悼離騷》《類聚》五十八

班固七篇

《終南山賦》《初學記》五,《文選》注。案,一作頌,《古文苑》誤以爲蔡邕作。　《覽海賦》《文選》潘岳《西征賦》注。案,所引只二語,《藝文類聚》所引乃班彪作,張溥《百三名家集》誤收。　《兩都賦》《後漢書》本傳,《文選》　《耿恭守疏勒城賦》《文選》潘岳《關中詩》注。案,所引只一語。　《幽通賦》《漢書·敍傳上》,《文選》,《藝文類聚》二十六,《北堂書鈔》一百二十二。案,唐新舊《藝文志》項岱有注。《隋志》引《七錄》作《項氏文選注》,凡十引項岱曰即此。　《竹扇賦》《古文苑》　《白綺扇賦》《初學記》二十五引《班孟堅集》。案,《賦》已佚。

杜篤五篇

《祓禊賦》《續漢禮儀志》上注補,《北堂書鈔》,《藝文類聚》四。案,《北堂書鈔》引作《上巳篇》。 《首陽山賦》《藝文類聚》七,《文選·天台山賦》注,《古文苑》 《論都賦》本傳,又略見《藝文類聚》六十一 《書搢賦》《藝文類聚》五十五,《御覽》六百六 《衆瑞賦》《文選》注

朱穆一篇

《鬱金賦》《藝文類聚》八十一,《文選》注。案,《文選·吳都賦》注作朱稱作。

袁安一篇

《夜酣賦》《初學記》十五

王充一篇

果賦《御覽》九百六十八。案,只兩語,亦見《述異記》引。

賈逵一篇

《神雀賦》

楊終一篇

《雷電之意賦》《神雀賦》

侯諷一篇

《神雀賦》《論衡》

劉玄一篇

《簧賦》馬融《長笛賦》序

王符一篇

《羽獵賦》

劉騊駼一篇

《玄根賦》《北堂書鈔》一百九,《文選》注《御覽》九百七十五。案,《書鈔》引作頌。

黃香一篇

《九宮賦》《藝文類聚》七十八,《古文苑》

傅毅六篇

《洛都賦》《藝文類聚》六十一,《初學記》二十四　《反都賦》《水經·伊水注》　《舞賦》《文選》,《藝文類聚》四十四,《初學記》十六。案,《古文苑》以爲宋玉作,誤也。　《雅琴賦》《文選》注,《藝文類聚》四十四,《初學記》十六,《古文苑》。案,《古文苑》一作《琴賦》,嚴可均云:"喬世寧、汪士賢等以此《賦》入《蔡邕集》,誤也。"

《扇賦》《書鈔》一百三十九,《文選》注。案,《選》注引作《羽扇賦》 《神雀賦》《論衡》

崔駰四篇

《大將軍西征賦》《藝文類聚》五十九 《反都賦》《藝文類聚》六十一 《大將軍臨洛觀賦》《藝文類聚》六十三,《文選》注,《御覽》二十 《武賦》《文選》注

崔琦一篇

《白鵠賦》本傳。案,已亡。

崔寔一篇

《大赦賦》《藝文類聚》五十二,《初學記》二十,《古文苑》。案,《古文苑》引有序。

鄧耽一篇

《郊祀賦》《初學記》十三,《文選》注

蘇順一篇

《歎懷賦》《藝文類聚》三十四

李尤六篇

《函谷關賦》《藝文類聚》六,《初學記》七,《古文苑》,《文選》注 《辟雍賦》

《文選》注,《藝文類聚》三十八,《初學記》十三,《御覽》五百三十四　《德陽殿賦》《藝文類聚》六十二,《初學記》二十八,《御覽》九百七十　《平樂觀賦》《類聚》六十三　《東觀賦》同上　《果賦》任昉《拾遺記》

張衡十五篇

《溫泉賦》《水經·渭水注》,《藝文類聚》九,《文選·雪賦》注,《初學記》七。案,《古文苑》誤以爲蔡邕辭句,多有錯誤。　《思玄賦》本傳,《文選》。案,《文選》李注引舊注《文章流別集》,以爲平子自注,李氏辯其非。　《西京賦》《文選》　《東遊賦》同上　《南都賦》同上　《寳情賦》《文選》注,《藝文類聚》十八　《歸田賦》《文選》注,《藝文類聚》三十六　《舞賦》《藝文類聚》四十,《文選》注,《後漢書·邊讓傳》注,《初學記》十五,《御覽》三百八十五。案,《文選》注引作《七盤舞賦》,《古文苑》、張溥《百三家集》作《觀舞賦》,惟《古文苑》誤以爲蔡邕。　《羽獵賦》《藝文類聚》六十八,《文選》注,《初學記》二十二,《御覽》八百九,《古文苑》。案《古文苑》誤以爲蔡邕。　《扇賦》《北堂書鈔》一百三十四　《髑髏賦》《古文苑》,《藝文類聚》十七,《初學記》十四　《冢賦》《古文苑》,《藝文類聚》四十,《初學記》十四　《鴻賦》《御覽》九百十四　《逍遙賦》　《敘行賦》《北堂書鈔》。案,《百三家集·張河間集》有《周天大象賦》,蓋據《宋史·藝文志》"張衡《大象賦》一卷,苗爲注",孫淵如在浙中得晴川孫之騄手抄本《大象賦》苗爲注,亦題張衡撰,與《宋志》合。《困學紀聞》云:"《大象賦》,《唐志》謂黃冠子李播撰。播,涼風之父,仕隋,高祖時棄官爲道士。《賦》末云'有少微之養寂'云云,則爲李播撰無疑,今不取。

葛龔一篇

《遂初賦》《文選》注,《御覽》一百八十四。案,《御覽》引作《反遂初賦》,佚文只四句,不能辨其爲正爲反矣。

王逸三篇

《機婦賦》《藝文類聚》六十五,《北堂書鈔》百五十八,《御覽》八百二十五。案,《御覽》引作《機賦》。　《荔支賦》《類聚》八十七,《文選》注,《初學記》二十八,《御覽》九百六十四、九百六十八、九百七十一　《九思》《楚辭》

王延壽三篇

《魯靈光殿賦》《文選》　《夢賦》《藝文類聚》七十九,《古文苑》。一作《述夢賦》,《古文苑》有序。　《王孫賦》《藝文類聚》九十五,《文選》注,《初學記》二十九,《御覽》九百十,《古文苑》

皇甫規一篇

《芙蓉賦》

邊韶一篇

《塞賦》《藝文類聚》七十四,《御覽》七百五十四

趙岐一篇

《藍賦》《藝文類聚》八十一,《御覽》九百九十六,《大觀本草》七

張奐一篇

《扶蕖賦》《初學記》二十七,《御覽》九百九十九

廉品一篇

《大儺賦》《御覽》三百五十

(原載《大夏半月刊》第五期和第六期,1938年。今據以收入。)

《羣籍源流考》凡例

古者太史掌建邦之六典、八法、八則，小史掌邦國之志，內史掌王八枋之法，外史掌四方之志、三皇五帝之書，御史掌邦國都鄙及萬民之治令，太卜掌三易，大師教六詩，宗伯掌五禮，大司樂掌六代之樂，古人於典籍類別若是其精也。蓋類別不精，不能知學之流裔，家法不明，不能得道之一貫。夫子曰："吾道一以貫之。"不能一，固不能知所謂道也。《易》曰："君子以類族辨物。"虞仲翔曰："謂方以類聚，物以羣分。"又曰："故能通天下之志。"蓋《同人》以乾照火，有文明之象，故《彖》曰："文明以健，中正而應。"惟文明中正，斯能族類辨物，能族類辨物，斯能致於一，所謂通天下之志也，故朱子亦曰："所以審異而致同也，君子之學莫大乎是。"近世文明愈演愈精，而分科亦愈進，亦一徵也，故附及之。不能類別，固不能爲君子也。春秋以來，典籍大廢，孔子出，始述《易》，刪《詩》《書》，正《雅》《頌》，修《春秋》，三代之禮樂，然後可得而述，周旦官守之典，粲然復明。章實齋曰："六藝非孔氏之書，乃周官之舊典。"此蓋本《周官》立論，非至言也。孔子六藝雖多本官守，刪述以後，絕異舊典，曰周旦之制復明則可，謂非孔子之書則不可。秦火以後，漢廷校書，必選專家。如使步兵校尉任宏校兵書，太史尹咸校數術，侍醫李柱國校方伎等是。《班史》述志，上承二劉，務求各家之所自出，《班志》襲劉向父子之《錄》《略》，去古作者未遠，劉氏之書既亡，猶賴《班志》以窺見其義例。最可貴者，在總計若干家若干篇之後，各繫以條辨，使讀者如挾羅針以航大海，一一見其源流癥結。近日目錄家斤斤於某書之當入某類，殆猶井鼃之見也。猶有周、孔之遺意。自後謝靈運、荀勗創爲四部，王儉、阮孝緒又易爲《七志》《七錄》，蕭亮、謝朓、任昉、殷鈞又各造四部，《隋志》以下遂相承而不改。其源流變遷如是，雖互有得失，要其詳於小節、晻於大體則一也。不明學術之支與流裔，而欲求古人述作之微言大義，是猶杭斷港絕潢以望至於海。烏虖，此數千年來家學分崩之一大故也。家學既衰，俗學斯起，雖有一二賢者挽頹風以衛道，固不能敵世俗干祿求利之心。一人止之，百人揚之，此周後學術衰息之又一大故也。蓋自周公定典以後數百歲，然後有孔子，孔子定六藝而後數千年間，罕有作者，有能繼周、孔，紹明世，別黑白，範百家之異同，開萬禩之方術。其在斯乎，其在斯乎，不佞竊有意焉，而病未能也，作《羣籍源流考》。

一、始孔。孔子以前文獻少有足徵者，《漢志》著錄雖有《神農》、《黃帝》、《封胡》、《風后》、《力牧》、《鵊冶子》、《鬼臾區》、孔甲《盤盂》、《大禽》、《伊尹》、《太公》、《辛甲》諸書，班氏已早疑其爲後人假託，瞽史倚相所誦。秦火以後，邈焉不能詳其源流，所存惟孔子爲大宗，後人作述，皆其流裔，故本書造述自孔子始。孔子前雖間有作者，然其影響所及，尠能成軍，且多真僞雜糅，但以附庸，不爲大國，故雖前於孔子而不謂始。部署之學亦大明於孔子。蓋孔子以前，典籍官守，私門少著述，及刪述以後，六籍始困於民間，官學得聞於私室，其詳當別論。

二、終清。清代學術嬗變之劇，迥越前古。始爲漢宋學之爭，繼爲今古文學之爭，終爲中西學之爭，非特結周後數千年學術分馳之軌，且開中西文質融會之幾。後乎此者，一二好事惟扇清末之餘風，拾歐人之牙慧，有破無創，胚胎未成，不足以言學。故本書斷終於清宣統三年，凡書成於宣統中，不限人之尚存已歿，胥著焉。

三、別部。自二劉校書，創爲《七略》，史傳附於《春秋》，兵書、數術、方伎各爲一略。荀勖承之，史傳仍而不改，三略則併入子部。持校諸子學術同條併入諸子，宜焉。王、阮又稍復《七略》之舊，然不免見譏於識者。《隋志》以下，史部亦別列詩賦一略。至王儉爲文翰，阮孝緒爲文集以後，史志遂專此名，於是四部之分大定，不可卒易。蓋自經兩晉六朝之兵燹，中原文獻，蕩焉無存，雖有承明著作之才，不過扇漢魏之餘風，厠文章之一席，於是揚華摘藻之風日盛，而家學日衰，詩賦一略自不能不廣而爲集，以代家學矣。重以南北分裂，興廢不恒，記載紛如，未可盡附於《春秋》之例，於是《六藝》一略目不能不析爲經史矣。然則《七略》之不得不易爲四部者，時爲之，勢爲之也。明知四部分類之未安，而又不能別居以卒改，如章學誠必求恢廓四部之稱，仍復七篇之舊，貴古未能通今，不足以言達變。本書爲探流討原，故一仍四部之舊，首經，次史，次子，次集，又用梁《文德殿五部目錄》例，更附譯部一門，說見下。大體仍遠宗荀勗，近採諸志，不囿古今著錄家之範圍，而創名立例，務求古不泥今，今不遺古，同條共貫，以上合先民作述之心，門戶之見，予無取焉。

四、立附。佛經域外之教，譯名奧僻，恒異齊言，卷帙浩繁，幾埒各部，《唐志》納入子部道家，不審統緒，妄加牽合，實爲巨謬。輓近世歐風東漸，迻譯大興，學術多端，不能一致，豈可妄亂部居，以相雜厠？南皮張氏《書目答問》子部數學類羼入西譯，尚無妨大體，然此例一開，勢必蔓及他部，亂學術封域，莫此爲甚。本書援王、阮附錄例，創譯部一門，略如四部分類，各探源委著述，以嚴中外學術之坊。其有皈依釋氏成一家言者，依《唐志》及清《四庫》書例，列入子部釋家。取他人之學成吾人之學，列入四部，未乖名實。《舊唐書》以古無釋家，遂併佛書於道家，大謬。然惟錄諸家之書爲二氏作者，而不錄二氏之經典有識可法也。其兼通中外，獨樹一幟，則亦案部列入各類如釋家焉。

五、分經。本書凡大別經部爲十一類：曰《易》，曰《書》，曰《詩》，曰《禮》，曰《樂》，曰《春秋》，曰《孝經》，曰《論語》，曰《孟子》，《孟子》自《宋志》以上皆入子部，《明志》始入經部，列四書類，自來著錄家未嘗以之獨立者。然孟學自宋至清極盛，名家無慮百數，自可別立。且《四書》之名起於朱子以後，《明志》始列《四書》之目，若統於《四書》，則無從足十三經之數。本書述及《大學》《中庸》者，入禮類，通論《四書》者入羣經總義類，較爲妥善。朱氏《經義考》既立《論語》《孟子》二類，復有《四書》一類，不免駢枝，不從。曰小學，曰羣經總義，曰圖緯。圖緯之學起於東漢，王儉《七志》始著錄入《陰陽志》，《隋志》始併入經部，《唐志》同，改爲讖緯，

《宋志》以下闕而不收。至清中葉，其説大盛。詳考其源委，多出於古經生言，往往可輔經義，附經部之末爲宜。《宋志》不收，過矣。

六、分史。本書凡大別史部爲十五類：曰紀傳，紀傳之名起於阮孝緒《隋志》，以下改稱正史。案，自司馬遷改編年爲紀傳，荀悦又改紀傳爲編年，爲自來作史之兩大宗。劉知幾深通史法，分敍六家，統歸二體，則編年、紀傳均可名正史。乃以班馬舊裁，歷朝繼作，編年一體，或有或無，不能時代相續而遂置之，紀傳獨專正史之名，不可通也，今削之，從阮妥。此類不限官修，凡私家纂述及各種凡屬傳紀類者皆隸焉。古者著録家有霸史、僞史、載記數類，概屬編年、紀傳兩體，因嚴正統之防，皆屏之不與諸史列。本書所重在探各書體例源流，自應分門別類，不囿著録家之舊習，一概因類列入，不標別名。曰編年，曰別史，依陳振孫《書録解題》處梁武帝元帝實録等派別最清。曰雜史，曰詔令奏議，曰雜傳，依《隋志》。曰史鈔，帝魁以後書凡三千二百四十篇，孔子删取百篇，爲史鈔之祖。曰時令，曰地理，曰職官，曰政書，曰譜録，曰金石，金石之學，今爲專家，依鄭夾漈例別出一門。曰史評，曰補闕。如宋熊方《補後漢書年表》等，其學於今爲盛。此類古無有，然實係治史之一大派，斷不容混入紀傳等類，没其良法美意，故特著之。

七、分子。子部最繁，流派最雜。分別觀之，可以察先民思想之流遷，盈虚消息，每關國運之盛衰，本書辨之最詳。凡大別爲十四類：曰儒家，曰墨家，曰名家，曰縱横家，曰兵家，曰法家，曰農家，曰天文算法，曰藝術，曰道家，曰釋家，曰雜家，曰小説家，曰叢書。紀石雲曰："類事之書，兼收四部，而非經非史非子非集，四部之内，乃無類可歸。《皇覽》始於魏文，晉荀勗《中經簿》分隸何門，今無可考。《隋志》載入子部，當有所受，歷代相承，莫之或易。胡應麟始擬改入集部，然無所取義，徒事紛更，不如仍舊之爲愈。"案《吕覽》雜采諸家，不名一格，爲類書之始。今日之叢書，亦類書也，《隋書》以入子部，蓋有灼見者。

八、分集。集部凡大別爲三類：曰别集，曰總集，曰詩文評。從前著録特以《楚辭》爲一類，冠於別集之前，然《楚辭》兼有屈、宋、揚、劉諸人作，義例實是總集，別出最爲無理，今删之。

九、明統。孔子紹述堯舜，孟子言必稱堯舜，所願學孔子，而七篇之末又大陳道統，以見己之所學。統之時義大矣哉。本書旨在求各家學統，各書源流。凡書闕有間，不易明其傳授源流者，亦必著其已佚之書目，而輯其遺說；詳下存佚，如施、孟、梁邱諸家《易》並有緒例可尋是。或併書名不傳，則著其人於所宗者書目之下。如《易》之傳自商瞿子木，於是而橋庇子庸、馯臂子弓、周醜子家、孫虞子乘、田何子莊，惟一家相傳。至漢興，田何從杜陵，授王同子中、周王孫、服生，於是田何之學分而爲三。王同復授楊何，丁寬復授田王孫及高相，而王孫復授施讎、孟喜、梁邱賀，於是田何之學又分爲五。漢初一小學派之相傳尚有如此之繁，而考其著述已泰半無可徵，惟周王孫、服生、楊何、王同、丁寬、施、孟、梁邱數家尚見《漢書·藝文志》，他可知矣。若不疏其師友淵源，則安能見古人學術之遷流。本書於此，蓋三致意焉。則其傳授之源流，燦然可數，其不知者，蓋闕如焉。

十、嚴別。凡家法不明、宗派不清者，如清惠棟說漢《易》，并鄭康成、荀慈明、虞仲翔而一之，每多矛盾，多有不能自通者，與漢《易》家數大紊是。別爲□總一類，如言漢《易》則爲漢易總。附每類每派之下。其陽尊陰叛，莫衷一是，如明末狂禪解經等是。及妄亂體例，無知僭作，而亦有一長可述者，如程大昌之妄改舊文，王柏之橫删聖籍等是，其說雖妄，亦間有可存。則斥入各部雜類及子部雜家類，而不沒其善。

十一、探源。後人述作皆源出於經，如史之出於《春秋》，集之出於《詩經》等是。或別有創作，後人挹其流波而自成宗派者，就鄙人管見所及，雖於古著錄家無例可援、有理足據者，必別加部署。其源出於經，經尊不可類列，則說明條舉於每部或每類之前，考傳授之源，於別統一條詳矣，不贅。綱舉則目張，非特源流大明而已，而精粗疏密異同之間可案而知，並以覘古今學術之進化焉。

十二、詳分。古人論學，先明學派。大略見敘。在莊子有《天下篇》，司馬談有《六家要指》，至二劉而辨別學派之學大明，然尚略而不詳，後人又不明蛻分之由，妄指爲某傳某，如韓子所謂子夏之學其後有田子方，子方之後流而爲莊周等是。子夏、子方之流別明詳於《呂氏春秋》，似尚可據，韓子不察，於是後世有謂子夏之學開玄妙之門之說矣。統系既亂，流派亦淆，最爲遺誤學者。本書於此，凡一二字之著錄，亦必貫串全書而出之，不作臆斷，根及源流。其未甚碻者則著曰宜如何，不知者依古人類列闕之以待考。

十三、存佚。輯佚之說，發於朱子，行於王深寧，大盛於清，其功同於興滅國、繼絕世。本書於佚書能得其授受源流者，皆存其目，略依秀水朱氏，_{說詳上。}附說於下，俟大力者輯補焉。

十四、互著。凡一人學賅數家，或一家學歧數派，即使一人專明一家之學，亦復多乖舊術，獨闢故知，將非家法所能賅。劉《略》列管子於道家，實有未盡；《隋志》改從法家，亦未盡安；鄧析著錄名家，而其學則近申、韓；申、韓學貴刑名，而其旨歸宗黃老；是非互著不能闚諸家之全，本書於此三致意焉。其派別未明，不敢妄亂，一仍舊錄。

十五、別裁。古書多有出後人之輯集，_{如《呂覽》《淮南》等。}或有一人而博綜羣學，互著則又嫌渾淪而不明，則別裁之法尚焉。裁其篇章，別出門類，如《管子》中之《弟子職》等是。本書凡子、集兩部多採斯法，其有妄割篇章，斷金翦繡，則吾不敢知。_{案，別裁之法，凡篇章可獨立者用之，互著之法，數學兼綜，不分片段者用之。}

十六、正偽。凡後人偽託，及真偽雜糅，已經學者辨明或鄙人一得之見所發明，而行之已久不能刪削者，於每類雜類下別出偽作一類，使真偽之辨，昭然若揭日月，不致遺誤於後人。其有妄疑古人，全無碻據，開廢經之漸，則又作偽之罪人，本書屏之惟恐不深。

十七、序得失。《班志》上承二劉，體例之善，約有兩端：曰總覈，曰條辨。而條辨尤善，本書宗之。於各書目後著各書之得失，一部後總覈合派之得失，辨章學術，根極源流，雖不能提綱絜領，而部次科條，必期融貫古今，洞徹表裏。

十八、立圖表。本書之末特立圖表一門：一曰《傳經表》，明經學之授受；二曰《通經表》，不能知其授受源流，不可附於《傳經表者》；三曰《史學源流表》，史學少授受，故只曰源流，下放此；四曰《諸子授受表》，此該能知其授受源流者；五曰《諸子源流表》，不能知其授受源流，只推其所自出及分支；六曰《集學源流表》，圖書並行則相得而益彰，亦太史公立表之意乎？

鄙人久擬成《歷代藝文考》《歷代學術源流考》二書，塵事因循，久而未就，爰就平日管窺所見，草創是書，以饗學者，惟學術淺陋，舛謬宏多，海內大儒，不我遐棄，尚乞箴砭膏肓爲幸。

（原載《大夏》第一卷第九號，1935年。今據以收入。）

續許氏嘉興府志經籍志

吾舊郡郡志最近有善化許氏瑤光,同治。《志》,承李、國棟,順治。袁、國梓,康熙。吳、永芳,康熙。伊湯安,嘉慶。諸賢之後,古事甚備,而近代則憚于網羅,頗多闊略,列傳尤疏,惟經籍一門,出郡人陳桂鄉孝廉其榮手,最爲賅洽。孝廉經術湛深,尤精目録之學,喜表彰人物,於鄉邦文獻之徵肆力最勤,每書間引序跋以發其凡,亦爲簡要。造端雖發於伊《志》,而精研博討,實足上掩前修,非獨許書之冠冕而已。惟採訪實非一人一日所能爲力,且當文網繁密之時,故遺倪或辟忌,亦在所難免。如石門呂氏著述至富,皆削不載;平湖李氏之《九山補志》已著《四庫》,此獨闕如,其他尚不可指數。且七邑人士皆混而不分,與前書體例不合。又逢逢時代到真,一人或前後兩歧,如《春橋草堂詩》,前於《小長蘆漁唱》數十人;《吳蕃昌詩文集》入於清,而《日月歲壺職三儀》及《吳貞肅公年譜》又入於明,皆不能顆若畫一。而人名亦間有舛譌,如錢汝翼之爲姚汝翼是。若斯之類,實亦不能謂爲小疵也。蓬常前有斠正及續補之作,卒卒未大就。今歲柏冬莫,之江上庠中國文學會有《集刊》之刻,徵稿於不佞,久無以應。忽憶五代吳越時,吾邑曾屬杭州,杭州,上庠之所在地也,則補苴舊稿以入刊,不能謂無名。且比年喪亂,吾郡七邑受禍尤酷,東南文物掃地盡矣。前所記諸家庋藏,太半蕩爲灰燼。爲他日徵考計,吾文尤不可以不作也。爰掃撦故紙,旁采諸家,如鄭叔問先生、金甸丞丈、陸頌襄師、陳訓慈、葛傳樸諸先生所記。爲此篇。仍依舊郡分列,間繫小傳，附序跋或提要，不能徧也。蓋旅中乏書，什九不得目譣，分類亦遂多舛，惟鄉邦鴻達，有以嚴繩之，爲異日寫定之資。至前志體例之釐正，則期諸來者矣。民國二十九年十二月。王蘧常識。

經部

【補】李集《周易願學編》二十卷　李旦華《周易象義》　王景賢《周易玩辭》　施汝懋《周易集解辨》　【續】張鼎《春暉樓讀易日記》鼎，海鹽人，字銘齋，咸豐辛亥恩科舉人，絕意仕進，講求通儒之學。由經而史，旁及天文、輿地、曆算、河渠、象數、五行，靡不窮原竟委。立身一宗程、朱。大吏聞其名，延主杭州東城講舍，旋改主海寧之龍山、邑之蔚文兩書院。光緒壬午舉孝廉，方正不就。鼎《尚書釋疑》《禹貢地理舉要》《讀詩讀左日記》《四書說摘略》《論語說補編》與此而七，合稱《張銘齋遺書》，凡十四冊，今藏海鹽談祥麟家。

右《易》

【補】錢與映《書條解》與映，海鹽人，字德卿，號魯南，一號淵甫，明嘉靖甲子舉人。此書見錢儀吉《廬江錢氏藝文略》，云未見。王頊齡《書經傳說彙纂》曾引其說，則康熙時其書猶存也。方溶《禹貢分箋》七卷溶，清初海鹽人。李集《尚書信古錄》　馬俊良《禹貢圖說》　王曇《洪範五事官人書五類》不分卷。見錢《泳煙霞萬古樓文集序》，尚有其他著作，許《志》引之，茲依類別出。　【續】張鼎《尚書釋疑》《禹貢地理舉要》

右《書》

【補】錢與映《詩條解》　李集《毛詩無邪訓》　楊燮《毛詩箋》不分卷，共兩冊。燮，秀水濮院人，號昂亭。少負儁才，爲諸生時，與兄煒有雷潭二楊之目。晚歲精治《毛詩》。　沈范孫《詩經女爲》范孫，秀水人，許《志》只載《又希齋詩集》四卷，此書曾借刻於皖之汪鳳梧，吳承珙給諫《毛詩後編》引其書以爲汪氏所纂，蓋未深考，見其孫連溪觀察濂《又希齋詩集跋》。又希先生，蘧常外高祖也。錢繩祖《韓詩內傳考證》　【續】盛元均《詩經集解》八卷元均，秀水人，字達孫，光緒丙子優貢，歷官江南、滑縣、內鄉、太康、信陽各州縣。　張鼎《讀詩日記》

右《詩》

【補】錢學洙《禮記約注》十八卷學洙，海鹽人，字次匡，號次公，明末庠生，書存，見錢氏《藝文略》，云其爲説簡而易曉，頗便學者，其采集前人，不著某某，大抵多宋儒之言而稍以己意貫通之。　錢鳳日《禮記集注》四十九卷鳳日，海鹽人，字拱臣，號晚香，庠生。見錢氏《藝文略》云存。　盛世佐《儀禮圖訂正》

右《禮》

【補】沈昭興《穀梁補注》昭興，嘉興人，字硯怡，諸生，游福康安幕中，從征西藏，積功仕至瀘州、直隸州知州，工書，晚年鬻書自給。　【續】張鼎《讀左日記》　張憲和《春秋公羊傳彙解》十一卷憲和，平湖人，字惺聞，咸豐己未舉人，歷官湖南辰谿、衡陽、常寧知縣。爲學兼通漢宋，晚歲罷官，專治經學，尤深於《公羊》。是書大旨在解傳以解經，條例悉依何注，薈萃衆説，擷其精要，期於解傳而止。稿藏於家，未刻。　《公羊臆》三卷　《讀公羊注記疑》三卷凡何注之未得傳意者，別爲此書，與上《公羊臆》已刊行。　趙銘《左傳質疑》三卷銘，秀水人，字新又，又號桐孫，同治庚午舉人，官至直隸順德府知府。湛深經術，尤工駢偶，詩學義山。《讀左餘論》一卷

右《春秋》

【補】朱休度《皇本論語經疏考異》　【續】張鼎《論語説補編》二卷

右《論語》

【補】李集《孝經玉律》許《志》載《孝經後傳》九卷

右《孝經》

【補】柯汝鍔《甕天録》汝鍔，嘉善西塘人，字清七，號北塘，乾隆五十七年舉人，官龍泉訓導，善書，宗徐季海。此雜論經義之作。　姚應龍《四書五經旁訓》應龍，嘉興人，號雲吟，乾嘉間郡庠生，品端學粹。　王曇《經解》三卷　馮登府《石經閣日鈔》登府，嘉興人，已見許《志》。此書原題《柳齋日鈔》，後改今名，共十篇，爲《笙詩説》、《孔子去魯説》、《明堂非路寢解》、《召公辨》、《季黎解》、《〈春秋〉異文考》、《箕子明夷辨》、《禹貢蠶桑説》、《易伐鬼方解》、《尚書古文禮記逸篇證》。手稿原藏

嘉興縣立圖書館，曰原者，亂中不知流落何所矣，誌痛也。　錢儀吉《經典證文》　【續】陳其榮《經傳離句考徵》十六卷其榮，字桂鄉，秀水人，同治丁卯舉人。　吳修祐《十三經舊學加商》二卷修祐，嘉善人，原名繡虎，字穎士，同治癸酉舉人。是書義例與臧庸《讀書雜記》、王引之《經義述聞》相類，綜述舊詁，別樹新義，援引至博，申證亦多，惟穿鑿傅會亦所不免。嘉興吳雄軒孝廉受福嘗評之曰："若能以《說文》爲經，而緯之以《爾雅·釋名》，旁鎔秦漢以上各書，則觸類引申，折衷悉當，然已非經生餖飣家堪與爭一重席，自是可傳。"有光緒己丑聚珍印本。

右羣經

【補】呂留良《天蓋樓四書語錄》留良，石門人，字用晦，一字莊生，又字光輪，號晚村，又號恥翁。八歲能屬文，明亡後補諸生，既而悔之，不應歲試，既除名，怡然自得。制行堅苦，學宗程朱，與張履祥、黃宗羲等友善，著書多種族之感。郡守以隱逸薦，乃削髮爲僧，取名耐可，字不昧，號何求老人，隱於吳興埭谿之妙山，顏所居曰風雨庵。康熙二十二年卒，年五十五，彌留時書"重見天日"四字納諸柩，人莫知其意。雍正時以曾靜獄牽累戮尸，闔門被禍，著述皆燬，前《志》以辟忌削不著，故略志於此。《天蓋樓四書講義》《四書評語》　【續】張鼎《四書說摘要》一作《四子書說略》。

右四書

【補】張廷濟《清儀閣古器物釋文》凡十冊，係廷濟手拓手寫，其稿久佚，近爲桐鄉徐氏所得，攝影印行，許《志》只載《金石刻題跋》及《集古款識考》。　錢儀吉《說文厭雅》　【續】陳其榮《增訂蒼頡篇》三卷　《埤蒼》二卷　《字林》八卷　唐翰題《說文臆說》翰題，嘉興人，字鷦安。　張鳴珂《說文佚字考》四卷鳴珂，嘉興人，字公束，號玉珊，晚號窳翁，咸豐辛酉拔貢，官江西德興縣知縣、義寧州知州，工詩詞，自受知泰興吳和甫侍郎存義，始治小學。是書以鉉本注解中有其字而篆文遺佚者不少，雖其間容有後人校讎淆混，非叔重原文，而劉、田、希、晶等字決非後起，因隨筆記之積爲四卷，其體例僅列前人之說而不自爲論斷，間有案語，亦極矜慎，徵諸近代，則鄭珍《說文逸字》之亞也。　沈璋寶《說文解字集說》公秀水人，字達夫，同治庚午舉人，官烏程縣教諭。遽常之外叔祖，又吾婦之世父也。沈子培中丞稱其論學以張、陸二先生爲準則，而上溯程朱以得唐宋會通。於經則由高郵王氏、樓霞郝氏之小學以甄六藝，尤喜稱李次日、鍾子勤兩先生之爲人。於史長地理，嘗欲於《水經注》有所疏證,而未見其稿。於古文尤竺好之,由錢侃石以溯歸震川,質古清遒,詩體鑱石齋諷味寒拾,歸心於净域。所爲文字及草創未就書稿,字奇古斷,闕不可識,嗣子庭收輯可讀者,才詩文數十篇,非其至者也。仲殷外舅達夫公行述舉其著述多種,兹依類分列。蓮常曾檢其遺稿,朱墨爛然,惜多散亂,不可董理。兵燹後其家被火,存亡不可知矣。

右小學

【補】錢蘅《詩韻釋義》五卷蘅,海鹽人,字戀穀,號敬龠,明庠生。書見錢氏《藝文略》。馮皋謨《序》云:"吾邑錢戀穀幼承家學,耆古好文,裒覽載籍,損益二陰,爰彙斯編,命曰《詩韻釋義》,卷凡五,字萬一千五百有奇,微文隱義,直而掇之,比物連類,總而分之,坌幻詭譎,近而譬之,餒飣澠漫,約而該之。"【續】張鼎《音韻釋略》 褚榮槐《詩韻蒙求》榮槐,嘉興,人字二梅,咸豐己未舉人,龍游教諭。陳其榮《説文舊音》一卷 余弼《韻譜校》弼,嘉興人,此依吳縣馮氏原本,就其闕者補之,譌者正之,異者參考之,寫篆文爲眞,似未卒業,稿本藏其家。 勞乃宣《等韻一得》三卷乃宣,桐鄉人,原名格,字玉磋,又作玉初,光緒補行辛酉舉人,辛未進士,官至學部大臣。鼎革後設教勞山不仕,人比之韓偓云。《清史稿》有傳。
《簡字補錄五種》五卷 《讀音簡字通譜》一卷此兩種爲國音字母之先河。

右音均

史部

【補】錢泰吉《史記校勘記》泰吉精校讎,史部中如《史記》《兩漢書》《晉書》並經徧加丹黄,惟《史記》由及門唐仁壽爲之迻錄成帙,即此書也。已有散佚,海寧圖書館原藏一冊,存三皇、五帝、夏、殷、周、秦六《本紀》,浙江圖書館原藏四冊,存《蘇秦列傳》第九至《太史公自序》第七十,嘉興圖書館有迻錄本。 【續】沈璋寶《漢書地理志圖説》 沈中丞《晉書刑法志補》一卷先師沈中丞,嘉興人,諱曾植,字子培,號乙盦,晚號寐叟,光緒庚辰進士,官至安徽布政使護理巡撫。鼎革後主修《浙江通志》有年,爲學無所不闚,尤精古今律令,並孰北魏、遼、金、元史學、輿地、南洋貿易沿革,四十以後旁通二氏,詩文奇僻宏肆,漢唐以下竟無以位之。晚歲棲遲海上,四方學者無不欲一接其言論丰采,即異邦人士亦不遠而至。俄羅斯卡伊薩林嘗方公如義大利列鄂那德達蒲思,平論古代西歐之文明所謂意識完全者,誠中國文化之典型也云云。《清史》有傳。蓮常從學有年,援洽長例稱官不稱名。此書見公嗣子慈護丈哀啓，似已佚。　勞乃宣《晉書校勘記》已刻。

右正史
【續】吳修紀《元甲子表》修，海鹽人。　郭容光《甲子紀年表》容光，秀水人。

右編年
【補】李聿求《魯之春秋》二十四卷聿求，海鹽人，字五峰，諸生。此書記南明魯王監國事迹最稱詳核，曾於道光時付梓，僅印樣本，即罹兵燹，手稿近藏同邑朱希祖家，許《志》著錄《後漢書儒林傳補》等書，此失收。

右別史
【補】王曇《歷代神史》一百卷　《居今稽古錄》二十卷　【續】沈中丞《元秘史箋注》十五卷附《元秘史蒙語原文九十五功臣名》一卷稿存，未見。公《讀元秘史後記》云：“此楊氏《連筠簃叢書》單行本，楊氏刻《西游記》，後附程、沈、董三釋讀者，瞭然於古今地名譯音同異，此獨闕焉，殊以爲憾，今以視記所及，略識一二，當爲此《箋注》之嚆矢。　高寶銓《元秘史李注補正》十五卷《續補》一卷寶銓，秀水人，字子辛。自敍云：“《元史》疏舛，而《太祖本紀》尤甚，《元秘史》十五卷紀太祖、太宗兩朝事，妄爲繹説，積有歲年，繼聞順德李仲約侍郎有《元秘史注》，受而讀之，與鄙見不合者十乃五六，爰就前稿刪其李書所已詳，存其李書所未備，顏曰《李注補正》，竊顧氏《左傳杜注補正》之例也。有光緒壬寅自刻本。　沈中丞《元聖武親征錄校注》一卷慈護丈《海日樓遺書目》不載。予見之日本那珂通世博士《成吉斯汗實錄》中，尋見公《聖武親征錄校注跋》，知已燬於拳匪之亂，惟云“袁爽秋太常爲洪文卿侍郎搜訪元地理，假予錄去，侍郎研究元史，諸疑誤前賢未定者，舉予校語”云云，則或尚在人間也。　《元聖武親征錄校本》一卷此係丁巳年以《説郛》本校各本，自云“異同滋夥，研詳洨旬，其可以佐佗今本，悉剌人之，雖未敢遽稱墭詰，較之張、何所見者則勝之矣。”刻入《知服齋叢書》中。　《女真考略》一卷今存注文，凡三十七條。　《蒙韃備錄注》一卷《韃事略注》一卷《蒙古源流箋證》八卷此書原名《事證》，由錢塘張孟劬太守爾田校補，由慈護丈刻行。公自跋云：“此書自

《四庫》著録爲却特史，學者視之與脱必察顏聲賈等，顧自嘉定錢先生以來，徐、襲、張、何以及近時李、洪諸家，於《秘史》《聖武親征録》穿穴疏通者，已成一家言，獨此書僅就可資佐證者摘取斷章，未有綜其全書而理董其緒者，今略就所知者篆之，孟劬太守稱篳路藍縷之功，微先生，莫爲之前也。　沈亨惠《三水守城紀略》亨惠，嘉興人，字慕琴，道光舉人，官至廣西南雄州知州。　杜文瀾《粵匪紀事》十八卷附六卷文瀾，秀水人，字小舫，江蘇候補道署理布政使。　沈梓《避寇日記》梓，秀水人，字北山，同治拔貢，授職內閣中書，光緒初，舉孝廉方正皆不赴。此稿乃咸豐辟寇時日記，手稿中述太平天國事甚悉，多史志所不載，細字密書四鉅册，起咸豐某年二月十六日，訖庚申年十一月初一日。稿藏其子訪碏家。　《養拙軒筆記》此亦記咸豐太平軍事，與《避寇日記》同時作。首記太平軍陷金陵，末記至乙巳年止。亦藏於家。　趙文彪《避亂日記》文彪，嘉善人，字子雲，道光三十年入泮。此其咸豐辟亂時日記，記太平軍陷浙西時瑣事，及平民避難情形甚悉，卷末附録《克復嘉善城事略》二篇，未刊稿，藏其家，已有殘闕矣。　勞乃宣《義和拳教源流》一卷　《拳案雜存》一卷　《拳教析疑録》一卷　王太守《庚子京畿見聞録》二卷先大夫諱甲榮，原諱厚培，字部昀，又字步雲，晚號冰鏡老人，嘉興人，光緒己丑恩科舉人，兵馬司指揮，歷知廣西永淳、富川諸縣，兼署富川縣學教諭、鍾山理苗通判候，補直隷州知州知府銜，《永淳縣志》入《循吏傳》。〇世愚弟唐文治填諱。

右雜史

【補】王曇《西夏書》

右載記

【補】胡柄《東籬史抄》五卷柄，平湖人，字公尚，明布衣，崑山顧鼎臣嘗受業焉。是書係抄撮史鑑而成，平湖葛氏傳樸堂藏有傳抄本，首有鼎臣《跋》云："夫子好博覽，無書不讀，摘録古來帝王名臣將相勳業足爲鑑戒者，成札記五卷，名曰《史抄》。鼎臣束髮受書時，嘗見夫子手揣心摩，爲枕中秘云。"

右史鈔

【補】錢薾《東畬先生年譜》一卷未見目，見《錢氏家史》。　史蕃昌《吳忠節公年譜》三卷蕃昌，海鹽人，忠節爲其父諱。麟徵，一作麟振，字聖生，一字來皇，號磊齋，明天啓進士，崇禎中在諫垣，有直聲，累官太常寺少卿，闖賊薄京師，守西直門，城陷自經，福王時追諡忠節。此《譜》自萬曆廿一年至崇禎十七年，年五十二，文極哀感。海鹽吳俠虎自抄本。許《志》據杭氏《藝文志》著錄《蕃昌吳貞肅公年譜》二卷，不知即此書否？惟卷數與謚皆不合，姑著之待考。　沈起《查東山先生年譜》一卷起，嘉興人，字仲方，明末諸生。明亡入東禪寺爲僧，號默庵，師事海寧查東山，前後親炙垂四十年，故此《譜》所記親切可信也。東山諱繼佐，字敬修，東山其號也，明季舉人，國亡隱處講學以終。《譜》稿藏劉氏嘉業樓。　錢豫章自撰《培生年譜》亦稱《錢農部年譜》。豫章，嘉興人，字培生，號艮齋。許《志》有傳，此爲嘉慶十四年自次年譜，原有刊本，傳世極罕。自序云：「自昔英賢多有自傳之文，余承先世清德，勉自砥礪，今年六十歲矣，無可以爲傳者，聊舉生平蹤迹及家庭瑣事，譜其年月，備兒曹他日尋求，且以志吾愧焉爾。」　錢泰吉《錢太常年譜》太常爲泰吉八世祖，海鹽人，字懋安，明嘉靖進士，由行人擢禮科給事中，因星變極言主德闕失，削籍既歸務講學，足跡不及公府，隆慶初贈太常少卿。此《譜》於道光中輯成。　沈宗涵、宗濟《沈鼎甫先生年譜》一卷宗涵、宗濟，嘉興人，鼎甫先生爲其父，即子培先師之大父也。先生諱維鐈，字子彝，一字鼎甫，號小湖。嘉慶進士，累官工部左侍郎，五任學政，所拔皆知名士，林文忠則徐、陳給諫憂鏞等皆出門下。喜讀宋五子書，務尚身心有用之學，卒年七十二，人祀鄉賢祠。此《譜》於道光中輯成。　【續】張鼎《孔子生卒考》　嚴辰《楊園淵源錄》四卷辰，桐鄉人，字緇僧，同治癸亥進士，朝考第一庶吉士，散館授刑部主事。少與南皮張香濤之洞齊名，改官後即不出，居鄉設教，多所陶淑。中興後興作諮商，而行此書，附刊《桐鄉縣志》之後，類出於此。　徐士燕《歲貢士徐壽臧年譜》一卷士燕，嘉興人，號穀孫，邑庠生，壽臧之子，能繼父志，亦精篆隸。壽臧名同柏，壽臧其字，又號籀莊，得其舅氏張叔未之傳，能識古文奇字，四方之酷耆金石者，每得一器，必乞其來釋，故其所見至夥。穀孫按年編人，述爲年譜，不翅一吉金小史也。刻入《古學彙刊》第二集，劉氏嘉業堂亦有刻本。　錢志澄《錢文端公年譜》六卷志澄，嘉興人，文端公其五世祖也。文端公諱陳羣，字主敬，號香樹，又號柘南居士。幼家貧，母陳工繪事，課讀於紡車旁，紡人不足，則鬻畫以繼。康熙末第進士，雍正、乾隆時久直南書房，充經筵講官。高宗嘗與考論今古，稱爲故人，官至刑部左侍郎，以疾罷歸，詔在籍食俸。高宗常寄詩相與倡和，恩眷極渥，與沈德潛並稱東南二老。年八十九卒，詔祀賢良祠。　張祖廉《龔定庵年譜外紀》二卷祖廉，嘉善人，字彥雲，金梅生嵯尹安清外孫，少游外家，多閱藏書，文采該鍊，喜龔定庵詩文，爲補輯遺事。光緒癸卯保薦經濟特科，入民國，官至隴海鐵路督辦。此書刻入《娟鏡樓叢書》中。　《勞乃宣自訂年譜》一卷　王太守《二欣室記事珠》一卷謹案，此放汪龍莊《病榻夢痕錄》而作，至五十歲止。○以上傳牒。　【補】錢延熙《節孝備史》延熙，海鹽人，字維清，見錢氏《藝文略》。　孫之桂《忠義傳》之桂，嘉善人，字安山，庠生，工詩詞，幕遊燕京。書起孫奇逢，訖姜埰，似非全稿。原藏嘉善圖書館。馬緯雲《西湖人物志》緯雲，海鹽人，字依墀，乾隆舉人。　【續】張鳴珂《疑年賡錄》二卷　王希曾《徵獻錄》希曾，秀水人，字訪沂，江蘇候補同知。　陳其榮《清朝師儒傳學表》原稱"國朝"云云，茲依《四庫》書自呂祖謙《宋文鑑》例改，下放此。《中興蘇浙表忠錄》三十六卷續八卷　朱福清《鴛湖求舊錄》四卷《續錄》四卷福清，秀水人，字仙槎，宣統元年孝廉方正，精岐黃術，好施與，操行淳篤。此《錄》爲寄意而作，似淵明之《羣輔》，所記皆嘉、道以來先正懿行，爲郡縣志所失載者，凡二百六十餘人，中有先大父所作五篇。○以上總錄。

右傳記

【補】錢嘉徵《行在疏草》嘉徵，海鹽人，字孚於，號孺賓，明天啟辛酉副榜，官至監察御史，書見錢氏《藝文略》，云："未見公疏奏。"今見谷氏應泰《明史紀事本末》及傳抄者僅兩首。　錢瑞徵《錢氏疏草》瑞徵，海鹽人，字野鶴，號鶴葊，一號髯公。康熙癸卯舉人，西安教諭，是爲香樹尚書之大父，此見錢氏《藝文略》，誤作嘉徵，後錢侃石以朱筆校正，王崇簡《青箱堂集》有序文。　【續】許景澄《許文肅公奏稿錄存》二卷公嘉興人，字竹篔，同治戊辰進士，授翰林院編修。少貧窶苦學，從同里趙桐孫太守爲詞章，工駢文，尤究心經世之學。瓜爾佳文肅公文祥以使才薦進侍讀加二品，服出使未行，丁憂服闋。歷使俄、法、德、義、奧、荷各國，官至吏部左侍郎，總理衙門大臣督辦、中俄鐵路大臣。庚子亂作，與袁忠節公昶聯名極諫，忤孝欽后被害，追諡文肅。是書爲本師唐蔚芝尚書在總理衙門時彙錄別擇而成。尚書公，弟子也，先大父亦嘗從遊焉。　陶模《陶勤肅公奏議》十二卷勤肅，秀水人，字方之，同治戊辰進士，改庶吉士，散館授甘肅文縣知縣。歷擢新疆巡撫、陝甘總督，終兩廣總督，諡勤肅，服官三十餘載，自牧令以至封圻多在西北邊疆，其政績實邁近今。甘肅《文縣志》爲立生傳，以志去思，尤爲亙古所未見。《清史》有傳。歷任奏稿略備於是書，惟督粵時未全，爲民國甘肅省長陸洪濤所編印。洪濤其門人也，其集中於變法摺請先正朝廷以正百官，辛丑又請裁內侍，摺皆言人所不敢言，皇太后感動，遂傳旨內務部，不准再添人。又報英、俄兩國派兵越界及會立故部新酋各摺所論西北邊防回部形勢，尤足資外交輿地各家考證之助云。

右奏議

【續】吳仰賢《續增廣輿記》仰賢,嘉興人,字牧騶,咸豐壬子進士,庶吉士,改雲南狼穹縣知縣,擢迤西道。此書取蔡氏之書,旁徵博引,續而又增之者。未刻。○以上總志。　【補】陸銘一《壽昌縣志》十二卷銘一,平湖人,字恕先,雍正乙卯舉人。官壽昌縣教諭,時長樂鍾沛知壽昌縣事,以舊志七十載未修,謀諸銘一,使主編輯,而己綜其成。鍾《序》謂"興廢舉隊之一大機會,與博士先生陸君謀,設館從事數月而繕寫竟"云云。乾隆甲戌刻本。　金福曾《婁縣志》福曾,秀水人。　【續】嚴辰《桐鄉縣志》二十四卷　金蓉鏡《靖州鄉土志》四卷蓉鏡,秀水人,字香嚴,號闇伯,光緒己丑進士,工部主事,軍機處行走,湖南永順府知府。儒宗義學,多所該貫,晚耽禪悅,兼精書畫。此書刺靖州時所撰,其中《人表》一格尤爲特創。以上地志。案,鄉先哲所纂本郡中縣鎮諸志,前志例入舊志敍錄中,今亦不列。　【補】曹言純《刪節水經注鈔》未刻,見吳仰賢《小匏庵詩話》。　【續】沈璋寶《水經注今地理釋》　朱采《河務書》采,嘉興人,字亮生,咸豐優貢,工技擊,明奕理,文采鬱茂,洞明河務,李文忠公鴻章器其才識,密疏薦之,由直隸候補知府特簡山西汾州府知府,擢廣東雷瓊道。　張鼎《今地形河道》以上河渠。　【補】李確《九山補志》十二卷確,平湖人,字潛夫,明崇禎癸酉舉人,入清不仕,隱於乍浦之陳山,閉戶著書,絕意不食清粟,康熙初竟餓死山中,鄉人謚曰介節。撰述凡數十種,《平湖縣志》已備載。是書錄登《四庫全書》,已見《提要》,而許《志》獨遺之。乍浦海口向稱重要,而是書於山海形勢考訂殊詳,有神國防,蓋匪淺尟也。　【續】徐士燕《竹里述略》以上雜記。　張雲德《藏寺志》　吳若準《洛陽伽藍記集證》以上古蹟。【補】黃安濤《吳下尋山記》一卷安濤,嘉善人,字凝輿,號霽青,嘉慶進士,官至潮州府知府。博學,工詩詞。此書爲與吳門顧湘舟沉遊太湖,徧歷洞庭諸勝,所撰詩文俱備。手稿藏劉氏嘉業樓。以上游記。　【補】沈中丞《蠻書校注》十卷《諸蕃志校注》二卷　《塞北紀程注》一卷　《近疆西夷傳注》一卷許景澄《光緒勘定西北邊界俄文譯漢圖例言》一卷刻入《漸學廬叢書》。　《西北邊界地名譯漢考證》一卷此文肅二次出使泰西時,方爭帕米爾邊界事,奉命畫勘中俄分界,因鑒致中外新舊輿圖,詳審測繪,分圖二幅考譯音呼,考證精確。　王太守《猺獞㺜苗述略》此先大父知富川縣時所作。○以上邊防。　沈中丞《佛國記校注》一卷　《異域說注》一卷　《島夷誌略廣證》二卷此書就元汪大淵書以新舊各圖證之，藉以考見南洋各島唐宋迄今之航路，並考見西洋人所建商步，亦即古來商賈進萃之區云。刻入《古學叢刊》第一集。○以上外紀。

右地理

【續】朱彭壽《清朝內閣宰輔表》十卷彭壽，海鹽人，字小汀，光緒甲午進士，官至陸軍部右丞。原名《國朝內閣宰輔表》。　《清朝督撫表》二十卷

右職官

【補】顧秉堅《經濟類苑》四卷秉堅，嘉善人，字雲一，號漢芬，一名城，字赤霞，清康熙二十六年丁卯經魁，官會稽教諭，卒後門人私謚端毅。是書首有自序及凡例，卷首三垣經星、皇清輿地海防，附漕河江防五圖、輿地考、歷代年號表，卷一天地集、君臣集，卷二吏集、戶集，卷三禮集，卷四兵集、刑集、工集。未刻。稿原藏嘉善圖書館。　葉瀗發《文獻通考補增》三卷《參補》二十六卷瀗發，嘉善人，字杏元，一字道香，歲貢生。博學工文，力追古雅。家貧，筆耕墨耨，沈酣經籍中，杜門著述垂二十年成此書，曾以呈督學使者韓城王文端公，極為讚賞。其他詩文尚富，惜無子悉佚云。《嘉善縣志·藝文志》作《擬正文獻通考》，本傳作《文獻通考擬正》，並不著卷數，此據浙江圖書館所藏手稿本，足正邑志之譌，有乾隆中自序，尚有《質疑》一種，今佚稿共二十三冊，闕《參補》三卷。　錢儀吉《南北朝會要》此書許《志》夾注中述及，茲別出。○以上通制。　錢潤徵《救荒六議》潤徵，字芳仲，號侗庵，崇禎己卯舉人。此書見錢氏《藝文略》，云：「《救荒六議》者，時在崇禎辛酉歲祲上於有司，全活甚衆，郡志載其事。」又侃石朱筆注云：「味根云，劉堯珍《物望志》采公《上潘署臺論救荒書》，當即此議也。」　錢櫨初《三縣田糧始末》一卷櫨初，字又鶴，庠生。此書見錢氏《藝文略》。朱氏彝尊云：「吾鄉自明宣德四年析嘉興縣地，立秀水、嘉善兩縣，其時祇以戶籍為憑，不以疆界分畫，故三縣之田互嵌，民相安者二百餘年矣。迨萬曆十三年，嘉善之民忽以糧額不均起訟，於是三縣爭訐，紛紜不已，蓋至今猶然。江浙賦夙重，吳俗相傳明太祖惡張士誠拒守，故重斂其民，畝稅有輸官七斗餘者。」錢君為論辯其非是，謂禍始於賈似道經界推排之役，當日原有官田、民田，官田輸租，民田輸稅，其後知府事趙瀛取而均攤之，嘉興官田不及千頃，而民田五千八百餘頃，故其賦最輕，嘉善民田祇三千一百餘頃，而官田二千七百餘頃，故其賦差重。輕重由官田、民田數不均，非由嵌田之故。著

論萬言，推衍事始，更端詰難，其旨悉與余合。　【續】金蓉鏡《田賦略》蓉鏡於民國初年與修《浙江通志》，於田賦一門用力最勤，即此書也。嘗以私費印行，《通志》未刻，或已淪於劫灰，特別出於此。○以上邦計。　【補】朱壽熊《宋貢舉考略》以上選舉。　【續】沈中丞《漢律輯存》一卷此書與徐博泉同溥同輯，蓋代薛雲階尚書允升作者，《海日樓遺書目》不載，似已佚，《海日樓文集》卷上存《凡例》一篇。　勞乃宣《約章纂要》八卷此與人同輯。　金蓉鏡《決事》二卷以上法令。　【補】錢鴻《治語》鴻，海鹽人，原名啓鴻，字羽可，號若莽，崇禎丙子副榜，鄉飲賓，私諡貞毅。　【續】勞乃宣《共和平議》　王太守《行政紀要》二卷以上政論。

右政書

　　【補】朱彝尊《潛采堂宋元集目》此書末署"嘉慶丙子吳門趙光照手錄"，茂苑江氏三十五峰園、豐順丁氏持靜齋曾藏，未經刻行，近人始收入《古學叢刊》中。《竹垞行笈書目》見番禹沈氏《晨風閣叢書》，尚有《全唐詩未備書目》《明詞綜采摭書目》《兩淮鹽策書引證書目》三種，附此不別出。　沈初等《浙江采集遺書總錄》十一卷初，平湖人，字景初，號雲椒，乾隆癸未榜眼，官至户部尚書，卒諡文恪。四庫館初開，徵書天下，浙江在杭州太平坊設采訪遺書局，初以在籍侍講受聘爲總裁，事竣編爲是錄，共收書四千五百二十三種，五萬六千九百五十五卷，内不分卷者二千九十二册，後采入四庫者僅七百三十二種，存目一千五百零五種。　錢儀吉《廬江錢氏藝文略》二卷自序云："依朱氏《經義考》而作，凡四易稿而成。"又曰："余先世本何氏，何氏之望四餘，則廬江之何也，而承錢氏之居海鹽者富一翁之後，氏雖曰錢，而廬江者辟諸其水源也不可忘，故題曰《廬江錢氏藝文略》。"　【續】顧修《續彙刻書目》修，石門人，字仲歐，號松泉，居桐鄉，諸生。　沈璋寶《晉宋藝文輯目》以上經籍。　【補】李遇孫《芝省齋碑跋》一卷　《金石餘論》一卷遇孫著有《芝省齋隨筆》，見後，此書即從《隨筆》中摘錄有關金石之筆記彙爲一卷，附於碑跋之後，此兩種皆未見有刻本。　孫三錫《昭陵碑考》三錫，平湖人。　王曇《隨園金石考》四卷　【續】鮑昌熙《金石屑》四卷昌熙，嘉興人，字少筠，官淮北監掣同知。少從張叔未游，喜研金石文字，清儀閣藏物散出後，半爲昌熙收得。官淮北日爲之鉤摹精刻，即此本也。先大父跋云："其中古器與拓本多經翁蘇齋、阮雷塘、張叔未諸公所審定者。丈耆古成癖,所集或爲己所藏,或借之戚友,一一倩良工摹泐,汲古鈎魂,豪髮無爽,偶一展觀,神與古會。案版藏其弟銘青孝濂所,後燬於火。"以上金石。

右目錄

子部

【補】錢薇《理學考》許《志》著錄《樂律名臣事實》《歷代備邊策》《河套議海防略》《海石疏》《草海石子學錄》等多種,獨遺此書,茲據錢氏《藝文略》補。　錢繭《日程》一卷弟養《序》曰"余少孤苦,無師承,既而予兄懋毂刻《日程》,課業稍知,自程今叨訓滑陽深山少酬應,得時親硯席,偶閱囊時日用,不勝今昔之感,爰思書史之益,因復授梓爲兒曹課,且無忘疇昔自程之意"云。　錢世堯《小學集解》世堯,明海鹽人,字之皐,號滄嶼,一號夷仲,監生。　《近思錄集解》　《四先生合鈔》許氏淵曰:"錢滄嶼先生蓄書數萬卷,討論精塙,如漢諸葛忠武侯、唐陸忠宣公、宋李忠定公,搜羅遺逸,各爲全集,注解千家姓。擬進呈體,字有注,句有解,《小學》《近思錄》,删訂諸家注爲集解。彙輯曹月川、薛敬軒、吳康齋、胡敬齋語錄爲《四先生合鈔》,其餘子史文集善本板行繕藏不一。　姚體傑《規家日益編前後集》體傑,明平湖人,邑郡皆無傳,《藝文志》亦未載。是書蓋爲姚參之孫姚體信之昆季,不攻舉子業,自署無成子,有明天啓間刻本不分卷,六册。　錢鴻觀《省篇》　《十箴》一卷　呂留良《慚書》四卷日本有刻本《原原》,未見。　蔣大本《家編百則》二卷大本,清初嘉興人,原名廷棟,字闓園。書未刻,稿原藏嘉善圖書館。　張維嶽《讀書求心錄》二卷維嶽,秀水人,字子庚,號南山,一作南村,清貢生。潛研理學。此書言讀書做人作文之要法,與《小學》《近思錄》相表裏。未刻稿,原藏邑人沈夢松家。　陸邦烈《聖門口語》邦烈,平湖人,許《志》經部四書類著錄《聖門釋非錄》,似非同書。

【續】唐翰題《荀子校注》　董燿《自省要言》燿,秀水人,字枯匏,清道光間諸生,治宋五子學,於程朱尤深,兼擅繢事,自刻印曰"陶詩歐字倪黃畫",其高致可想。此書輯先儒粹言用自警勵,初非有意傳世也。未刻稿,藏邑人孫稼仲家。　張鼎《敬業編》　勞乃宣《蟄園遺安錄》一卷此書共十九篇,一篇有錄無書,皆於學術世道極有關係之作。　金蓉鏡《潛書》十六篇

右儒家

【續】張鼎《春秋列國戰守形勢》　許景澄《德國陸軍紀略》二卷此公使德時所作，門人梁鼎芬刻之。

右兵家

【補】錢乘《尚論篇註釋》乘，海鹽人，字劍門，號陛臣。《尚論篇》爲清初喻昌撰，凡八卷，因明方有執《傷寒論條辨》重爲補正，大旨相同。此書錢氏《藝文略》云未見。　吳炳《證治心得》十二卷炳，嘉善人，字雲峰，國學生。性劬學，凡天文、壬遁、兵法家言靡不誦習，尤精歧黃之術，治病如神，年五十六卒。此書本其十餘年之經驗，三易稿而成。邑人稱其爲醫家之寶。　【續】王太守《古今醫術最録》三卷自敍云："吾鄉先賢陸宣公謫忠州時，集古方書五十篇，葉石林云是殆援人於疾痛死亡而不得者，猶欲以是見之。范文正公嘗曰：'不爲良相，願爲良醫。'兩賢之用心，皆欲救人而已，予一官下邑，既無術以拯人，而國步變更，還反鄉里，又素不知醫，詎能企及前賢？惟爲善之志不敢不勉，爰於披覽載籍之際，擇醫術之可徵者隨時輯録，或少勝自擲劇飲者乎？"

右醫家

【補】陳齡《地學算法》齡，字介亭，其先籍福建同安，其父玉昇始遷海鹽。齡貫串百家，精地理、醫學，網羅古彝器，日惟考訂異同以自娛，晚年好道尤竺，自號青陽道人，鍵户爐丹，人有以神仙目之者。　【續】屠鋑《丈量形術全書》鋑，嘉善人，字荻樓，國學生，工詩，能醫，於學無所不闚。此書未刻，稿原藏嘉興圖書館。　勞乃宣《古籌算考釋》六卷《續編》八卷《筆算淺釋》二卷《垛積籌法》二卷《衍元小草》二卷《籌算蒙課》一卷《分法淺釋》一卷《繆朝銓秋澄算稿》一卷朝銓，嘉興人，寓居松江，字秋澄，光緒中郡庠增生，醇竺簡默，殫精算數，往往極深研幾，縋幽鑿險。此本乃其自刻稿。

右算法

【補】錢曜《堪輿書》十二卷曜，海鹽人，字久卿，號念明，明庠生。嚴氏從簡云："久卿少慕陽明之學，因自號念明，中年徧覽百家，尤究心堪輿之術。聚書數十種，考訂纂輯成一家言。"　【續】沈善登《需時眇言》十卷善登，桐鄉人，字穀成，清同治戊辰進士，庶吉士。精研九數，後通佛乘，經訓得之嘉善鍾文烝，爲入室弟子。此書以算數闡大《易》奧義。

右術數

【補】高士奇《江村書畫目》士奇，平湖人。此書有東方學會鉛印本，許《志》只著錄《江村銷夏錄》等。　【續】楊伯潤《語石齋畫識》伯潤，嘉興人，字佩甫，別號南湖，又號茶禪。幼傳其父小鐵之學，工書畫，粥藝以養母，晚年畫平淡雅秀，爲諸家所不及，書學顏米，亦能詩。　郭容光《藝林悼友錄》二卷容光，秀水人，初集一卷一百六十人，二集一卷一百六十六人。　張鳴珂《景行錄》六卷是書錄道、咸以來能續事者，繼蔣氏《墨林今話》之後，蔣氏所不及采入者，隨筆疏記，得一百五十餘家。雖就續事發尚，而其牽連引綴，實不僅在續事。能詩文者，如秀水王曇之《西陵書事文》，吳縣秦敏樹之《贈譚獻詩》，上海蔣節之《夜入江口詩》，龍陽易順鼎之《校經圖題跋》，鐵嶺鄭文焯之《楊柳詞》皆已遺佚，賴此以傳，則又似詩話也。所採多同時人，揄揚無有溢量處，生前未及定稿，里人吳受福爲之校補，改名曰《藝林琜錄》，宣統庚戌聚珍板印行。　吳受福《藝林琜錄校補》受福，嘉興人，字雍軒，亦作晉仙，號介茲，晚號子梨，故廣西巡撫昌壽之子，光緒己卯舉人，議敍知縣，三應禮闈，不第即謝去，閉戶清修，不染塵俗。先大父《二欣室文集》有傳。　沈中丞《寐叟題跋》四卷題帖最多，碑版書畫次之，以墨蹟影印。　葛金烺《愛日吟廬書畫錄》四卷《補錄》二卷《續錄》八卷《別錄》四卷金烺，平湖人，字景亮，號毓珊，光緒癸未進士，官刑部郎中。博通經史，藏書數萬卷，傳樸堂珍皮譱稱於世，今已燬於刼火矣。此其收藏書畫簿錄。

右藝術

【補】朱彝尊《食憲譜》二卷此即《食憲鴻秘》，已刊，不易見，有傳抄本。　周嘉錫《圍棋譜》嘉錫，嘉興人，字覽予，蓋本《離騷》聲訛作懶予，其大父慕松善奕，嘉錫五六歲時從旁觀解攻守應變之法，數年間遂成國手，時過百齡。方負第一手之譽，嘉錫勝之。後與姚籲儒對奕十局，未旬日而下世，或言人傳嘉錫在西部爲王者遮留，或曰東浮島夷其君長崇以師禮而教其國人，疑莫能信也。　陳齡《端石擬》三卷吳雲序云：「此書薈萃趙宋以來各家硯譜，考諸前聞，證以目驗，成此書。辨別坑洞之高下，石質之優劣，剖析豪芒，無隱不顯。」　汪埰、汪墢《飛雲閣印賞》埰，嘉善人，字子受，墢其弟也，字應吹，同耆篆刻，各取庋石奏刀成譜。稿原藏嘉善圖書館。　汪紹焜《墨品》一卷此書就家藏墨品辨其款識，詳其制作，間涉故事。
曹世模《勉強齋印譜》二卷世模，嘉興人，號山彥，道光中諸生，耆古精篆刻，嘗搜羅秦漢官私印數百紐，目治手營，一一摹諸於石，幾與原印無辨，張叔未歎爲神技，此即其摹拓印譜。藏邑人孫稼仲家。　【續】許景澄《各國師船表》十三卷《雜說》三卷此書爲文肅持節各外邦，詳考各國戰艦構造之異同，並采隨員劉孚翌及洋譯官金楷理所繙之各國甲船表，損益其文，更定義例，分別船式，以類相從，更增巡船、砲船、雷艇等表，西書有圖者摹而列之，間系以說，用資發明，凡爲國十九，爲卷十三，未盡之緒，纂爲《雜說》二卷，《靈鶼閣叢書》刻之。　高煥文《泉壽山房泉考》十六卷煥文，嘉興人，字翰伯，一字蔚如。有古泉之癖。此書凡二千餘品，上自周漢，下終明代，近稽中夏，遠及外夷，自謂幾於無美不備，凡五易稿而成。一稱《泉譜》。　《泉壽山房古泉集拓》此書係集張叔未拓本六十餘葉，及胡石查、蔣敬臣、周仲芬、張渭漁諸拓本而成。　《清朝泉拓》原作《國朝泉拓》　《泉拓拾遺》　《癖泉肛說》六卷

右譜錄

【補】錢芹《嚴命錄》芹，海鹽人，字戀文，號泮泉，一號次泉，嘉靖戊戌進士，永州府知府。許《志》著錄《兵略》等書，此見錢氏《藝文略》，自序云：「嘗讀司馬溫公《家儀》曰：『凡受父母之命，必記籍而佩之，時省而速行之，事畢則反命焉。』某之少小，家大人教之勤懇，凡古先聖賢大訓格言，今學士大夫嘉言懿行有益於身心可見諸行事者，必條舉以示某，某懼所聞既多，或忘之而不能行也，作《嚴命錄》。」　錢孺穀《蘅圃譚》孺穀，海鹽人，字幼卿，號原石，貢生。　朱彝尊《竹垞道古錄》二卷竹垞著述惟此未刊。劉氏嘉業樓藏有手稿本，眉端有竹垞翁自批墨迹，中多浮籤及改字，近由上海藝文雜志陸續印布。　錢學洙《齊家錄》自序云：「去歲疾病危竺，自謂雖死不怍，荷蒙天地祖宗復生聖世，念兒女幼小，箕裘將隊，爰采舊章，彙成一編曰《齊家錄》，凡冠、昏、喪、祭之禮，日用倫常之道，罔不畢具，農圃曆法諸書事近鄙細，載之篇末，本於古訓，參以家法，俾我後人永遠遵守。」　錢世錫《復齋隨筆》一卷世錫，嘉興人，字慈伯，號伯泉，乾隆戊戌進士，翰林院檢討。　錢福胙《真珠船》二卷福胙，嘉興人，字爾受，號雲嚴，乾隆庚戌進士，翰林院侍讀學士。錢氏《藝文略》云：「書爲先公隨筆記錄，儀吉輯而次之，多析字義，間論經史大旨，考證異同，蓋蘆浦芥隱之亞。」　李遇孫

《芝齋筆記》手稿數巨帙，曾見於蘇州書估手，零亂叢殘，未經刻。　朱錦琮《治經堂外集》八卷錦琮，海鹽人，字瑞宗，號尚齋，官江西、山東知府。工詩古文詞，著有《治經堂詩文集》，此其外集，計《宦學璅言》四卷二冊，記在官時所聞所見事，《休亭雜錄》四卷二冊，則致仕所作者。許《志》集部著錄《外集》四卷，卷數不合，或非同書，如係同書，亦不得闌入丁部，或未見原書而漫入之耶？　王訓導《增案古禾雜識》四卷訓導公，嘉興人，諱壽，字靜安，號壽圉，又號補樓，蓮常曾大父也。府庠增貢生，官訓導。於學無所不闚，與同里張廷濟交契，尤精岐黃壬遁之術。此書承項映薇《古禾雜識》詳加增輯，由一卷廣為四卷，於風土人情尤三致意，觀風者所宜必徵焉。許《志》附項氏書下，茲特補出。自序云："《古禾雜識》，項朱樹先生手著也，考其時約在乾隆中，迄今已七八十年，其間土物人情變更不一，無論愚者不能仰闚，即智者亦難肊斷。己亥閒居無事，爰取而訂定焉，俱就近時立言，其載在郡縣志及他書者，置不備錄。"有家刻本，近收入《檇李叢書》。　【續】沈寅清《蘊珍齋小志》一卷寅清，平湖人，字肅庭，道光己酉舉人。富收藏，嘗讀書至精要處必手自抄錄，積久漸多，叢殘滿架，迄未編成。是書有述有作，或精考覈，或採傳聞，博學彊識，非齊諧志怪比也。有同治壬申家刊巾箱本。錢應溥《葆真老人日記》應溥，嘉興人，字子密，咸豐乙酉拔貢，朝考七品小京官。洪楊軍起，入曾文正幕，章奏多出其手，後入直軍機，由郎中御史擢京堂，授軍機大臣、工部尚書，卒諡恭勤。此書記同、光兩朝政事爲多，足備掌故。　杜文瀾《曼陀羅閣璅記》　趙銘《梅花洲筆記》三卷　俞功懋《碧城雜記》功懋，海鹽人。　胡钁《閑閑草堂隨筆》钁，石門人，字菊隣，一作匊鄰，晚號老匊，諸生，善書畫，工吟詠，卒年七十餘。此爲金石文字及詩文雜著，藏浙江圖書館，雖未必可傳，惟胡氏著述流傳不多，亦足珍也。　許景澄《許文肅公日記》二卷　朱福詵《論學述問》福詵，海鹽人，字叔基，號楚卿，又號桂卿，咸豐辛酉拔貢，光緒庚辰進士，翰林院編修，河南貴州學政，侍讀學士。　沈中丞《東軒温故錄》一卷論經史之屬。　《月愛老人客話一卷》錄家言，己未二月十日起。　《護德瓶齋涉筆》一卷多論西北輿地及遼、金、元史，間涉經濟及雜藝，自記云："此壬午、癸未之間所記，後亦有續添者，大抵在京邸時。"　《潛究室劄記》一卷與《護德瓶齋涉筆》相似，疑一時所記。　《菌閣璅譚》二卷論書詞雜藝。　《全拙庵温故錄》一卷論詩文樂律及詞曲書畫之屬，自序云："尤悔多端，七十而不能寡過，平旦氣定，反省怒然。吾先君署別號曰拙孫，見於《日記》，時年甫逾二十也。自吾曾大父以拙字詔後人，小子罔知，憧憧朋從，及今日而后，憬然反本，不已晚乎？孟東野詩云'方全君子拙，恥學小人明'，全受全歸，毋忝所生，勉諸。"○案先師各種筆記約十餘冊，慈護丈屬蓮常理董，擬以類相從，合爲一編，每條仍繫原書之名。先師別有《困學室讀書記》一冊，自署篆書，所記不多，張孟劬先生謂可以爲總名，惟叢殘斷爛，排比不易，擬竭數年之力成之。先識於此。　　勞乃宣《讀書雜識》十二卷　　金蓉鏡《香嚴菴雜記》原稿藏嘉興圖書館，中有涉玀玀文一條，蓋官永順時作。　　【補】錢潤徵《啄紅集》五十卷錢氏《藝文略》云："存闕。此書分類采輯事文，卷或百葉，攟拾甚廣，各條下本所出者十之六七，間有數條，如《職官部》論當時官制之類，蓋自爲議論如此，所徵引古籍《東觀漢記》《傅子》有出於今《四庫》輯本之外者，《九國志》亦有數條爲邵氏晉涵本所無，信可寶貴，惜未得梓行，僅有當時清本，自卷一至十六、卷三十七至四十、卷四十八至五十，凡二十一卷全佚，今之存者僅二十九卷而已。《浙江通志》入集部，蓋未見原書也。"《韻檢》五卷錢氏《藝文略》云："此以奧文駢字分韻排葺，無關訓詁，故不入經部。本不分卷，儀吉以聲次爲伍。"　　吳展成《蘭言萃腋》十卷《拾遺》二卷展成，嘉興人，字螟集，別號二瓢，諸生。《嘉興縣志》有傳，許《志》著錄《春在草堂詩》及《擘絮詞》等未及此書。此書未刊，有手稿本，原藏劉氏嘉業樓。沈蓮跋云："所采雖未能如漁洋之絜，小倉之廣，而傷知感舊，植朽噓枯，前輩風流猶可想見，是可傳也。展成自謂頗費數年心力。"案，據沈跋，似不類類書，惟浙江圖書館《文瀾學報》第二卷第三四期合刊列入類書類，姑從之。

右類書

【補】錢孺穀《明世說》　　錢綸光《辨博物志》綸光，嘉興人，原名清，字廉江，號珠淵，監生。　　姚應龍《雲吟老人醒世編》此編爲俗人説法，故多述果報之事。未刻，稿本。原藏嘉興圖書館，手自楷寫，晚年修改添注，字細蠅頭，想見前輩心力之專。　　【續】陳其元《庸閒齊筆記》八卷其元，石門人，字子莊，寓桐鄉，系出海寧，廩貢生，金華訓導。受知左文襄公宗棠，歷官江蘇上海、南匯、青浦知縣記名道。此書俞蔭甫樾序云："首述家門盛迹，先世軼事，近及游宦見聞，下迨詼諧游戲之類，斐然可觀。昔宋范公稱爲仲淹玄孫所撰《過庭錄》多述祖德，間及詩文雜事，此書殆其流亞乎？讀是書者，當歎王氏青箱，具有家學，叢談瑣語，亦見典型，固與寒門素族殊也。"　　王太守《二欣室隨筆》八卷　　《景行劄記》一卷

右小説家

【補】釋子璿《起信論疏筆削記》子璿，宋真宗時嘉興人，號長水法師，葬真如寺後。此書有萬曆十九年清涼山妙德庵刻本，共四冊，原藏嘉興圖書館。　釋真界《因明入正理論解》真界，嘉興人，字幻余，與馮夢楨游。此書有萬曆十八年五臺山刻本，一冊，藏嘉興圖書館。　徐槐庭《金剛經解義》二卷槐庭，海鹽人。　王曇《讀竺貫華》三十卷鄭叔問文焯《南獻遺徵》云："仲瞿於書無所不淹，兼通乾竺之學，是編殆發於奧悟邪？"　【續】沈善登《報恩論》四卷此書闡淨土義，亦自佛他佛等持雙導，有神後學。　沈中丞《法藏一勺錄》四卷《海日樓遺書目》不載，金甸丞丈云："有抄本。"蓋撮拾菁華之作，未見。　《東軒手鑑》一卷　《癸丑札記》一卷起七月二十七日。

右釋家

【續】沈中丞《道家筆記》一卷

右道家

集部

【補】周拱辰《離騷拾細》許《志》著錄《離騷草木史》，此書未載。

右楚辭

【補】錢璣《陳留集》璣，海鹽人，字公執，號菊莊，明庠生，嚴從簡云："菊莊工詩，有《陳留集》。"　錢琦《文移錄》琦，海鹽人，字公良，號東畬，正德戊辰進士，臨江府知府。許《志》著錄《東畬集》《檮雨錄》《測語》等，此書未載。鄭氏善序云："是《錄》也，臨江郡守錢先生琦經畫時艱，檄申處濟之略也，其守淮捍寇，蔽全南北之保障者二，設復縣治，控制三郡八州之□負者三，經畫新縣事宜，以紓目前之困急者十有五，他若議葺傷，議祈禱，以謀天心；議團保，議招撫，以靖民患；議徵收，議修理，議驛傳，議賑濟，以蘇民困；議學政，議更化，議裁異端，議表忠節，議弭官謗，以培作聖朝精明敦大之盛治，條分縷析，綱振維張，若世土著而熟籌練者。"　陶朗先《陶中丞遺集》四卷許《志》著錄《元暉先生遺稿》無卷數，久佚，此係其十世孫昌善所輯集，聚珍版印行。其跋云："元暉公《遺集》二卷，先考子佩府君於光緒戊寅手錄遺墨及諸家傳序書，後期與族叔祖勤肅公所得公奏稿文牘，彙成一編。閱二十年，勤肅公始以活版印於蘭州，出示遺集印本，始得見府君所未及者。十餘年奔走衣食，恒慮先澤失隊，暇輒展誦，與遺墨審校，間多桀誤，旁徵題詠，擬付重刻。族叔拙存復以先後所徵海內諸家題辭及搜採他書有關之文陸續寄示，因增《附錄》一卷，遂付剞劂。"　錢萱《硤東集》萱，海鹽人，字戀孝，號峽東，明嘉靖進士，禮部儀制司員外，降德慶州同知。兄芹序云："弟敏穎，為宵小蝟疾，謫死嶺外，篇軸散落，茲日升輩收集遺亡篇，僅十之一二。"　錢蕭《擊轅草》曹學佺《石倉十二代詩選》作《擊壤集》，似誤。二卷刻本作六卷。　《原上草》《合玄集》汪氏禮約曰："戀穀取詞人游其鄉者，梓其言為《合玄集》。"　《荊花集》以上兩種焦竑說，許《志》只著錄《錢氏家史》等。　錢陞《荊山外史》陞，海鹽人，字西乘，號紫芝，明萬曆戊午舉人。王氏一乾序謂："廬墓時詠歌名勝，表章賢哲，而作荊山者，其父淵甫孝廉之葬處也。"許《志》著錄《壺天玉露》《西乘庵稿》，此失載。　錢千秋《許閒堂集》四十卷千秋，海鹽人，字真長，號蕉隱，天啟辛酉舉人，汝寧推官。許《志》僅著錄《青厓集》，《檇李詩繫引》又有《柳花詠》《蕉隱篇》《塞上草》，疑皆在《許閒堂集》中。又李日華有《貞長集序》，不知即《許閒堂集》否？　曹溶《靜惕堂尺牘》四卷溶，秀水人。許《志》著錄多種，此書失載。小簡至精，時稱江東獨步。

沈瑤《愛蓮堂詩草》四卷瑤，嘉善人，字聖務，號洞菴。與施椅、沈湛、顧鵬釋、白谷輩相唱和，是《草》凡初、二、三、四集各一卷。　施椅《尚志集》《書龕集》椅，嘉善人，原籍雲間，入贅西塘沈氏，居文水漾側。寢饋於書，自號書龕居士，門人稱書龕先生，與李煒父子、倪源兄弟及沈湛、張光曙相往還。　沈湛《淵伯駢文存》湛，嘉善人，字淵伯，號補齋，明諸生。居西塘五柳村，賣文為活。著有《遡風草》《東事漫筆》《閩游草》《醒書》《果報錄》《放生書》《存餘錄》《詩餘》《響雪堂文集》《易申》《補齋百一貽安錄》《普天同痛》諸書，多未見，姑附識於此。　蔣之翹《石林先生遺詩》三卷之翹，秀水人，明末隱居閩湖，所作詩曰《甲申前後集》，稿久佚。清光緒中李道悠輯而刻之。　沈獅《調象居士外集》二卷獅，秀水人，字無考，別號調象居士。生於明萬曆二十二年甲午，久寓仁和。崇禎己卯以仁和籍舉此榜，官江西上饒知縣。獅庶出，於異母兄弟中行九，諸昆鬩牆，煎迫甚酷，今集中有《先妣湯太孺人行實》述之頗詳，令人覽之增涕。子儒通，崇禎十五年山東舉人，僅後獅一科，後殉闖寇之難。此書手稿藏臨海項士元家，卷中朱墨增刪圈識極多。上卷為文三十篇，下卷三十一篇，其《汰僧議》末附錄順治十八年十二月十六日上諭一節，則當至清康熙間猶健在，其名僅見《題名碑錄》及康雍兩《浙江通志》、康熙《仁和縣志》、光緒《杭州府志》等《選舉表》，此書各《藝文志》

均失收,中間多珍祕。"九官"朱記,獅行九,九官殆其小名矣。　　呂留良《東莊詩稿》六卷　《呂晚村先生詩稿》此稿兩册,出晚村先生子無黨手抄,共九十六葉,五百有四章,分彙曰萬感,曰悢悢,曰夢覺,曰真臘凝寒,曰零星,曰東將,曰欸乃,曰南前倡和。以年考之,計四十餘載,復附各集所刪詩二十四首,蓋已刪而復存者,以此足徵其取去之不苟矣。見風塵逸客跋語,較刻本多四十六首,今藏錢塘姚虞琴丈、景瀛家,特兩存之。　《何求老人殘稿》七卷此張公束手抄本,藏吳縣潘氏寶山樓。總爲詩四百五十六首,末有壬寅夏細林山樵跋,云:"不名一格,其豪放如龍門飛瀑,奔騰溯湃,令人三日耳聾;其鐫削如奇峰怪石,森然如欲攫拏;其幽秀如孤花瘦蝶,風致自佳,迴環雒誦;又如雲車羽蓋,縹渺聞笙鶴之音。"　《用晦文集》八卷其曾孫爲景跋,云:"曾大父晚村先生古文若干首,(案,凡一百五十五首)係王父冰蓮先生手輯,距今三十餘年矣。憶丁酉歲,爲景於舊篋中檢得,什襲珍祕,不輕以示人。近日白門刻本係桐城孫舫山所編,惜彼時未見全集,惟據傳本授梓,雖考訂精核,而挂漏尚多。懼夫世之學者以爲先人之集祇如此,不無遺憾。甲辰秋杪,遂與龍山枕椒園互相商訂,釐爲八卷,並附《行略》一帙於後。"雍正乙巳長至後五日後以曾靜獄被燬,散佚殆盡,光宣之際始稍稍出於人間,國粹學報社有排印本。　黃仙崙《崙山堂壬戌詩》仙崙,海鹽人,字山鰲。詩稿未刊,藏張菊生年丈家。卷中割截處頗多,殆避時諱,亦可見清初文字禍之酷矣。

黃濤《賦月堂詩集》四卷濤,秀水人,字冠只,一字冠之。葵陽學士曾孫,陳子龍弟子,崇禎解元,清初陷江寧獄,曹溶、譚開子援之出,見《詩集》序。後仕龍游教諭。許《志》僅著錄其《檇李古蹟詩》一卷,此書後附《拘幽草》《羈旅》詩皆其所作之未刻者,稿藏黃氏後人,嘉興圖書館有副本。　錢瑞徵《忘憂草》《南樓草》瑞徵,海鹽人,字野鶴,號鶴天,一號髯公。康熙癸卯舉人,西安教諭。朱竹垞稱其詩"無鏤肝鉥腎之苦,一暢其所欲言"。　楊廷璧《鴛湖唱和集》廷璧,秀水人,與朱竹垞、盛宜山唱和。凡三十八集,吳江潘耒序之。　金介復《金心齋詩稿》介復,嘉興人,字俊民,號心齋,康熙戊子副榜。湛深經術,嘗從朱李前輩游,著述頗富,弟子問業者甚衆,見《梅里志》。此稿未刊,藏北平圖書館。　錢鎬《廢莪山房集》二十四卷鎬,海鹽人,原名叔銛,字澗泂,號仁裔,一號藕莊,庠生。博洽羣籍,遇書必自抄録,尤長於詩。此《集》詩二十卷,文四卷。　《六宜樓杜詩選》《海鹽續圖經》稱鎬自序《六宜樓杜詩選》,錢氏《藝文略》未著録,張菊生年丈藏其手稿一册,前有自序並《詩學源流》一卷,眉端有朱筆手批。　張嘉玲《張安孝先生遺稿》一卷嘉玲本吳江人,遷居桐鄉之烏鎮，遂爲桐鄉人，字佩蔥，張楊園先生弟子。此稿未刊，向藏震澤王氏，金匌丞丈有抄本。跋云：「其中多講學之語，辨中正，辨德俗，辨顧烈女，辨陳后山，辨楊龜山，皆精到，有益名教，想見當湖語水桐溪會友之盛。」王澐《抱山亭詩》二卷澐，嘉興人，字上濤，梅里布衣，從竹垞遊，讀書醞舫中。詩未刻，手稿藏金籛孫年丈家。周福柱《武原周十四詩》福柱，海鹽人，後更名國祚，字白民，號澫岳，博學工詩。手稿不分卷，藏張菊生年丈家。朱彝爵《鶴洲殘稿》彝爵，貴陽守茂時之子，竹垞之從弟也。孤介特立，嘗游燕、趙、秦、晉，不得志，晚年以貢生司訓杭州，貧甚，詩文多散佚。乾隆初，其子嵩齡搜其殘稿刻成。朱丕戴《亞鳳巢詩稿》許《志》只載《洞庭湖櫂歌》一卷。錢綸光《廉江雜著》六卷許《志》著錄《晚香文集》，疑係錢鳳日《晚香居集》之誤。馮元曦《花橋詩文集》元曦，嘉興人，博綜經史，於漢唐諸儒經説皆能貫通，詩文宗法眉山，得其神髓。此集係手定，以精粹見稱，子登府有大名，詳許《志》。馮光曦《勉學齋詩集》光曦，元曦弟，精星學，詩雅净可喜。汪文柏《古香樓詩稿》許《志》只載《柯庭餘習》及《柯亭文藪》，習字誤，應作唱。朱竹垞序其詩曰：「非僅開宋元之奧窔，追造唐人之室而嚌其胾。」錢汝翼《蘿崛詩存》七卷汝翼，海鹽人，號立三，康熙戊子副榜。許《志》著錄《江村買花詞》而誤作姚汝翼。錢大文《十笏長春詩集》大文，海鹽人，《錢氏家譜》云「七百餘首」，未刊。李祖桐《琴軒詩草》《可增吟》祖桐，嘉善人，康熙末庠生。錢界《知非草》一卷界，嘉興人，字主垣，庠生，陳羣弟，湖北施南府同知。朱耒《童初公遺稿》耒原姓周，名朱耒，字象益，一字潛叔，世居吳江之謝涇鄉，朱竹垞外孫，以出繼舅家，遂用朱姓，入秀水縣學後，以幕才軍功薦登奏對，授知州，未赴卒，年五十三，時雍正丁未六月也。稿未刊，藏張菊生年丈家。柯煜《長谷詩鈔》五卷煜，嘉善人，字南陔，號石庵，雍正癸卯進士，以大學士王頊齡薦，與纂《明史》，謁選得宜都令，旋改衢州府學教授，以病乞歸。穎悟絕倫，詩雅淡高潔，與苕溪沈樹本、海昌楊守知、平湖陸奎勳有浙西四子之目，所著據邑志有《石庵樵唱》《小幔亭詩》《月中蕭譜》《南陔詩鈔》《小丹丘集》諸種，許《志》只著錄《樵唱》《慈恩集》《月中蕭譜》數種，惟此《詩鈔》皆失收，彌足珍矣。未刊，稿藏劉氏嘉業樓。沈珏《聖禾鄉農詩鈔》一卷珏，嘉興人，叔挺弟。李宗仁《情田詩》宗仁，嘉興人，字乾三，兩淮巡鹽御史陳常子，雍正歲貢，居梅里，嘗剡左股以療父，剡右股以療母。其詩稿世無知者，近爲里人曹半農所得。　錢汝誠《東麓詩鈔》汝誠,陳羣長子,字立之,號東篦,又號清怡,乾隆戊辰進士,刑部左侍郎。　錢汝恭《謙受堂詩鈔》汝恭,汝誠弟,字雨時,號蕋齋,乾隆丁卯舉人,江南安慶府同知。　錢汝器《丹甀居士詩鈔》一卷汝器,汝恭弟,字待之,號用庵,又號丹甀,乾隆乙酉欽賜舉人,陝西武功縣知縣。　錢載撰《石齋別集》十二卷《詩補集》二卷許《志》著錄詩集五十卷,文集二十六卷,此據錢氏《藝文略》。　錢開仕《靜讀山房詩鈔》二卷開仕,嘉興人,字補之,號漆林,乾隆己酉進士,翰林院檢討。錢氏《詩匯》稱《漆林集》,不知是否一書？　錢世錫《鹿山老屋文集》一卷許《志》著錄詩集,此失載。　錢福胙《延澤堂詩鈔》一卷《文鈔》一卷　《覆瓿集》一卷　《奏御存稿》一卷　《芸館集》一卷　王曇《煙霞萬古樓殘稿》一卷《仲瞿文集》共四十四卷,計《散禮》六卷,《四六文》六卷,《本集》十六卷,《外集》十六卷,又《詩集》十餘卷,多未刻散佚,僅刻《駢體文》六卷及《錢唐陳文述詩選》二卷,刻入徐氏《春暉堂叢書》,許《志》據以著錄。其他尚有仁和陳氏《碧城仙館詩集》刊本。此稿係張公束所授刊,其跋云：“余既錄集煙霞萬古樓時文,風行遠近,索者紛然。秀水范君雯茝見之,乃出舊藏詩稿一册寄余,紙墨黴爛,首尾斷闕,審其字跡,確係仲瞿先生手筆。其紀年爲乾隆戊申、己酉、庚戌之作,時先生尚未舉孝廉,而近游江左於越間也。內有《石颷樓》一詩,似乎碧城仙館刻本亦目之,餘皆不甚經見。細斠一過,時序稍有紊亂,不敢更正,仍依原書錄出,亟付手民,以廣其傳,題曰《殘稿紀實》也。”　《煙霞萬古樓詩未刻佚稿》此在陳、徐、張三氏所刻之外,爲郡城北嚴氏舊抄本,見徐金坡太姻丈鑾跋語,原藏嘉興圖書館。　《蘠藢圖》此璇璣迴文詩圖也,原本藏城北嚴氏,而張公束藏一副本,後孟祉昉先生又從傳抄藏其家,今嚴、張二本皆佚,是其碩果,彌足珍矣。　陳嵐《武塘古蹟百詠》嵐,嘉善人,字齌岑。此放張堯同《嘉禾百詠》而作,時清嘉慶癸酉,年七十三。　魏正錡《梧下先生詩鈔》正錡,嘉善人,字于湘,號石如,事蹟具《魏塘人物記》。正錡於萬相賓《邑志》刊後頗有糾正,洪楊劫後稿本尚存,後江氏纂志,多所宗法。此詩稿爲碩果之僅存者,藏嘉善圖書館。許《志》據《人物記》著錄《清涼庵詩鈔》《石如詩詮》。　吳瀛《青峰集》瀛,秀水人,字芳洲,號青峰,嘉慶拔貢,歷任廣西知縣,有政聲。早歲歸田,著述自娛。此本詩文,弟子曹大經所手抄也,共一册,不分卷,未刻,藏濮院沈訪磻家。許《志》據于《志》著錄《詁經欣賞集》《禮記衍脫錯考》《蚓吟集》等,此失載。　顧福仁《養心光室詩》

八卷福仁，□□人，字紫珊，嘉慶己未進士。　《城南樵唱》一卷　李澧《意香閣詩草》澧，嘉興人，居梅里，字篁園。工詩詞。此稿未刊，藏張菊生年丈家。曹大經《襟上酒痕集》大經，秀水人，字伯綸，號海槎，濮川布衣。早以詩鳴，并工隸、篆、鐵筆。許《志》著錄《咏秋館集》，此乃游武林山水之作，不在《吟秋集》中，今藏邑人朱勵深家。　何炳《行吟草》炳，嘉興人，字杏江，貢生，游歷南北，爲諸侯上客。此書有馮柳東登府序，未刊，今藏邑人宋小藕家。　錢官俊《石鏡山房文存》二卷　《愛廬詩稿》六卷官俊，嘉興人，字愛廬，一字藹六，別號心盦，道光己酉拔貢，通籍後歷官山右、太原、萬泉、翼城、襄陵、臨晉等縣，所至有聲，旋權甑兩淮，病沒官舍，年五十四。　王訓導《玉樹堂詩集》六卷大父跋云：“先大父廣文公詩曰瘄宿，曰存真，又《傷心集》一卷，痛世父夭逝而作也。別有一册，皆蠅頭細字，真草間之，乃四十以後所作，蓋未定稿本，先考署爲《補樓詩存》，補樓者，先大父嘗自號也。光緒己卯之秋，檢出付某某而詔之曰：‘汝試讀大父是帙，可以知彼時十餘年間治亂之局，前後憂樂之不同有如是也。’蓋汝大父蘊蓄宏遠，我雖未能仰闚萬一，而官吾土者與里閈有識者老，嘗比之范希文，則其意量亦可想見矣。”　《集外詩》二卷　沈濤《焦琴吟》濤，秀水人，號葦汀，諸生。敦學勵品，尤厚於倫常師友之誼。館雙林二十年，教弟子必以正，暇輒吟詩，多散佚。許《志》著錄《紅蘗山房詩存》《詞存》，此爲其孫訪磻所藏。訪磻，北山徵君之子也，尚有《朱子家訓試帖詩》，以家訓爲題，每詩前以儷句爲引，蓋授徒時所作，以當提命，附識於此。　章溥《緣淨山莊詩集》溥，嘉興人，字雲臺，道光乙未舉人。其詩未刊，許《志》著錄《蘋花閣集》，注云未刻。此本竹林祝心梅據鳳喈橋吳氏所藏原稿移錄，藏嘉興圖書館。　周坤《勺水集》坤，嘉興人，號樂泉，聞川布衣。詩修絜可喜，邑人陶拙存丈葆廉藏有傳抄本，今其家被兵禍，不知尚存否？　李世焜《廣鮑明遠數詩》十卷世焜，嘉善人，字無青，諸生，能詩。著作多散佚，此其僅存者，手稿本，原藏嘉善圖書館。　李萬秋《刦餘殘稿》萬秋，嘉善人，字玉田，諸生，工詩，自序稱其所作皆出於情之所不能已，而性靈之作居多，獺祭之篇甚少，自己丑至己未計二千餘首。亂離之日，悉遭兵火，惟友朋所抄存者及猶記憶者彙錄成編，名之曰《刦餘集》，又有咸豐九年錢寶青序，未刊稿，藏同邑陸德基家。　謝雍泰《刦餘吟草》雍泰，嘉興人，字松舲，清道、咸間廩生。工詩文，好學不倦，熟精《三禮》，光緒《嘉善縣志·文苑》有傳，著有《鼉吐殘絲詩稿》，自序謂所著詩都八卷，《蜨花山館賦》存二卷、《六息軒駢體文》一卷、古文一卷，均燬於兵火云。此殘稿不分卷，未刻，原藏嘉善圖書館。　陸文海《守真詩集》文海，嘉善人，字嘯虹，歲貢，候選訓導。好學善屬文，時經喪亂，所作多散佚。此殘稿未刻，藏陸德基家。　錢儀吉《敝帚集》一卷《閩游集》一卷自序云："余幼好詩，十三四歲稍能造句，己未將出都，積百篇曰《敝帚集》，雜置故紙中久矣。來汴後始失之。是歲冬到閩，明年歸應省試，冬又赴閩，又明年夏歸里，所作若干篇，曰《閩游集》。"《北郭集》四卷此里居北郭秋涇橋時所作，有自序稱靜讀學人，其從孫伯英表丈有抄本，吾友胡宛春有傳抄本。《澄觀集》四卷此居京師館繆氏時所作詩，宛春有傳抄本。《定廬集》一卷　《衍石齋晚年詩稿》五卷金鐱孫年丈兆蕃刻之。《颭山樓初集》六卷金鐱孫年丈跋云："《颭山樓初集》十六卷，嘉慶甲戌先生自定，見蘇菊邨所撰《書事》，此殘存前六卷也，出上海書肆，又舁東周雁石慤跋云'都文五十三篇'，其刊入《衍石齋記事稿》者十餘，均未刊。"宛春有傳抄本　《颭山樓駢文稿》未見。《衍石先生未刻稿》一卷楊汲庵孝廉象濟跋云："先生文曰《衍石齋記事初稿》，刊于粵東，不敢以明道説經自任，故遜其詞曰《紀事後稿》，刻於道光季年。衍翁文從季漢諸家入手，晚年始師歐曾。《前稿》記某女刺血書事，襲用《東方朔傳》，體尚落前人窠臼，《後稿》尤見□真，其書《洪編修上成邸書後》情文曲邕，與昌黎《張中丞傳書後文》可以頡頏。吾友伯雲旅中録其雜文，有未列於刻本者，始知其文章之富也。"杭縣孫儆廬有傳抄本。　高均儒《續東軒詩稿》六卷均儒，嘉興人，字伯平，廩貢生，精小學，治《三禮》，故自號《鄭齋》，尤竺守程朱學説，晚主杭州東城講舍，桐廬袁忠節公昶其高弟也。同治中卒，門人私謐孝靖先生。許《志》載其《可亭文稿》，注云未刻。　沈亨惠《環碧玉主人遺稿》一卷亨惠所爲詩稿，隨手散棄，此爲其女夫吳受福所輯刻。　張淮《白雲集》淮，嘉興人，字桐川，號聽漁居士。此集詩凡二百餘首，頗具駘宕之致。有稿，藏浙江圖書館。許《志》著録《小山吟館稿》，不知即此本否？　王福祥《不負人齋詩稿》八卷福祥，嘉興人，字春漁，一字春漪，附貢，官雲和訓導。元和袁學瀾序有云："君嘗棘闈八試，屢薦不售，現就學博一官，非其志也。"手稿藏張菊生丈家。　陳孝澄《集古詩鈔》孝澄，嘉善人，字愛溪，別署買劍賣牛廬主人，清咸豐庠生。熟讀唐宋人詩，此《集古詩鈔》頗具匠心。手稿藏平川社，末有同治甲戌郭曉、樓照兩跋，謂此稿得之惜字局亂紙之中，蓋將焚而未果者，亦倖矣。　陸擷湘《吟香室詩》二卷擷湘，嘉善人，字畹香，居干窰，生長陶冶瓦礫之鄉，而才氣磅礴，其詠史感事之作，情文並茂，與弟靜江有"二陸"之目。許《志》詩文評類著録《幽芳齋詩話》。　【續】沈梓《養拙軒詩稿》　董燿《養素居詩草》此乃燿早年手稿，卷末有道光壬辰李毂跋語。今藏其家。　朱采《清芬閣集》十二卷此係手訂本，吳興趙賓彥刻行之。　張鼎《銘齋雜著》《春暉樓詩稿》　吳仰賢《小匏庵詩存》六卷詩功力甚深，初自義山入，後宗法小長蘆。　《集杜蘭亭詩》一卷　石中玉《蘊真堂詩文集》二卷中玉，嘉興人，字蓮舫，咸豐戊午舉人，富陽訓導。　蔣人彥《十畝間廬古今體詩》四卷人彥，秀水人，字蓮溪，一字希伯，居北鄉蘢豁，咸豐戊午舉人，景山官學教習。　楊象濟《汲庵文集》八卷　《汲庵詩集》八卷象濟，秀水人，字利叔。性戆，以汲黯自況，號汲庵。咸豐己未舉人，早有時譽，講義理之學質疑於沈鼎甫侍郎，頗許之。性拓弛，不治生產，曾參江忠愍公軍，歷游諸侯，無所遇。詩雅健有法度，古文師姚春木，傳桐城一派。　褚榮槐《田硯齋詩集》二卷《駢文》二卷　孫福清《紅薇室詩鈔》四卷福清，嘉善人，山西知縣，後調廣東，能篆刻。　楊伯潤《南湖草堂詩》　汪守愚《緄園詩集》二卷守愚，秀水人，字虎溪，官吳江盛澤縣丞，其妻蔡氏亦能詩，伉儷倡和，蕭然物外。　張鳴珂《寒松閣詩集》八卷已刻，手稿本藏吳縣潘承弼家。　《駢文》一卷　《懷人詩》一卷自寫石印。　汪存《綠夫容閣詩集》存，秀水人，字伯勵，號九痕，官湖北知縣。工詩、畫、鐵筆，名滿鄂中。詩二册，有手寫刻本。　李道悠《求有益詩齋鈔》八卷道悠，吳江布衣，久居嘉興竹里，遂爲嘉興人，字子遠，詩格輕圓，留心掌故，至今竹里聞川間溯詩人者必稱子遠。　王希曾《含秀齋雜著》　金鴻佺《雙柏詩》六卷鴻佺，□□人，字蓮生，廪貢生，候選訓導。　沈景修《蒙廬詩存》四卷《外集》一卷景修，秀水人，字蒙叔，號汲民，又號寒柯，同治補行辛酉拔貢，官分水教諭。善詩詞雜文，尤工書，時稱其得楊少師《韭花帖》真傳。譚獻序曰："五卷，六百餘首，情志之詩窈以曲，游觀之詩春以愉，酬贈之詩敦竺而不陳，哀怨之詩悽悱而不癉，以爲清聲，則奇骨寓焉。"　嚴辰《墨莊吟館詩文集》十卷　朱丙發《夢鹿庵文稿》丙發，海鹽人，字少虞，號夢鹿，同治乙丑進士，官至潮州府知府，卒年七十九。　《榆蔭山房吟草》　趙銘《琴鶴山房遺稿》四卷金籛孫丈刻之，丈其弟子也。金甸丞丈曰："駢體尤工，詩亦博綜。"　許景澄《許文肅公遺稿》十二卷文肅從趙銘爲詞章，駢文輕儁。此爲門人陸徵祥所輯。　《外集》五卷

《書牘》二卷　陶模《養樹山房遺稿》二卷文初學桐城,入仕後棄去,以爲浮文妨要,專求切實。　徐鑾《可談風月軒詩文稿》鑾,嘉興人,字金坡,同治庚午舉人,湖北知縣,詩文敏捷,倚馬可待,先大父嘗從學焉。　沈琮寶《澹退齋詩集》一卷公秀水人,字組齋,附貢生,署理太平縣訓導。蓮常之外大父也,其族弟沈子培中丞稱其"發意抒辭,昭彰清切,挹其勝處,時近他山。兄固未嘗刻意苦吟,而涉筆自多佳句。"已刻行。　沈璋寶《警庵文存》公所存文約百篇,爲內姪張祖廉攜去,散失後刻入《娟鏡樓叢書》中,竟十餘篇而已。　沈瑜寶《半樓詩文集》公字子美,警庵公弟,吾婦之大父也。光緒庚午舉人,授麗水教諭。詩古文辭皆典麗有則,主圭山講席,勤於課士,講藝談經皆有師法,多士咸尊敬之。光緒己丑成進士,官吏部文選司主事,旋卒。士林惜焉。見《處州府志》。《浙江續通志》《麗水採訪冊》載著有《半樓詩文稿》,《家譜》作《似樓詩文集》,不知孰是,未刻行。　嚴鈖《香雪齋詩鈔》四卷鈖字迪周,辰從弟,廣西左州知州。　嚴錦《荻洲詩稿》二卷錦,桐鄉人,字荻洲,廩貢生。　朱有虔《雙桂軒詩文集》四十卷有虔,錦琮子,字秉如,庠生,歷佐大吏幕。此其未刊稿,卷帙頗富,冊首有同治十三年自題《雙桂軒詩文集》,光緒十年改署《秋芳館漫錄》,時年已七十矣。藏其後人朱冠士家,所著尚有《讀書隨筆》等數種。　陸榮科《雪莊集》五卷榮科,嘉善人,字衷哉,號雪莊,國子生,選尚書。文岸風行宇內,講學南溪,工吟詠,與丁雲士輩唱酬無虛夕。稿藏嘉善圖書館,未刻。　吳滔《來鷺草堂遺稿》滔,石門人,字伯滔,號疏林,又號鐵夫。工詩,善山水。　盛元均《梅隱駢體文》四卷　盛傳均《望湖樓詩》二卷傳均,元均弟,字銑孫,光緒歲貢。　柯培鼎《蘆溪竹枝詞》一卷培鼎,嘉善人,字歧甫,光緒丙子舉人。　吳受福《貞孝先生遺墨》五卷沈子培中丞序云:"《貞孝先生遺墨》三冊,一冊爲詩,兩冊雜文,自署冊面曰老芥上苴,別有數篇則曰老芥阻餘,皆論時事之作,億測其旨,如所謂中集外集者與?"其女夫郭蘭枝刻之,手稿藏嘉興圖書館。　《小種字林柱銘偶存》一卷　陶玉珂《蘭薰館詩文集》四卷玉珂,秀水人,字子佩,光緒己卯優貢,壬午舉人,江西知縣。集中多應試酬應之作。朱福詵《復安堂詩文集》《朱桂卿先生尺牘》此爲同邑馬文蔚從原稿迻錄,未刻。　沈中丞《海日樓詩集》十二卷侯官陳石遺丈衍序曰:"君詩雅尚險奧,聱牙鉤棘中時復清言見骨,訴真宰,盪精靈。昔昌黎稱東野劌目鉥心,以其皆古體也。自作近體,則無不文從字順，所謂言各有當矣。」又曰：「寐叟論詩，與散原皆薄平易，尚奧衍，寐叟尤愛爛熳，多用釋典。」陳散原三立序曰：「其詩沈博奧邃，陸離斑駁，如列古鼎彝法物，對之氣歛而神肅。蓋碩彥魁儒之緒餘，一弄狡獪耳。」金篯孫丈序曰：「乙盦先生詩最初刻者爲《乙卯稿》，其後朱古微爲刻《海日樓詩集》，斷自壬子以後，得詩三百餘篇，次爲二卷，《乙卯稿》全入第二卷中。先生捐館舍，哲嗣慈護奉諸稿授兆蕃，俾爲排比，既又從遺篋中檢得有題《苻婁亭集》者，有題《甲乙叢殘》者，有題《丙辰稿》《丁巳稿》者，悉以示兆蕃，字句往往互異，審爲先生手定，乃薈而錄之，以丙辰至壬戌七年之詩續朱先生所刻，亦次爲二卷，辛亥以前爲補編第一卷，壬子以後與朱先生所刻年月相出入者，及未考得其年者，爲補編第二卷，皆爰定。合朱先生所已刻得詩千三百餘首。又有餘稿二百餘篇，皆不知其題。慈護持以質先生賓友，可補題者，當次第授寫官。」案，前聞金甸丞丈云：「先生詩可分爲十二卷。」蓋合其失題者言之。吾友常熟錢仲聯尊孫將金本重編，詳考年月，頗有更易，從予議分爲十二卷，可以爲定本矣。復爲之注，淹博精覈，先師詩得是始可箝讀。附記於此。　《海日樓文集》四卷未刻。初由元和孫隲堪德謙校訂，分爲二卷，孫卒，由蓬常重爲釐訂，擬分爲四卷。金甸丞丈云：「先生文銜華佩，實似皇甫持正尚未得其實也。」　《海日樓書牘》二卷蓬常手輯。　褚錦春《優鉢羅華館遺稿》一卷錦春，榮槐子，字融甫，光緒壬午舉人。先大父序曰：「義法井然，深得古人之意，其淵源一本於二梅。」二梅，榮槐字也。　葛金烺《傳樸堂詩集》四卷　余楸《寄廬詩賸》一卷楸，嘉興人，字嘯松。　《新溪櫂歌》一卷　朱福清《最樂亭詩集》　王太守《二欣室詩存》六卷同邑錢新甫太姻丈駿祥序云：「其志深，其情遠，陶冶乎唐之玉谿、宋之劍南，而能自達其匈肊，信乎極詩人之能事矣。」金篯孫丈序曰：「君詩憂生念亂不絕於篇章，而歛氣擇言，必歸於竺雅，余謂此非獨見君學養已也，平陂往復，冀世事之徐定，或將有券於君時。」　《二欣室文存》四卷陸頌襄師祖穀序云：「先生之文自標義格，其貌秀以腴，其氣清以徐，於竹垞爲近。其談義法，一以清真爲歸。」　《二欣室聯語偶存》一卷　金蓉鏡《潛廬詩集》四卷已刻　《澼湖遺地集》四卷辛亥後作四百餘首。朱孝臧祖謀序云：「吾友香嚴翁遠有師承，多所餐挹。五十稱詩湖湘，與壬秋、益吾兩王先生游。六十供事通志局，朝夕與乙庵相叩擊，境三變。七十賣文海上，主周氏晨風廬，投贈始廣，友朋間翕然稱之。」已刻。　《潛廬文集》六卷　陸壬林《逸明鳥詩稿》壬林，嘉善人，字賓之，光緒戊子歲貢，就職訓導。善詩任俠，壽至九十，遺稿甚富云。　褚成鈺《復益草堂詩存》一卷成鈺，嘉興人，字翰軒，光緒舉人，候補同知。女問鵑跋云："君專攻詩古文，旁及詞賦，文宗兩漢，於詩則推工部。" 吳萃恩《南湖百詠》一卷萃恩，仰賢子。已刻。 朱克柔《強甫遺集》三卷克柔，嘉興人，字強甫，諸生，官主事。從漢陽關棠學，得其緒論，通諸經訓詁，詩文皆有法度，華實相稱，年三十卒，惜未大成也。已刻。 張祖廉《娟鏡樓詩文集》 周斌《燕遊草》斌，嘉善人，字芷畦，別署分湖漁俠，廩貢生，家柳溪(今陶莊)。工詩，民國癸酉卒。《雁宕遊草》《柳溪竹枝詞》正續百五十首。《探梅遊草》《蹄涔集》《脫網集》

【補】陳書《復庵吟稿》三卷書，秀水人，號上元，弟子晚號南樓老人，太學生。堯勳長女適嘉興錢廉江上舍綸光，善繢事，見《清畫徵錄》，原作海鹽錢上舍，上舍本籍海鹽居嘉興者也。錢氏《藝文略》著錄《吟稿》，但云未見。 彭玉嵌《鼓瑟集》玉嵌，海鹽人，彭羲門孫邁女孫，歸平湖梅谷烜，烜爲乾隆時名諸生，著有《梅谷十種》，娶玉嵌及妾沈虹屛，並工詞翰，倡隨之樂，人世罕雙。烜嘗稱玉嵌雖處簪裙，却抱春風沂水胸次，居恒不苟言笑，而常瀟灑自得，可以知其風度矣。此集據烜序玉嵌《鏗爾詞》云命虹屛編錄成卷，未見。 錢稚真《拾餘草》二卷稚真，海鹽人，號晼西女史，琦之六世孫也。叔祖鎬序曰："昔臨江公生六子最鍾愛者。曾伯祖海暘公曰：'此吾家青錢也，伯、仲、季或以政績顯，或以詩學鳴，而海暘公卒老諸生間，其文采聲光，遏而未洩，今稚真爲玄孫女，豈天地鍾靈，家門毓秀，不于男子而于女子耶？'"海暘名葵，錢氏《藝文略》云存。 李心蕙《偶吟存草》一卷心蕙爲錢陳羣五子汝室，錢氏《藝文略》云存。 陳素娟《讀書樓詩稿》五卷素娟爲錢載次子世□室，錢氏《藝文略》云存。 【續】蔡莊《蕚綠華館詩》一卷莊，汪守愚室。○以上閨秀。 【補】釋真可《紫柏老人集》十五卷真可俗出吳江沈氏，字達觀，自號紫柏道人，年十七削髮，萬曆癸巳陸基志延居平湖泖上，名其室曰爾庵。此集有天啓七年丁卯刻本。《茹退集》見《明詩綜》。○以上方外。

右別集

【補】彭期生、彭長宜《海鹽兩彭先生詩賸合鈔》四册期生，海鹽人，字觀民，與弟長宜同舉萬曆乙卯鄉試，崇禎丙辰進士，明亡殉節吉安，清乾隆時追謚節慜。長宜，字德符，崇禎癸未進士，江南上海知縣。此稿本係張燕昌石鼓亭舊藏，今藏劉氏嘉業樓。期生詩册自題《弱水山人詩稿》，長宜詩册原護葉有墨識二行。云："戊子元夕前三日，兄貽閱過，詩無疵類，竟可傳矣。"許《志》別集類據曝書亭著錄期生《弱水山人詩集》，又長宜《瞿瞿齋詩稿》今以其合抄本，特著於此。　黃光煦《清朝詩鈔》八冊光煦，嘉興人，事跡待考。全書分兩部，首爲七律詩鈔，次爲七絕詩鈔。手稿本原藏浙江圖書館，卷端有乾隆五十八年自序，七絕詩鈔有嘉慶二年自序。據序，蓋錄自沈氏、盧氏所選《國朝詩別裁集》及《山左詩鈔》者，云原稱《國朝詩鈔》，兹改。　王曇《繙帋集》一百卷　蔣元《古文載道編》元，平湖人，字元始，號澹村，庠生，自少潛心理學，遇有詆斥程朱者力斥之。年六十餘，坎坷以卒。著書甚多。許《志》著錄《讀書劄記》《人範》《鬭毛先聲》諸書，又於陳梓《張楊園先生年譜》下注云："蔣元有《年譜參訂》，凡四種，此獨未收。"又《鬭毛先聲》下云已佚。胡宛春云平湖傳樸堂藏有稿本，宛春曾有傳錄，今傳樸堂已淪劫灰，傳抄本彌足珍矣。附識於此。　錢福胙《歷朝文類》錢氏《藝文略》云："先君丙辰、丁巳間遍采史乘文集，撰古人文章，分十二門，一曰明道，二曰至性，三曰謀政，四曰議禮，五曰論事，六曰記事，七曰文告，八曰檄討，九曰譚藝，十曰規戒，十一曰達情，十二曰揄揚。慎重去留，甫著一目，遽捐館舍。數年以來，儀吉徧寫考釋，猶未卒業，卷數尚有分并，故兹不著。"　黃金臺《清朝七律詩鈔》十卷金臺，平湖人，字鶴樓，歲貢生。爲文宗徐庚，有名於時。許《志》著錄《木雞書屋文集》《今文愜》《盛藻集》等，此獨未收。浙江圖書館藏有手稿本，原名國朝，兹改。　錢儀吉《廬江錢氏遺珠集》　《韞瓨集》輯同時倡和之作。　《庚子生春詩》二卷《生春集》者，唐元徵之有《生春詩》，衎石依韵和之，益以家人繼和之作，共若干首，即以生春名其集。原唱已刻入《晚年稿》，其他子姪輩和作則未有刊本。胡宛春有藏本。　王相《清初十家鈔》二十卷相，嘉興人，號雨卿。少棄舉業，攻詩古文，爲諸侯客。所輯有曹秋岳《静惕堂詩》、周青士《采山堂詩》等，皆吾邑名家佚著，賴是以傳，可貴也。有信芳閣刻本，許《志》著錄其《無止境初存稿》及《續存稿》，獨此未收。

【續】杜文瀾《古謠諺》　金安清《同聲集》六卷安清，嘉善人，字梅生。天資雋拔，一覽不忘，遠近服其記誦。咸豐間以才諝得官，記名鹽運使，論政之書最中肯綮，在清江時得罪於孝貞后，謫官不盡其用，時論惜之。　張鳴珂《駢體正宗續編》繼南城曾氏而作。　忻寶華《檇李文繫》四十六卷寶華，嘉興人，字虞卿，諸生，放《檇李詩繫》之例輯爲是編，成稿於光緒中，未刊行。前列凡例十一條，自謂放沈氏例成編，惟增官師、流寓二門云，起漢嚴忌，訖清李承模。　李道悠《竹里詩萃》

十六卷道光間嘉興竹里人,徐同柏嘗有《竹里詩萃》之輯,其後繼之者亦有數家,皆未殺青。光緒中,道悠以吳江籍久居其地,遂成此書刻之,計自元迄清一百八十八家。

《聞湖詩三鈔》二冊嘉慶五年里人孟彬有《聞湖詩鈔》之輯,許《志》已著錄。咸豐四年吳江李王猷以僑居其地,復有續鈔之輯,道悠爲王猷之從孫繼輯此書,時光緒之十五年也。　鄭之章《新溪文述》二冊之章,嘉興人,初乾隆中沈莘士有《新溪文鈔》之輯,許《志》著錄其書,久佚之。章以十餘年之蒐訪,得七十餘家,爲此書鉛字印行。　董念菜《梅涇詩錄》三冊念菜,嘉興人。此書繼沈堯咨、陳光裕《濮川詩鈔》之後,所錄自乾嘉至咸同凡五十七家。梅涇,濮院別名也。未刻,稿本藏其家。張憲和《當湖詩文逸》二十二卷近刊本。　朱士楷《新溪鎮櫂歌四家合鈔》二冊士楷,嘉興人,四家者,乾隆鈕世模、道光鄭鎌、光緒余楸、高煥文四家所作,或已刻,或未刻,士楷合而抄之。稿藏新塍民衆教育館。　朱士楷、鄭綸章《新溪詩三鈔》二冊綸章,嘉興人。初,乾隆中里人李元繡、沈莘士合輯《新溪詩鈔》,嘉道中,許楨續輯之,許《志》皆已著錄。民國初,士楷、綸章又輯此書,於是新溪之詩略備矣。　祝廷錫《竹里詩萃續編》八卷廷錫,嘉興人,字心梅,號小雅。家有俟廬,富藏書,有聲於時。從李了遠道悠遊,嘗襄李氏編《竹里詩萃》,後續爲此書,得詩七十八家。　周斌《柳溪詩徵》六卷起宋元迄晚近,凡一百六十家,中華書局鉛印。

右總集

【續】趙銘《古文辭類纂注》七十四卷見《琴鶴山房文集》,似未成書。

右文注

【續】鄭熊光《清籟閣雜錄》熊光,秀水人,字霽山,仕履未詳。此書未刻,手稿本藏浙江圖書館,原封題《枕葃居詩話雜鈔》,首葉第一行則題《清籟閣雜錄》,今從之。　吳仰賢《小匏庵詩話》四卷俞曲園樾評其取去不苟,視《隨園詩話》爲精。　余林白《嶽庵詩話》二卷

右詩評

【補】吳鎭《梅花道人詞》鎭,元嘉善人,字仲圭,以愛梅自號梅花庵主,或梅花道人,賣卜所居即今邑城花園衖內梅花庵,許《志》著錄《梅花道人遺墨》,此失收,有抄本,藏嘉善圖書館。　錢樟《灌花詞》四卷樟,海鹽人,字尋千,號魚山,清廩生。李良年序云:"魚山詞得南宋佳處,魚山先以詩名,後乃學塡詞。"案,書存,一作《灌花長

客詞》，凡二百四十五首，見錢侃石《錢氏藝文略批本》，許《志》著錄《耕菖堂詩集》、《錢略》菖作昌，附識於此。　錢景朗《碧雲詞》景朗，海鹽人，字東陽，號月洲，庠生。　錢汝器《丹甀居士詩餘》一卷　錢載《萬松居士詞》一卷籜石齋詞世鮮知者，金籛孫丈刻之。　陳朗《青柯館詞》三卷朗，平湖人，字太暉，號青柯，乾隆庚辰鄉薦第一，己丑進士。許《志》著錄《青柯館詩集》《六銖詞》兩種，此集三卷，爲其子循吉所抄存者，蓋未刊稿。胡宛春有傳抄本。　李澧《意香閣詞草》其姪轂序云：「詞已風行海內，識者謂爲曝書亭後無多讓焉。」未刻稿，藏張菊生年丈家。　錢官俊《夢蜨生詞鈔》四册官俊詞以鄉先進竹垞翁爲宗師，故所作多可傳。此未刻稿，藏其家。首有胞姪价人所爲《行述》及吳振棫原評浮簽，並張山莊、周石麟等題詞。官俊尚有《塞行日記》《客寧譚話》《爲吏牘類編》，皆已燬於火，附識於此。　章溥《蘋花館詞》六卷　唐壎《蘇菴詞餘》二卷壎，嘉興人，號蘇菴，增貢生，官富陽訓導，後游閩，掌教臺灣崇文書院。許《志》著錄其《通俗字林辯證》兩卷。

【續】方受穀《稻香館粲香詞》受穀，秀水人，字耕花，諸生，審於詞律。　汪守遇《綍園詞》　杜文瀾《采香詞》四卷　張鳴珂《寒松閣詞》四卷　金鴻佺《雙柏詞》二卷　沈景修《井華詞》二卷　沈中丞《曼陀羅室寱詞》一卷　葛金烺《傅樸堂詞》　王太守《二欣室詞》一卷　朱錫秬《知非室詩餘》錫秬，嘉善人，字卣香，一字變清，別號知非子。好學，肆力於詩詞，值變法之後，在鄉興學。　【補】彭玉嶔《鏗爾詞》二卷沈虹屛彩序云：「初彩編夫人詩竟，請名於夫人，夫人以鼓瑟名之，彩曰：『其取湘靈遺韻耶？』夫人微笑不答。玆編詩餘，夫人即援筆題曰鏗爾，乃知夫人向者以春風沂水自寓也。夫人吟詠固多和平愉樂之音，其和《漱玉詞》乃主君適越時作，參以他作，有《卷耳遺音》一卷，情致悱惻，字字蟻珠，今刺取編入集中。」○以下閨秀。　沈彩和《斷腸詞》一卷以上詞集。　【續】杜文瀾《宋七家詞選輯注》以上詞注。　【補】周賮、柯崇樸同輯《樂章考索》十册賮，嘉興人，字青士，號簹谷，初名筠，字又貞，布衣。崇樸，嘉善人，字寓匏，舉博學宏詞，授內閣中書。此舊抄本，爲金甸丞丈得諸海寧費景韓孝廉者。丈跋云：「甲子長夏無事，與萬氏詞律對校數過，增出詞調如《錦園春》等凡五十三調，已見拾遺。又《平湖樂》等四調見補遺中，尚有虛靖真君之《雪夜泛漁舟》，史達祖之《醉公子慢》，無名氏之《相思引》，薛泳之《客中憶》，梅苑之《枕屛兒》，黨懷英之《疊羅花》，盧祖皋之《月城春》，吳文英之《古香慢》，各家皆未收，則所采博矣，而詞律缺字訛句尤多。此書皆無訛，凡數十處，已可知兩公所據之本精於紅友舊抄之可貴如是，惜前後無序跋，似未成之書，又爲書賈所亂，長調一類裝訂脫譌，擬據別集訂之。"後藏嘉興圖書館。　　汪森《名家詞話》　郭麐《靈芬館詞話》　【續】杜文瀾《詞律拾遺》八卷《補遺》一卷以上詞話。

　　右詞

（原載《之江中國文學會集刊》第六期，1941年。今據以收入。）

張蒼水先生事狀*

烏乎！明季取義成仁之士多矣，而勞身愁思，栖山橫海，衽金草，蹈水火，之死靡它而無悔者，則張蒼水先生之事爲尤烈已！當弘光、永曆之際，十餘年中，先生佐魯王，凡四入長江，謀規復，屢敗清兵，六却北廷之招，終至從容就義，尤磊磊軒天地。弘光初元，先生始參軍事。永曆五年辛卯，救舟山不克，扈魯王入閩。明年秋，始以兵部右侍郎監定西侯張名振軍，入長江，經舟山，偪金堂，望祭舟山死事者，進至崇明沙，破鎮江，登金山而還。據邵廷采《東南紀事‧魯王編》及《張名振編》。明年冬，又與定西進駐崇明，破清軍萬餘於平洋沙上。定西初欲辟其鋒，先生曰："此用武地，急擊弗失。"旦日，部將王善長、姚志卓以數百人衝其左，先生統裨將，以數百人衝其右，鳥銃火器，薄其中塘直如矢，左右皆深溝，騎不可退，北師大潰，江東響振。《東南紀事‧張名振編》。又明年春，復監定西軍，再入長江，趣丹徒，略丹陽，登金山，遥祭孝陵，三軍皆慟哭失聲，爟火通於建業上游。宿約不至，又左次崇明。據全祖望《張蒼水神道碑銘》，及黃宗羲《張蒼水墓誌銘》。頃之又入長江，略瓜州，徇儀徵，抵燕子磯，南都震動，而師徒單弱，中原豪桀無響應者，遂又東下。據黃氏《墓誌銘》。而吳淞關

---

* 原文有編者按云："蓮常先生，歷任交通、光華、大夏、無錫國專大學教授，負東南學林重望。曩者章太炎先生嘗謂有清一代，博大精深之學者，俞曲園先生以後，尤推沈子培先生。蓮常先生從海日樓主游，入其堂奧，得其心傳，故爲文語無泛設，鞭辟入裏。社友錢濤先生以斯作付刊，附此誌謝。"

之役，猶馘首四百，獲戰艘三百七十，告捷於魯王。據《東南紀事·張名振編》。九年，定西遇酖卒，同上。遺言先生統其軍，軍容復振，據全氏《碑銘》。始説延平王鄭成功取南都，日與偏裨校射鹿頸，羅致名賢，商度方略，山陰葉振名三渡海從之。十二年七月，以兵部左侍郎監延平軍北征，泊洋山，遇風碎舟還。據《東南紀事·張煌言編》，及黃宗羲《賜姓始末》。十三年五月，延平復舉兵，以先生習江上形勢，請爲前鋒，遂於六月至崇明，議據爲根本，延平不聽，既濟江，議首取瓜步，時金焦北軍以鐵鏁橫江，夾岸巨礮數百坐，扼水上，延平請先以舟師入，先生慨然諾曰："國事若此，何敢愛其死。"即揚帆逆流而上，次礮口，風急流迅，舟不得前，諸艘鱗次，且進且却，兩岸礮火如雷動，舟多壞，先生叱舟人逆入金山，連艥數百，得入者僅十有七耳！明日破瓜州，延平欲直取南都，先生以潤州實長江門户，不下，則北舟出沒，主客異勢，力贊濟師，自請先擣觀音門，以掣其南都之援。未至儀真五十里，吏民聞先生至，爭遮道來迎，先生顧而樂之曰："儼然王者師矣。"軍次六合，延平軍亦破潤州，先生請陸行薄南都，五日可至，而延平竟以水行，曠時日，南都遂有備。既至七里洲，延平復請取蕪湖，斷江楚之交，二日得其城，乃傳檄諸郡縣，伸忠義於海内，一時大江南北相率來歸附，郡則太平、寧國、池州、徽州、州則廣德、無爲、和陽，縣則當塗、蕪湖、繁昌、宣城、寧國、南寧、南陵、太平、旌德、貴池、銅陵、東流、建德、青陽、石埭、涇縣、巢縣、含山、舒城、廬山、高淳、溧陽、建平、姑孰，或降或克。凡爲郡四、州三、縣二十有四。當是時，先生兵不足千，舟不盈百，惟以先聲爲號召，大義爲感孚，所過秋毫無所犯，用是二十日中，聞風響應，江、楚、燕、齊諸豪俠，亦先後爭詣軍門受約束，聲威駸駸動天下矣！北廷爲之大震。先生方相度形勢：一軍出溧陽，以闚廣德；一軍鎮池郡，以扼上游；一軍拔和陽，以固采石；一軍入寧國，以偪新安。而躬自往來姑孰間，日夜部署謀大舉，而延平南都師忽潰，遽棄潤州瓜鎮，揚帆出海,并崇明而亦不守矣。北軍遂悉師萃先生,然猶一敗之於銅陵,再敗之於桐城,終以縣軍無援,敵來益衆,乃突圍走英山樅陽出江,渡黃盆,崎嶇建德祁門叢山中,足跗盡裂,又病疟,力疾趣休寧,入嚴陵,出天台,卒達海濱,僅以身免。據《北征錄》。至是蓋四入長江矣。大功垂成而竟摧於一旦,雖曰人事,豈非天哉!當先生之初救舟山也,清提督田雄、總兵張杰等招之,及舟碎洋山,兩江總督郎廷佐招之,及入蕪湖,廷佐復招之,其後復有哈哈木、管效忠、趙廷臣諸人之招,據《張蒼水集》、計六奇《明季南略》、《北征錄》。先生皆嚴辭拒之,而答郎廷佐之書,其辭尤峻,其略曰:"夫揣摩利鈍,指畫興衰,庸夫聽之,或爲變色,而貞士則不然;其所持者,天經地義;所圖者,國恨君讎;所期待者,豪傑事功,聖賢學問,故每氈雪自甘,膽薪彌厲,而卒以成功。古今以來,何可勝計。若僕者,將略原非所長,衹以讀書知大義,痛憤國變,左袒一呼,甲盾山立,屹屹此志,濟則顯君之靈,不濟則全臣之節,遂不惜馮履風濤,從衡鑱鏑之下,迄今逾一紀矣。同仇漸廣,晚節彌堅,練兵海宇,衹爲乘時,此何時也?兩粵天聲,三楚露布,以及八閩羽書,奚翅雷霆飛翰。僕因起而匡扶帝室,克復神州,此忠臣義士得志之秋也。即不然,則一死靡它,豈諛辭浮説足以動其心哉?乃執事以書通,視僕爲可以利鈍興衰奪者,在執事固無足怪,僕聞之,髮且衝冠矣。雖然,執事固我明勳舊之裔,遼左死事之孤也,念祖宗之恩澤,當何如悲憤,思父母之深仇,當何如振雪,稍一轉移,不失爲中興人物,而顧陵□自若,華夷莫辨,竊爲執事不取也。即就執事恩仇之説言之,自遼陽起而征調日煩,催科益急,潰卒散而爲盗賊,貧民聚而弄干戈,是釀成禍害者,清人也。乃乘京華失守,屬國興師,儻掣舊物而還之天朝,則吐蕃回紇,不足稱美於前,乃拒虎進狼,收漁人之利於河北,長虵封豕,肆蜂蠆之毒於江南,則果恩乎怨乎?執事亦可憬然悟矣!來書溫潤,諒非憒憒,遂付數行以復,斬使焚書,適足以見不廣,僕亦不爲也。"《文集》及《明季南略》。及永曆蒙塵,魯監國繼薨,延平又死,先生知事已無可爲,乃散兵自晦,待時謀再舉,竟爲北廷所執,時永曆薨後之二年,清康熙之三年七月十七日也。十九日至寧波,方巾葛衣,輿而入,觀者如堵墻,皆歎息。黃氏《墓誌銘》。先生神色自若,無名氏《錄遺集記言》。至公署,歎曰:"此沈文恭故第也,而今爲馬廄乎?"全氏《碑銘》。直至牙門外,左右令從角門進,先生不動,浙帥張杰知之,啓中門延入,無名氏《錄遺集記言》。舉酒屬之曰:"遲公久矣。"先生曰:"父死不能葬,國亡不能救,死有餘辜,今日之事,速死而已。"黃氏《墓誌銘》。數日,送先生於杭,出郭門,再拜歎曰:"某不肖,有孤故鄉父老二十年之望。"杰遣吏護行,有守卒史丙者,坐先生鵁首,中夜忽高歌蘇子卿牧羊曲,公起曰:"汝亦有心人哉!雖然,爾無虞,吾志決矣。"扣舷和之,聲琅琅若出金石,而先生之渡江也,得倚書於舟中,有"此行莫作黃冠想,静聽先生正氣歌",先生笑曰:"此王炎午之後身也。"據全氏《碑銘》。總督趙廷臣禮之如上賓,南鄉坐,舊部皆來庭謁,司道守令至者,先生但拱手不起,列坐於側,皆仰之如天神,省中人賂守者,以望見顏色爲率。據黃氏《墓誌銘》。廷臣猶欲降先生,先生遺書絶之曰:"自古廢興之際,何代無忠臣義士?何代無逋臣處士?義所當死,死賢於生;義所當生,生賢於死,蓋有舍生取義者矣,未聞求生以害仁者也。某之憂患已過於文山,隱遯殆幾於疊山,而被執以來,視死如歸,非好死而惡生也,亦謂得從文山、疊山異代同游,於事畢矣。謂某散兵在先,歸隱恐後,可以賒死,不知散兵者,憫斯民之塗炭,歸隱者,念先世之暴荒,謬思黃冠故里,負土成墳,然後一死以明初志,原非隱忍而媮生,何期擁兵則歲月猶存,解甲則旦夕莫保,身爲纍囚,貽笑天下,是某之忠孝兩虧,死難塞責者矣,伏冀立予處決,俾某乘風馭氣,翱翔碧落,或爲明神,或爲厲鬼,是誠大有造於某者矣。"趙《譜》。九月七日先生赴市,遥望鳳皇諸山,曰"好山色",據全氏《碑銘》。賦詩曰:"我年適五九,復逢九月七。

大厦已不支,成仁萬事畢。"《魯春秋》。遂遇害黃氏《墓誌銘》於弼教坊。《東南紀事·張煌言編》。年四十五。是日驟雨晝晦,杭人知不知,皆慟哭。《東南紀事·張煌言編》。烏呼！忠已烈已！先生死,明始亡矣！雖然,二百餘年之後,有伸先生之志事以爲亡清之資者,而清卒亡,則謂先生之未嘗死可也,謂明有先生,明未嘗亡亦可也。嗚呼！雖與日月争光可也。

先生諱煌言,字元著,蒼水其別字也。爲宋丞相張知白之裔,知白曾孫集賢殿修撰襲,自滄州徙平江,襲子籲,又自平江徙鄞,九傳至景仁,辟元季之亂,泛海至高麗,洪武初,始反鄉里,又四傳至伯祥,黃氏《墓誌銘》。起家孝廉爲令,無名氏《張蒼水傳》。築雍睦堂,以居兄弟。伯祥居長,次玘,次玠,次璟,里人以孝友名之,玠生錫,錫生淮,是爲先生之高祖。黃氏《墓誌銘》。曾祖諱尹忠,祖諱應斗,考諱圭章,天啓四年舉人,謁選得判河東鹽運司,著賢能聲,官至刑部員外郎,爲人剛毅正直,處鄉族皆有義行,聞先生入閩,自慰曰："不負生平讀書矣。"及先生入崇明,又集兵上虞,有司係累家人,入告,清世祖以有父弗籍,令作書喻先生,然潛寄語曰："弗以我爲慮。"由是廬室盡傾,簞瓢不繼,處之怡然,年七十餘卒。據同治《鄞縣志》。母趙夫人。夫人禱於關壯繆祠,感異夢,生先生,故小字曰雲。據全氏《碑銘》及《張忠烈公年譜》。幼善病,病輒瀕死,六歲就塾,書上口即成誦。無名氏《傳》。年十二,趙夫人卒,侍邢部判河東,署解州篆。解爲壯繆故里,先生謁祠下,撰文祭告,以忠義自矢。據無名氏《傳》。十六爲諸生。時天下多故,朝廷欲重武,試文後試射,諸生莫能中,先生三發破的。據黃氏《墓誌銘》。二十三舉於鄉。《東南紀事·張煌言》附録逸事。初,先生頗弛弛不羈,好與博徒游,無以償,博徒則私斥其産,刑部恨之,然風骨高華,落落不可一世。黃氏《墓誌銘》。全美樟見之,曰："此異人也。"乃以己田售之,爲清其逋。全氏《碑銘》。至是始折節讀書,且聞寇勢迫,據《東南紀事·張煌言編》。感慣國事,屢欲請纓。據全氏

《碑銘》。更刻意勤苦淡泊，求論兵事，《東南紀事·張煌言編》。崇禎之十有五年也。十七年，李自成陷京師，思宗殉社稷，福王即位南都。明年，清兵南下，南都不守，先生悲憤，不知所出。會寧紹台分守于穎移檄浙東，先生往會，同盟於學宮，誓以死衛社稷。至杭，候巡撫張秉貞議所立，上潞王印綬。王佞佛，無帝王氣象，大失望。歸別祖廟，聯薦紳痛哭於王之仁、張名振兩鎮前，散家財，俟舉義，是爲毀家紓難之始。六月，清兵東下，潞王降，據《東南紀事·張煌言》附錄逸事。閏六月，錢忠介公肅樂義師起，檄會諸鄉老，俱未如期，獨先生先至，忠介且喜且泣。據全氏《碑銘》。遣迎魯王監國於天台，會山西僉事鄭之尹子遵謙，殺招撫於江上，與戎政尚書張國維舉兵紹興，熊汝霖、孫嘉績等起餘姚應之。國維自迎魯王，王於涂中授先生爲行人，至紹興，賜進士，加翰林院編修，入典制誥，出籌軍旅，是爲身與規復之始。是月，唐王亦即位於福州，頒詔至紹，先生與國維、汝霖均主不開讀，因請自充報使，入閩以釋嫌，王從之。及還，累有建白，不見用。據全氏《碑銘》。時强寇前壓，悍將内訌，衆歎悲時事不支，先生獨慷慨必矢興復，酒間歌嘯，義形詞色，左右莫不感動，髮指上衝冠。據《東南紀事·張煌言》附錄逸事。明年，錢塘師潰，清兵入紹，魯王航海走，先生與定西侯扈行，投舟山，守將黃斌卿不納，會永勝伯鄭采以海師迎，王遂入閩，駐廈門，是爲先生蹈海之始。據黃宗羲《海外慟哭記》，及《東南紀事·魯王篇》。招討使鄭成功以前頒詔之隙，修寓公之敬於王，而不爲用。先生勘定西偕還石浦，魯王加先生右僉都御史，已而石浦失，乃依黃斌卿。八月，清兵執殺唐王福州。十一月，桂王即位肇慶，以明年爲永曆元年。四月，松江提督吳勝兆舉事，請以所部歸斌卿，先生持節初監定西軍，與故都御史沈廷揚、御史馮京第援之，是爲先生監軍之始。至崇明，大風覆舟，沈公被獲死之，先生與定西亦被執。有百夫長者識先生，導之使走，得至先生之故壬午房考知諸暨縣錢氏家。七日，間道復歸舟山。據全氏《碑銘》。明年,浙東義師起,先生大會諸將於駝峰。既而諸將構釁大掠,先生不得已,上會稽山,列營平岡,與王翊、王虎等相唇齒。據《東南紀事・張煌言》附錄逸事。三年,定西攻斬斌卿,《東南紀事・黃斌卿編》。先生聞之,爲驚惋累月。據《文集》曹雲霖詩序。明年,魯王至舟山,《東南紀事・張煌言》附錄逸事。先生以兵屬劉翼明、陳天樞,自率親軍朝王,屢請益兵,當定海關,《東南紀事・張煌言編》。授兵部右侍郎,全氏《碑銘》。於是始籌入江之事矣。十年,舟山再陷,魯邸舊臣一時皆盡,惟先生孤軍流寄秦川,延平部曲陵暴,先生御以忠誠,阮美、陳文達爭餉地,爲婉解曰:"大敵在前,何暇私鬥?"阮軍有犯,輒曰:"我大臣,寧與麾下爭曲直。"獲内地邏諜,亦好語酒食遣之,由是主客浹和,邊滋感說,遺黎亡卒,頗有爲耳目者。《東南紀事・張煌言編》。十二年,永曆遙授兵部左侍郎,兼翰林院學士。據全氏《碑銘》。十三年,兵散入海,海民争來存勞,據《北征錄》。衆少少集,永曆特詔尉問,進授尚書,據全氏《碑銘》。自後往來林門桃渚、金門沙關之間。據《文集》。志益厲,圖益急。十五年,延平攻臺灣,先生遣幕客羅子木,以書挽之,謂:"軍有進寸,無退尺,今入臺,則將來恐并兩島不可守,是幸天下之望也。"不聽,據全氏《碑銘》。北廷苦閩海久鬥兵,盡遷山東、浙江、福建、廣東濱海居民於内地,立界著令,寸板毋入海,粒米毋越疆,犯者死連坐。《東南紀事・鄭成功編》。居民愁怨,不肯發,則以兵脅之。據全氏《碑銘》。春燕來,巢於海舟,《東南紀事・鄭成功編》。先生頓足歎曰:"棄此十萬生靈,而争紅夷乎?"乃復以書招延平,謂機有可乘,又遺書故侍郎王忠孝、都御史沈荃期、徐孚遠、監軍曹從龍,勸其力挽延平,延平終不聽。據全氏《碑銘》。及滇中事急,先生復遣子木入臺,苦口責延平出師,延平方得臺。不能行,全氏《碑銘》。乃又遺職方郎中吳鉏南訪行在,奉表陳南北機宜,據《文集》。又使間道入郎陽,據全氏《碑銘》。說李來亨、劉體仁等十三家之軍,使會師,據趙之謙《張忠烈公年譜注》。撓楚以救滇,而十三家者已衰敝,亦不敢出師。

全氏《碑銘》。冬，永曆被執於緬甸，先生聞耗，即上監國魯王啓，以中華正統不可久虛，請早定大計，以存正統，而圖中興，其略曰："我永曆皇帝蒙塵，一時扈從，無一得免，臣聞變之日，肝腸寸裂，四顧敷天，只海上尚留左袒。臣以爲延平藩必當速定大計，以伸大義，亟誓大師，以報大仇。而至今寂寂，道路謠傳，又有子弄父兵之事。臣終夜旁皇，竊恐孤軍難以持久，況復加以它故，譬羸尪之夫，胸胃轉增雜疾，其能久乎？若不及早經營，則報韓之士氣漸衰，思漢之人心將冷，臣唯有致命以行。生平獨所惓惓者，主上羈旅島嶼，不獨與閩人休戚相關，亦且與閩海存亡相倚。萬一變生肘腋，進無所係，退無所往，有不忍言者矣。既恨臣力太薄，不敢輕爲迎駕，臣心獨苦，又不敢輒行趨扈。計唯在閩勳鎮，正在危疑之際，不若急用收羅之術，以爲擁衛之資，然後速正大號，使天下曉然知本朝尚有真主，中國自有正朔，在《屯》之稱"建侯"，在《渙》之言"享帝"，正此義也。於是傳檄省直，刻期出師，雖強弱殊懸，利鈍莫必，而聲靈宣布，響應可期。倘皇天未忘明德，則興滅繼絕，端在主上，此非欲徼福也，免禍亦宜然。即未暇雪恥也，圖存亦宜然。伏祈主上密與寧靖王及諸搢紳謀之，發憤爲雄，以慰遐邇。"《文集》。五月，延平卒。先生勢益孤，衆議入雞籠，先生曰："偷生朝露，寧一死立信。"《東南紀事·張煌言編》。復約延平子經，及故尚書盧若騰商大計。據《文集》。秋，魯王遣御史陳修齋敕至先生營，又續上二啓，以力圖恢復爲言。十一月，魯王薨於金門，先生慟哭曰："孤臣之栖栖有待，徒苦部下，相依不去者，以吾主上也，今更何所待乎！"全氏《碑銘》。遣官致祭，表文有曰："穆王駕駿以來歸，已孤此願；望帝化鵑而猶在，莫慰餘思。"海外聞而哀之！十二月，金門、廈門皆破。《東南紀事·魯王編》。明年三月，先生與延平部將阮春雷復集百餘艘，泊三都、三山諸島之間，與清將吳萬福相持於海壖，不利，還浙。據《鄞縣志》。六月，始散兵，寓縣嶼，據黃氏《墓誌銘》。尚盼臺將迴師西嚮，時時見於吟詠。

據《文集》。縣嶼者，在海中，荒瘠無居人，其陽多汊港，通舟，其陰巉巖峭壁。據黃氏《墓誌銘》。先生雖深居，猶隱然繫天下之望。北廷懼先生終爲患，募得先生故校，與其徒數十人，僞爲行脚，諜先生，會告糴，校脅糴人，言其處，殺數人，而後肯言，曰："雖然，公不可得也。"公畜雙猨，俟動静，船在十里外，猨即鳴，公得爲備矣。校乃以夜半出山背執之，據黃氏《墓誌銘》。先生習海久，能自駕舟，每歎曰："環海膏脂盡矣！幸勝則進取，不則没海死耳！"據《東南紀事·張煌言編》。其死志蓋早決矣。先生平居，喜著絳衫，《東南紀事·張煌言編》。朱履。據《魯春秋》。及被執在杭，居蕭寺口，常著跂，就義時猶然。陳景鍾《清波小志補》。

遺書凡若干卷，曰《冰槎集》，奏疏書檄諸雜文也；曰《北征録》，己亥紀事之編也；曰《奇零草》，甲辰六月以前之詩也；曰《采薇吟》，則散軍以後之作，而蒙難諸詩附焉。先生之執也，籍其居，僅得箋函二巨簏，皆中原薦紳與往來者。薦紳懼禍，遣客説浙帥焚之。有殘卷耿耿不可蓺，則先生之集也，客潛懷之出，遂傳於世，據全祖望《張尚書文集序》。或曰守卒史丙傳之。據全氏《碑銘》。有清末造，學者多傳先生書，以教革命者，而餘杭章炳麟之刻爲尤著。

配董夫人，家被籍時，艱苦捔拄，織箔自活。據《文集》。子一，萬祺，全氏《碑銘》。皆先被逮。初逮時，先生遣力士引萬祺出，曰："母可俱乎？不則母必死。"辭不行。有勸先生納媵者，曰："吾妻子若是，我何忍？我自倡義以來，未嘗近婦女，死生成敗未可知，何家爲？"《東南紀事·張煌言編》。夫人母子先先生三日遇害於鎮江。杭舉人朱璧者，抗詞請以百口保，不得，乃以再從子鴻福爲後。女一，歸全美樟仲子某。據全氏《碑銘》。

與先生同殉者，故參軍羅子木、守備葉雲、王發，侍人楊冠玉，舟子某。子木，名綸，以字行，溧陽人，先生嘗遣説延平者也。己亥，先生在江上，子木挾策上謁，先生奇之，有清河李崿之目，欲留之幕中，以父老辭。及先生至蕪關，子木族父蘊章，故在延平軍中，引見延平。南都之敗，子木涕泣頓首固請無遽去，而不能得，延平因強其奉父泛海，既至，不欲參軍事。旋奉父北行，將投先生，卒與北軍遇，格鬥，子木墜水得救，而其父被虜。子木展轉南閩，思營救，不得，歐血幾死，往見先生，先生曰："立功即爲復仇。"遂留幕，遇事直言，遷界禁下，海陬餉絶，佐先生開屯田。及公移南嶴，賓佐皆星散，獨子木朝夕謹護，不去左右。已同被執，入定海關，守將常進功款宴，問子木曰："海上知我名不？"曰："但識張司馬，何知常進功？"它有問，皆大笑不語。至杭城會議府，不跪，次先生席地坐。先生與總督語次往復，子木抗聲曰："公先後死耳，何必與若輩絮語。"先生初欲絶食，子木笑曰："丈夫死忠，任之可矣。"飲啖如平時。葉雲、王發皆壯士，竺忠義。冠玉鄞人，總督憐其少，將脫之，固請從死。先生坐受刃，冠玉大聲曰："我亦不跪者。"雲、發則面先生跪，皆慷慨就義云。據《東南紀事·張煌言編》。

先生既卒，鄞人故御史紀五昌捐金，令先生甥朱相玉贈先生首，而杭人張文嘉、沈橫書等殮之。有朱錫九、錫蘭、錫旂、錫昌兄弟者，豫爲先生買地，經紀之，萬斯大釋超直葬之南屏之陰全氏《碑銘》荔子峰下。鄭勳《張蒼水年譜跋》語。姚江黃宗羲爲之銘。全氏《碑銘》。後七十餘年，道士吳乾陽修改墓道，鄞全祖望復爲之《神道碑銘》。又三十餘年，乾隆四十一年，詔定《勝朝殉節諸臣錄》，先生以元官襃諡忠烈。越十六年壬子，斯大之孫福謀立石墓門，海寧陳鱣大書易名以志。又後百十有八年，嘉興王蘧常始集諸人譜諜、碑銘、傳記，參其同異，稽其疑信，謹其始末，撮爲事狀，凡五千餘言。先生大節，觕具於是。意在勸忠義，激頑懦，後之君子，庶考覽焉。具草於民國三十一年夏正六月九日，實先生降生之辰，越二日寫定，去先生成仁之歲，蓋二百七十有六年矣！

（原載《大衆》第四期和第五期，1943年。今據以收入。）

曾文正公著述考

余生十有五年，家大人授以文正公《家書》《家訓》曰："是循是則，入德之基也。"明年，又得《文正公日記》，於是始知學。始知佔畢之外，尚有所謂學者，益自勵。常竊效文正公之所爲，作日記以自律。由是益求公之遺書，以與公之《日記》相印證，求公之所致力。十二年來，蘧常之少知學問，皆曾先生啓之也。去年既輯先生《論學雜鈔》六卷成，益覺其學之廣博。近所傳《傳忠堂遺書》，實不能盡其什一。因廣徵遺著，凡得四十餘種，成此篇。其不可徵者，尚不知凡幾，其不著於竹帛者，又不知凡幾。嗚呼盛矣！而今之稱先生者，每曰事功，不知其深思遠慮，固有出當日事功萬萬者。而所成者僅此，又豈先生之所願任？或更以文學稱之，而不知其學固無所不包，今之所傳，特大山之一豪芒。以此量先生，又豈知先生者乎？雖然，先生之廣博如此，而世惟以事功文學傳。世固爲無知矣，而先生之闇然自守，詎匪尤不可及哉！茲分次其著述於下，而附論之，俾考覽焉。

《易象類記》一卷

案，是書作始於同治十年冬。是年十一月十二日《日記》云："夜將《周易》之象及常用之字，分爲條類，別而錄之，庶幾取象於天文地理，取象於身於物者，一目了然。少壯不學，老年始爲此蹇淺之舉，抑何陋也！"可知此書梗概。又咸豐十一年正月十一日《日記》云："夜將《易經》彖辭爻辭中相同者，分類編出，以資互證。"則此書之發端，不自同治十年矣。

《周官雅訓雜記》
《讀儀禮錄》一卷
案，此係王益吾先謙集書眉札記而成，刻入《皇清經解續編》中。

《冠禮長編》一卷
案，此係《曾氏家訓長編》中之一部，依劉氏別裁之例別出，下放此。

《禮記章句校評》
案，此書作始於同治五年五月間。五月十四日《日記》云："閱《禮記章句》。"十月□□日《日記》云："夜又批船山《禮記》二條。余閱此書，本爲校對譌字，以便修板再行刷印。及覆查全書，辨論經義者半，校出錯譌者半，蓋非校讎家之體例，然其中亦微有可存者。"船山《禮記》即謂《章句》也。

《左氏分類事目》
案，黎庶昌《文正公年譜》云："同治四年十月，公讀《左氏傳記》，錄《分類事目》。"

《論語言仁類記》一卷
《孟子類編》
案，此書作始於同治二年冬。是年十一月十八日《日記》云："溫《孟子》，分類記出，寫於每章之首，如言心言性之屬，目曰性道至言,言取與出處之屬,曰廉潔大防;言自況自許之屬,曰抗心高望;言反躬刻厲之屬,曰切己反求。"似放朱子《孟子要略》而作,《年譜》繫於同治二年十一月十三日,下云"公日課於晡後披閱詩古文詞,讀誦經子一卷,時讀《孟子》,分四條編記"云云。

《校刊孟子要略》五卷

案,《要略》爲朱子所編,久佚。漢陽劉芔雲傳瑩自金履祥《孟子集注考證》中輯得之。劉氏僅能排比次第,先生因放《近思錄》之例,疏明分卷之大指,俾讀者一覽而得。於道光廿八年十月中校刻行世。

《訓詁小記》
《雅訓雜記》

案,《年譜》同治二年七月下云:"公編錄《訓詁小記》《雅訓雜記》,每日記錄數則,以爲常課。"今王定安《讀書錄》卷二有《詁訓雜記》,或即所謂《訓詁小記》乎?

附

□氏□□《曾文正公論小學書注》一卷

案,此書見坊間某書目中,忘其作者姓氏,徧查不得,姑記於此,待他日補之。

《通鑑大事記》

案,此未成書。《年譜》同治十一年正月二十三日云:"自上年定以每日讀《資治通鑑》,隨筆記其大事,以備遺忘。是日已至二百二十卷,因病輟筆。"即謂此書也。又考咸豐九年十一月十七日《日記》云:"溫《左傳》,以余往年讀《通鑑》之法行之,擇其事要而警策者記之。"所謂讀《通鑑》之法,或即爲此書嚆矢乎?

《歷朝大事記》
《藩部表》
案，以上兩種，皆《曾氏家訓》中之一部。

《鹽漕河工水利賦役成案》□□卷
案，公嘗謂古人無所謂經濟之學，治世之術壹衷於《禮》而已。秦文恭公蕙田《五禮通考》綜括天下之事，而於食貨之政稍缺，乃取鹽課、海運、錢法、河堤各事，抄輯近時奏議之切當時務者，別爲六卷，以補秦氏之所未備。《年譜》系之三十八歲。又四十一歲《年譜》云："公兼攝刑曹，職務繁委。值班奏事，入署辦公，蓋無虛日。退食之暇，手不釋卷，於經世之務及本朝掌故，分彙記錄，凡十有八門。"當即此書。然考《文集》卷一《孫芝房侍講芻論序》云："嘗欲集鹽漕賦稅國用之經別爲一編，附於秦書之次，以世之多故，握槧之不可以苟，未及事事，而齒髮固已衰矣。"《序》作咸豐十年六月，公五十歲矣，時猶未成書也。

《近代學術類編》
案《年譜》三十八歲下云："採國史《列傳》及先輩文集中誌狀之屬，分門編錄，條分近代學術，用桐城姚氏之説，以義理、考據、詞章三者爲目，依類彙輯之。"今未見，疑未成，亦未有定名，姑標此名備改。

《批諭奏章》百二十卷
《政蹟批牘》二十四卷
案，以上兩種舊同藏兩江總督衙門。其後先生弟子合肥李鴻章選刻《奏稿》三十六卷，案，李瀚章《曾文正公全集序》云"卅二卷"，不符。《批牘》六卷，即傳忠局《全集》本也。先生弟子無錫薛福成編《奏議》則只十二卷。《正編》十卷，《補編》二卷。

《五百家姓》

案，此書係繼清初費九煙之作，而加以擴張。凡單姓、雙姓共五百家，而字則二千餘。蓋每句首冠以姓，其下即引一先賢事實以注之。《年譜》不載。見錢塘徐仲可珂《清稗類鈔·著述類》。

《曾氏家訓長編》

案，此書作始於道光二十二年。采輯古今名臣大儒言論，分條編錄。分修身、齊家、治國三門，子目三十有二。未成。道光二十二年十二月二十日《家書》云："前立志作《曾氏家訓》一部，後因采擇經史，若非經史爛熟胸中，則割裂零碎，毫無綫索。至於采擇諸子各家之言，尤爲浩繁。雖抄數百卷，猶未能盡收。然後知古人作《大學衍義》《衍義補》諸書，乃胸中自有條例，自有議論，而隨便引書以證明之，非翻書而遍抄之也。"由此可略考其創始之大概。已成者有《朱子小學》《冠禮長編》《歷朝大事記》《藩部表》等。《文集·朱子小學書後》云："右《小學》三卷，世傳朱子輯，觀朱子癸卯《與劉子澄書》，則是編子澄所詮次也。其義例不無可訾，然古聖立教之意，蒙養之規，差具於是。蓋先王之治人，尤重於品節，其自能言以後，凡夫洒掃應對、飲食衣服，無不示以儀則。因其本而利道，節其性而使縱，規矩方圓之至也。既以固其筋骸，劑其血氣，則禮樂之器，蓋由之矣，特未知焉耳。十五而入大學，乃進之以格物，行之而著焉，習矣而察焉。因其已明而擴焉，故達也。班固《藝文志》所載小學類皆訓詁文字之書，後代史氏率仍其義，幼儀之繁，闕焉不講，三代以下，舍佔畢之外，乃別無所謂學。則訓詁文字，要若揆古者三物之教，則訓詁文字者，亦又其次焉者乎？仲尼曰：'行有餘力，則以學文'，'繢事後素'，不其然哉？余故錄此編於進德門之首，使曓弟子姓知幼儀之爲重，而所謂訓詁文字，別錄之居業門中。童子知識未梏，言有型，動有法，而蹈非彝者尟矣。是編舊分內外，內編尚有《稽古》一卷,外編《嘉言善》二卷,采掇頗淺,近亦不錄云。得此則修身門中之子目,猶略能考見。"根此以推就已成者論之,《朱子小學》在修身門,則《冠禮長編》當在齊家門,《歷朝大事記》《藩部表》當在治國門,惟子目則已不可知矣。上除《朱子小學》外,皆經先生編纂,依例別出。

《樸目雜記》

案,是書分小學、修齊、禮兵、經濟、詩、文,凡六門,《年譜》繫在同治五年五月。

附

王氏定安《求闕齋讀書錄》十卷

案,此書爲公弟子王定安輯自書眉及劄記而成者,卷一二爲經,三四爲史,卷五爲子,卷六至卷十爲集。

王氏定安《師訓彙記》

案,此書亦輯錄公所爲經史平注,性質與《讀書錄》同。

《饋貧糧》

案,此取劉彥和語,係雜記之屬,備獺祭者,與《日記》不同,與下數種皆先生供職京曹十四年中所記。未見。

《茶餘偶談》

案,此書蓋亦雜記之屬,而亦按日記者。作始於道光十八年,公方二十八歲也。未見。

《過隙影》

案,道光十九年,公二十九歲,始爲《日記》,逐日記注所行之事及所讀之書,名曰《過隙影》。已佚。

《絫絫穆穆之室日記》

案，此記始於咸豐元年，蓋放程子《讀書日程》。其説云："自戒懼而約之以至於極中，而天地位此絫絫者；自謹獨而精之，以至於極和，而萬物育此穆穆者。由静以之動也，由静之動，有神主之；由動之静，有鬼司之。終始往來，一以貫之。每日自課以八事，曰主敬，曰静坐，曰屬文，曰作字，曰辦公，曰課子，曰對客，曰復信，觸事有見則別識於其眉。"今其書亦多闕失。所謂絫絫穆穆之室者，劉茉雲所爲公署齋額之名也，原曰"救德救身絫絫穆穆之室"。

《求闕齋日記》三十四卷

案，此書卷數從《年譜》。先生《日記》除上數種外，尚有咸豐初載由衡州治軍，東征克武漢，戰彭湖，入守章門，凡此數年，隨筆記注，均已闕失。唯自戊午以後，咸豐八年六月。迄於同治壬申十一年二月，易簀之日所書《日記》，無一晨一夕之間，無一點一畫之苟，即此已可覘公學養之深矣。今坊間傳刻之石印本，始於辛丑即道光之二十一年，辛丑至丁巳十二年間多有闕失，大約即《絫絫穆穆之室日記》等之殘編賸簡也。原本頗平騭當世人物，而記事則簡略。王湘綺闓運嘗欲學裴松之之注輔志，見其所爲《序》中。及付印，公後人懼觸當世忌諱，凡涉及平騭處皆抹去之，故今所見本多竅文也。案《清稗類鈔・著述類》亦云："湘鄉曾氏藏有《求闕齋日記》，皆文正所手書。宣統紀元攜至上海，將付石印，中頗有譏刺朝政、抑揚人物處，或見之喜曰'此信史也'，意欲摘錄，以卷帙浩繁而罷。及印本出，重覽一過，則譏刺朝、政抑揚人物之處皆刪除盡淨矣。

附
王氏啓原《求闕齋日記類抄》二卷

案，此書爲公弟子湘潭王氏所編，共分十類，曰問學、省克、治道、軍謀、倫理、文藝、鑒賞、品藻、頤敎、遊覽，蒐擷菁華略盡，自謂□托於《朱子類語》之義，能一句一字悉出於公之自記，不敢於中有所增損，然其中尚多割裂，所記年月亦有舛錯，仍當以原本參之也。

梁氏啓超《曾文正公嘉言鈔》一卷

案，此書從文正《全集》中書札、家書、家訓、日記、文集五種摘抄，其他散見他種遺著，則不及見。

黎氏庶昌《曾文正公年譜》十二卷

案，黎氏自跋云："按據近年所覼縷記其大略，自道光中葉以還，天地干戈，廟堂咨儆，二十有餘年，人才之進退，寇亂之始末，洵時事得失之林、龜鑑所在，而吾公所以樹聲建績、光輔中興者，或籌議稍迂，而成功甚奇；或發端至難，而取效甚遠；或任人立事，爲衆聽所駭怪，而徐服其精；或爲國忘軀，受萬口之詆訾，而所全實大，凡若此類，不敢忽焉。"

王氏定安《曾文正公大事記》四卷
王氏定安《求闕齋弟子記》四十卷

案，此書綴公平生言行，龍氏夢蓀《曾文正公學案》。

《古文辭選》

案，咸豐二年正月《日記》云："思詩既選十八家矣，古文當選百篇。抄置案頭，以爲揣摩，因自爲記曰：爲政十四門，爲學十五書，抄文一百首，抄詩十八家。"《年譜》繫之元年，云"是歲選錄古文辭百篇以見體要"，誤。

《經史百家雜鈔》二十六卷

案，是書初名《曾氏讀古文鈔》。作始於咸豐初年，至咸豐九年始纂定類目。是年十月二十七日《日記》云："夜將古文抄一目錄，分爲十一屬,分陰陽以別文境,其一屬之中爲體不同者,又分爲上編下編。"明年二月始行編録,閏三月二十二日纂成。見《年譜》。閱時凡十年,其所以審慎營度者至矣。十一屬之説,先生夙所主張,曾爲説以釋之曰:"文章流別,大率十有一類。著作敷陳,發明吾心之所欲言者,其爲類有二:無韻者曰著作辨論之類;有韻者曰詞賦敷陳之類。人有所著,吾以意從而闡明之者,其爲類一,曰敘述注釋之類。以言告於人者,其爲類有三:自上告下,曰詔誥檄令之類;自下告上,曰奏議獻策之類;友朋相告,曰書問牋牘之類。以言告於鬼神者,其爲類一,曰祝祭哀弔之類。記載事實,以傳示於後世者,其爲類有四:記名人,曰紀傳碑表之類;記事蹟,曰敘述書事之類;記大綱,曰大政典禮之類;記小物,曰小事雜記之類。凡此十一類,古今文字之用,盡於此矣。其九類者,佔畢小儒,夫人而能爲之,至詞賦敷陳之類,大政典禮之類,非博學通識,殆庶之才,烏足以涉其藩籬哉?"見《雜著》卷一。更於《雜鈔》敘例,與姚氏之説相校而論之,曰:"姚姬傳氏之《纂古文辭》分爲十三類,余稍更易爲十一類,曰論著,曰賦賦,曰序跋,曰詔令,曰奏議,曰書牘,曰哀祭,曰傳志,曰雜記,九者余與姚氏同焉者也。曰贈序,姚氏所有而余無焉者也。案,《雜鈔》亦選四篇,爲韓愈《贈鄭尚書序》、《李愿歸盤谷序》、《送王秀才塤序》、歐陽修《送徐無黨南歸序》,入之序跋類中。曰敘記,曰典志,余所有而姚氏無焉者也。曰頌贊,曰箴銘,姚氏所有,余以附入詞賦之下編。曰碑誌,姚氏所有,余以附入傳誌之下編。論次微有異同,大體不甚相違。後之君子,以參觀焉。"其後更立三門,以隸十一類,曰著述門,論著類、詞賦類、序跋類隸之;曰告語門,詔令類、奏議類、書牘類、哀祭類隸之;曰記載門,傳誌類、敘記類、典志類、雜記類隸之。其説至精而不可易,至約而不可加。至分陰陽之説,本書尚未顯著。至《古文四象》而其説始彰,第於《日記》亦曾詳論之,曰:"吾嘗取姚姬傳先生之説文章之道,分陽剛之美、陰柔之美二種。大氐陽剛者氣勢浩瀚，陰柔者韻味深美。浩瀚者噴薄而出之，深美者吞吐而出之。就吾所分十一類言之，論著類、詞賦類宜噴薄，序跋類宜吞吐；奏議類、哀祭類宜噴薄，詔令類、書牘類宜吞吐；傳志類、敍記類宜噴薄，典志類、雜記類宜吞吐。其一類中微有區別者，如哀祭類雖宜噴薄，而祭郊社祖宗則宜吞吐；詔令雖宜吞吐，而檄文則宜噴薄；書牘雖宜吞吐，而論事則宜噴薄。此外各類，皆可以是意推之。"見咸豐十年三月十七日《日記》。所謂《經史百家雜鈔》者，其敍例曰："村塾古文有選《左傳》者，識者或譏之。近世一二知文之士纂錄古文，不復上及六經，以示尊經也。然泝古文所以立名之始，乃由屏棄六朝駢儷之文，而反之於三代兩漢。今舍經而降以相求，是猶言孝者敬其父祖而忘其高曾，言忠者曰我家臣耳，焉敢知國，將可乎哉？余抄纂此編，每類必以六經冠其端。涓涓之水，以海為歸，無所於讓也。姚姬傳氏撰次古文，不載史傳，其說以為史多不可勝抄也，然吾觀其奏議類中錄《漢書》至三十八首，詔令類中錄《漢書》三十四首，果能屏諸史而不錄乎？余今所論次，采輯史傳稍多，命之曰《經史百家雜鈔》云。"此書先生弟子合肥李鴻章校刊行世。

《經史百家簡編》二卷

案亦稱《古文簡本》，見本書序及《年譜序》，云："咸豐十年，余選經史百家之文，都為一集，又擇其尤者四十八首，錄為簡本，以詒予弟沅甫。沅甫重寫一冊，請予勘定，乃稍以己意分別節次句絕而章乙之，間為釐正其謬譌，平騭其菁華。"又十年閏三月《日記》云："余所編《經史百家雜鈔》，編成後有文八百篇上下，未免太多，不足備簡練揣摩之用，宜另抄小冊。選文五十首抄之，朝夕諷誦，庶為守約之道，可參看也。"此書李鴻章校刊之。

《古文四象》四卷

案，四象之説，先生晚年所發明，蓋由桐城姚氏陽剛陰柔之説見姚氏《覆魯絜非書》。而更進一解者。陽剛陰柔，爲先生夙所究心。嘗讀《易經·繫辭》，而思文章陽剛之美，莫要於湧直怪麗案，湘鄉王氏啓原《求闕齋日記類抄》誤作"慎湧直怪"，此依先生墨迹本正。四字；陰柔之美，莫要於憂茹遠潔四字。見同治二年九月廿三日《日記》。既又易爲"雄直怪麗""茹遠潔適"，從而爲文以贊之，詳見同治四年正月廿二日《日記》。至六月初一，遂有有氣則有勢，有識則有度，有情則有韻，有趣則有味之論。見《家訓》。至十九日，乃發四象之説以喻其子曰："氣勢、識度、情韻、趣味四者，偶思邵子四象之説，可以分配。"其後與其子紀澤、紀鴻迭有論述。並立《古文四象表》，範圍曲成，横豎相合。又謂四象表中，惟氣勢之屬太陽者，最難能而可貴。古來文人，雖偏於彼三者，而無不在氣勢上痛下功夫，見同治四年七月初三日《家訓》。此先生由陰陽而悟四象之分之始末也。明年正月，始定《古文四象目録》。其正月初六日與其弟沅甫書云："《古文四象目録》抄付查收。所謂四象者，識度即太陰之屬，氣勢即太陽之屬，情韵即少陰之屬，趣味即少陽之屬。其中所選之文，頗失之過於高古。弟若於此四門而另選稍低者，平日所耆者抄讀之，必有進益。但趣味一門，除我所抄者外，難再多選耳。"更於四屬中各析爲二屬。太陽氣勢分爲二屬，曰噴薄之勢、跌宕之勢；少陽趣味曰詼詭之趣、閒適之趣；太陰識度曰閎括之度、含蓄之度；少陰情韵曰沈雄之韵、悽惻之韵。則又由四而八焉。先生此書，蓋以古文境詣立論，非傅會於《易》説，更非宋儒所謂太極之説。學者不察，馴至索隱行怪，則墮魔障矣。桐城吳至父汝綸，先生弟子也，其《記古文四象後》云："《古文象》，都四卷。往時汝綸從文正所寫藏其目次。案，吳氏曾語吾師唐蔚芝尚書云："初，文正寫定《四象》後不以示人。一日往見，公方讀小册子，遽掩藏而起。余以語張廉卿，竊怪之。後公他出，遂私至其處，見此册，則

《四象》本也，乃即抄寫其篇目。他日與公論文，偶及四象之分，隱合公旨，公遽大笑曰：'君竊我枕中祕矣。然非敢祕也，未定之論，未敢遽以語人耳。'"此可想見前輩風趣。公手定本有圈識，有平議，皆未及抄錄。其後公全集出，雖鳴原堂論文皆在，此書獨無有。當時撰年譜人亦不知有是書。意原書故在，終當續出。今曾忠襄、惠敏二公皆久薨逝，汝綸數數從曾氏侯伯二邸求公是書，書藏湘鄉里第，不可得。謹依舊所藏目次繕寫成冊，其平議圈識，俟他日手定本復出，庶獲補完。自吾鄉姚姬傳氏以陰陽論文，至公而言益奇，剖析益精，於是有四象之說。又於四類中，各析爲二類，則由四而八焉。蓋文之變，不可窮也如是，至乃聚二千年之作，一一稱量而審定之。以爲某篇屬太陰，某篇屬太陽。此則前古無有，真天下偉大觀也。顧非老於文事者，驟聞其語，未嘗不相與驚惑。文之精微，父不能喻之子，兄不能喻之弟，但以俟知者知耳，此揚雄氏所以有待於後世之子雲也。公此編故自謂失之高古，夫高古何失？世無知言君子，則大聲不入里耳，自其宜矣。文者天地之精華，自孔氏以來，已豫識天之不喪斯文。後之世變雖不可測，知天苟不喪中國之文，後之君子讀公此書，必有心知而篤好之者，是猶起姚氏、曾氏相諾唯於一堂也，豈不大幸矣哉！"今此書坊間已有輯印本。上海有正書局。惟予從吾師唐蔚芝尚書處，得見吳氏《目錄》，尚書蓋親得之吳氏者，與坊本頗有異同。案，較坊本多《康王之誥》《仲孫速卒》兩篇，篇次亦有不同。坊本不知何本，疑未盡足據也。又案少陰情韻之屬，所錄《詩》八十首中，頗有情韻二字所不能包者，公漫不分別，頗疑猶爲未定之本。後考同治七年六月三十日《日記》云："將《詩經》分別興、觀、羣、怨之屬，臚爲八類，共八十篇。開單將其抄出，以備諷詠。"則錄《詩》之初，並不以入四象。四象《目錄》定於同治五年，見上《與沅甫書》，則《詩經》八十篇之入，必在同治七年六月以後。其初目必無是也，蓋晚年附入，以備諷詠，未必遽以爲定。後人崇其未定之本固謬，據其未定之本以律公則尤謬矣。四象之説，其後得先生弟子武昌張廉卿裕釗而益昌，更以二十字分配陰陽，曰："神、氣、勢、骨、機、理、意、識、脈、聲，陽也；味、韻、格、態、情、法、詞、度、界、色，陰也。蓋即以桐城姚氏所謂"神理氣味，文之精也，格律，聲之粗也"之説引而申之者也，然分析過細，反涉支離，不如先生之能見其。編者案，此句有缺，原稿如此。吾師唐蔚芝尚書亦著有《古文陰陽剛柔大義》，闡曾氏之法，而卑之無高論，實取公另選稍低之旨。其書曾刊於前上海南洋公學。書未大行，人罕知之。

《十八家詩鈔》二十八卷

案十八家者，曹子建，植。五古。阮嗣忠，籍。五古。陶淵明，潛。五古。謝康樂，靈運。五古。鮑明遠，照。五古。謝玄暉，朓。五古。王右丞，維。五律。孟襄陽，浩然。五律。李太白，白。五古、七古、五律、七絕。杜工部，甫。五古、七古、五律、七律、七絕。韓昌黎，愈。五古、七古。白香山，居易。七古。　李義山，商隱。七律。　杜牧之，牧。七律。蘇東坡，軾。七古、七律、七絕。黄山谷，庭堅。七古、七律。陸放翁，游。七律、七絕。元遺山，好問。七律。也。所選都古近體詩六千五百九十九首。初名《曾氏讀詩鈔》，作始當在道光末咸豐初。咸豐元年七月《日記》云："詞章之學，吾之從事者二書焉，曰《曾氏讀古文鈔》與《曾氏讀詩鈔》。"即謂《經史百家雜鈔》與此書也。下文云："皆尚未纂集成帙，然胸中已有成竹。"至明年正月，即謂詩既選十八家，見《日記》。則大綱已具。於是年纂成在何時，已不可確指。又案公《文集》卷二《聖哲畫像記》云："余抄古今詩自魏晉至國朝，得十九家。"與十八家不符，所謂國朝一家，亦不知為何人，疑晚年所重定。蓋記成於咸豐九年正月，據《年譜》。然今所傳本，仍只十八家也。待詳。《年譜》作三十卷，今所傳李鴻章校刊本為二十八卷。又案，是書於子建、嗣宗、淵明、康樂、明遠、玄暉六家平注獨詳，據王定安《三十家詩鈔》凡例，則六家原有別編。今以《三十家詩鈔》中之六家取校此書中之六家，篇數平注竟無一不同，疑此書六家平注本以別行，後乃附入，故與其他不相稱如此。又案，楊氏彝珍《三十家詩鈔》序"五言肇興，自漢魏至齊梁，其間逐臣羈客，內有憂傷悲苦之鬱積，適激解乎物會，而形爲感喟，以舒惋戀忠悱之情，然往往多爲廋詞，以變眩迷亂其本意，讀者常苦之。吾鄉曾文正公深閔焉，因取子建、嗣忠、淵明、康樂、明遠、玄暉六家詩，別編爲一帙，間加平注，詳博精審，能補鄉來注家所不及。非其精神與諸作者相馮依，烏能具此神解？至其輔世翼教之旨，亦即寓其中"云云，即謂此書之《六家平注》。今以其已收在《詩鈔》中，故不別出而附詳於此。

附

王定安《三十家詩鈔》六卷

案，是書蓋王氏推廣先生《六書詩鈔》之旨，於先生所選六家外，蓋以仲宣公幹、安仁、茂先、士衡、太沖、景陽、越石、景純、延年、希逸、宣遠、惠連、元長、文通、休文、彥昇、彥龍、仲言、叔庠、子慎、子堅、孝穆、子山二十四家，亦略加詮釋。世人多以爲先生纂，蓋譌。

《六家詩鈔》

案《年譜》云："公選錄古詩之得閒逸意者，自陶淵明至陸放翁六家爲《六家詩鈔》，未克成書。"考是書作始於同治十年冬，是年十一月二十九日《日記》云："閱《陶詩》全部，取其尤閒適者記出，將抄一冊，合之杜、韋、白、蘇、陸五家之閒適詩纂成一集，以備朝夕諷誦，洗滌名利爭勝之心。"可以得其大概。是年十二月中正在選纂杜詩，十二月初六日《日記》云："閱杜詩選其閒適者，而杜之五七古絕少閒適一種，僅就其自然者擇取一二。渠固知道君子有德之至言，故余抄閒適詩，不能挑杜氏而不錄也。"至明年二月，先生即薨，故《年譜》云"未克成書。"

又案先生同治六年《與李眉生書》云："詩中有一種閒適之境，專從胸襟著工夫，讀之但覺天機與百物相弄悦，天宇奇寬，日月奇閒，如陶淵明之五古，杜工部之五律，陸放翁之七絶，往往得閒中之真樂。白香山之閒適古調，東坡過嶺後之五古，亦能將胸中坦蕩之懷曲曲寫出。"又是年三月《家訓》云："凡詩文趣味約有二種，一曰閒適之趣，詩則韋、孟、白、傅，均極閒適。而余所好者，尤在陶之五古，杜之五律，陸之七絶，以爲人生具此高淡襟懷，雖南面王不易其樂也。"疑此書之作，已發其此時矣。

《古詩四象》

案，此書亦公晚年所選，《年譜》不載。同治七年四月三十日《日記》云："余昔年抄古文，分氣勢、識度、情韻、趣味爲四屬。擬再抄古近體詩，亦分爲四屬，而別增一機神之屬。機者，無心遇之，偶然觸之，姚惜抱謂文王、周公繫《易》象辭、爻辭，其所象亦偶觸於其機；假令《易》一日而爲之，其機之所觸少變，則其辭之取象亦少異矣。余嘗嘆爲知言。神者，人功與天機相湊泊，如卜筮之有繇辭，如《左傳》諸史之有童謠，如佛書之有偈語，其義在可解與不可解之間。古人有所託諷，如阮嗣忠之類，或故作佛語以亂其辭。唐人如太白之豪，少陵之雄，龍標之逸，昌黎之奇，及元、白、張、王之樂府，亦往往有神到機到之語。即宋世名家之詩，亦皆人巧極而天工錯，徑路絶而風雲通。蓋必可與言機，可與言神，而後極詩之能事。余抄詩擬增此一種，與古文微有異同。"又是年六月二十日《日記》云："夜，分氣勢、識度、情韵、機趣、工律五者，選抄各體詩，將曹、阮二家選畢，則又將機神改爲機趣，删趣味一類，而易以工律。"今未見傳本，惟《十八家詩鈔》五言古詩中，嘗刻四類字，朱印本書之下，案，初印本如此，其後亦墨印矣。曰氣勢、識度、情韵、工律，而無機神之説，則猶是蚤年説也。吳至父有輯本，附《古文四象》後，其書不傳。

吾亡友江寧夏祥生雲慶亦有輯本，曾就商於予。身後散佚，亦不可得見。近蘧常復從《十八家詩鈔》中輯出，但先生書名未定，如著之云爾。

《求闕齋文集》十二卷

案，先生於文極自負，咸豐十一年正月《日記》云："余於古文一道，十分已得六七。"《與易芝生書》亦云："平生於古文辭鑽研頗開，差有敝帚之獲。""夙歲好揚雄、韓愈瓌瑋奇崛之文。"見《覆吳子序書》。以光氣，見咸豐元年七月十一年十一月、同治元年八月《日記》及咸豐十一年正月《家訓》。音響見咸豐十年十月十一年、十二月《日記》及書牘《覆吳子序書》。爲主，又深究乎陰陽剛柔之美。論文服膺姚姬傳氏，以義理、詞章、考據並重。自謂粗解文字，由姚先生啓之，既又效法相如、孟堅、司馬遷，合揚、韓爲五家。更求精於小學，見同治元年五月《日記》。晚年竺好揚、馬、班、張之賦。見同治六年二月《日記》。嘗謂國朝大儒，如戴東原、錢辛楣、段懋堂、王懷祖，其小學訓詁實越近古，直逼漢唐，而文章不能追尋漢人深處。欲以戴、錢、段王之訓詁，發爲班、張、左、郭之文章。見同治元年三月《家訓》。其文之致力大較如此。蓋以漢賦之聲色氣味運於散文之中，奇偶錯綜，而偶多於奇；複字單詞，雜厠其間；厚集其氣，使聲采煥而戛然有聲，"奇偶"云云，用近人李詳語。故能麾撇漢京，俾倪唐宋，非特邁清三百年文章之冠冕而已。黎庶昌稱其擴姚氏而大之，並功、德、言爲一塗，挈攬衆長，轢歸掩方，跨越百氏，將遂席兩漢而還之三代，使司馬遷、班固、韓愈、歐陽修之文，絕而後續。資非所謂豪傑之士，大雅不羣者哉？蓋自歐陽氏以來，一人而已！王先謙亦稱其以雄直之氣、宏達之識發爲文章，冠絕今古。先生弟國荃嘗戲稱爲古文國手，皆深有所見，非滇爲誇言也。然先生自謂古文一道，能知之而不能爲之。又言昔年自詭爲知文，而曾不一動筆爲之，不可恃也。又謂不能竭智畢力於此，匪特世務相擾，時有未聞，亦實志有未專也。此後精力雖衰，官事雖煩，仍發竿志斯文，以卒吾業，其不自足如此，故雅不欲存稿。嘗諭其二子曰："余所古文，黎黎齋抄錄最多，頃渠已照抄一分寄余處存稿。此外黎所未抄之文，寥寥無幾，尤不可發刊送人。不特篇帙太少，且少壯不克努力，志亢而才不足以副，刻出適以彰其陋耳。"先生薨後，其二子始料檢手澤。門人李鴻裔、黎庶昌等，復爲蒐輯於知故之家，凡得文十二卷。見《年譜》。其後李瀚章刻之，分三卷，存一百四十五篇，不知與十二卷本有無出入，今不可詳矣。此集最早，爲黎編兩卷本，凡六十七編。其後黎氏以示常熟張瑛，瑛就其次序均爲四卷刻之，故又有四卷本。

《求闕齋詩集》四卷

案，公詩蚤年五古學《文選》，七古學昌黎，並兼及蘇、黃，五七律學杜，兼肆遺山、義山。見道光二十三年六月初六日及二十五年三月初五日《日記》。自謂短於七律。同光以後，自課五古，專讀陶潛、謝朓兩家，七古專讀韓愈、蘇軾兩家，五律專讀杜，七律專讀黃，七絕專讀陸游。見同治元年三月《日記》。而讀先生全集，似於黃尤有深契，詩字多宗之。其《題彭旭詩集後》有云："大雅淪正音，筝琶實繇響。杜韓去千年，搖落我安放。涪叟差可人，風騷通肸蠁。造意追無垠，琢辭辨屈彊。伸文揉作縮，直氣摧爲枉。自僕宗涪公，時流頗忻鄉。女復揚其波，拓兹疆宇廣。"其明證矣。五古有詩參學左太沖、鮑明遠，七古幾全步趣山谷，如《題毛西垣詩集後》《送浚十一歸長沙》等篇，蓋逼肖者。近時言詩者，西江一派特盛，公實道之。晚年守道彌貞，於詩專永閒適之境，詩工亦愈臻高絜恬淡矣。李瀚章刻本分三卷，存古今體詩二百餘首，《年譜》著四卷。

《論文肌說》一卷

案,見公《書札》卷四。《與劉霞仙書》云:"《論文肌說》當錄出,以污尊册,然決無百葉之多,得四十葉爲幸耳。"

《鳴原堂論文》二卷

案,此係先生選漢唐以來迄於清代名臣奏疏十七首,輕述義法,間加詮釋,以詒其弟沅甫者。公論爲奏疏之言曰:"必有平日讀書學道,深造有得,實有諸己,而後獻諸君。又必孰於前代事跡,本朝掌故,乃爲典雅。"嗚呼!斯言盡之矣。今雖時逐世異,而其說終不可易。鳴原堂者,取《詩·常棣》少苑脊令之旨,以喻兄弟之急難,與相戒免禍云爾。初,沅甫屬王定安校刊之,既李鴻章又以之刊入《傳忠堂全集》中。

《書札》六十卷

案,舊存兩江總督衙門。

《尺牘》五十卷

案,此存家中者。李瀚章校刊全集時,合上《書札》選刻三十三卷。

《家書》二十八卷

案,此書《全集》中無之。

《家訓》二卷

案,以上書札、家書、家訓三種,多指陳時事,尚論學術,最有裨於後學。

《雜著》二卷

案,此書李鴻章所輯刊。卷一凡記一篇,筆記二十七則,又十二篇,課程十二條,日課四條,章程六種;卷二凡營規告喻之屬二十九篇。

右都三十八種

別裁三種,校刊一種,附十種。

(原載《歸納》第一期和第二期,1933年。今據以收入。)

寶慶王白田、朱止泉兩先生之朱子學

集我國學術之大成者朱子也。朱子於學無所不窺，上及天文，下及地理，大至參天地，贊化育，小至於尋常日用之間，朱子無不心體力行，貫通融會，宣先聖先王千古相傳之道，共著書五十一種，七百五十二卷。佚去三種，無從考其卷數。其學問既如此浩博，著書又如此之多，後學欲求其精神命脈所在，如泛大海，茫無津涯，何從而得之？蘧常拿陋，側聞我唐師之教三年矣。唐師每言朱子一生學問，如日月之經天，固無待贅述，而出處大節，及所以啓迪後學，諄諄告戒入德之門，則尤在《文集》一書。又言予少時曾從太倉王文貞公紫翔借得陸清獻、吳竹如兩先生評點本，然後知所入手。今年春，唐師講朱子大義，又徧訪爲朱子學者，素聞寶應王白田、朱止泉兩先生爲朱子學極爲精密，乃馳書寶應同門劉君翰臣代爲訪求，旋得報云"近方得王、朱兩先生批點《朱子集》數十大册，朱墨爛然，密行斜上，累累數十百言"，於是大喜，乃命蘧常等五人前往抄輯，七日而成四厚册。歸後又草創條例，重加別擇，定名曰《朱子集校釋》，然後知兩先生之於朱子，非止融會貫通而已。又加之以心體力行，字句之間，一一辨別，條分縷析，無所不用其極，實爲元明以來諸儒所未有，其津逮後學，實不啻行大海之南鍼。當今日吾國學術就衰之時，而兩先生百餘年來未經人道之秘寶，一旦適爲本館所得，實爲非常可喜之事。非特本館而已，諸君聞之當亦可喜，實爲吾國學術界上一可驚可喜之事也。今就研求所得，分別將兩先生學説約略述之於下。

王先生名懋竑,字予中,清代康熙時人,居於寶應之白田,學者稱白田先生,與朱先生同里同時。朱先生名澤澐,字湘淘,別號止泉,學者稱止泉先生。兩先生既同里,年又相似,學亦相似,故非常莫逆,生平著書各有數十卷之多,當皆爲諸君所知,不贅述,特專述其朱子學説。王先生年稍長於朱先生,故先述王先生。

(甲)王先生之朱子學説

(一)辨年月。《朱子文集》卷帙繁多,編輯又不出於一人之手,顚到錯亂,在所不免,前後之間,遂生疑似。自明代王陽明先生承宋陸象山尊德性之學,大倡良知之説以後,天下靡然從風,又知朱子説之與己不同,遂將《朱子集》中偶與己説有相似者,比傅成書,曰《朱子晚年定論》,從而爲之辭者極多,於是天下亦以朱子爲一超頓悟之學矣,是大失朱子下學上達之苦心。王先生知其如此,於是詳考每篇之語意及時事,或旁證他書,務得確據,定其爲何年何月;少年未定之論,尤辨之諄諄,惟恐不盡,然後又知陽明先生之所謂《晚年定論》,往往出於少年未定之論,未可貶朱子學問之全體,陽明蓋未深考也。使朱子學説之前後釐然可辨,非但使他人不能強爲比傅,亦且教後學入門之步驟遲速如何,不致走入歧塗,至完且密,不必辨程、朱、陸、王之異同,而其同異自然可見。王先生又作《朱子年譜》一書,詳於出處進退,非常明白,然於論學術處,尚不如此書之明白也。

(二)辨同異。考王先生所以寢饋朱子學者前後凡數十年,用功既如此之勤,用力又如此之久,故凡朱子一言一語,皆詳加考校,體之於身心,有無年月可據者,往往證之本書前後及他書,而於《四書集注》爲尤詳,排比參考,務於前後語氣異同之間定其是非,無出主入奴之弊,而是非自辨。王先生本意欲使朱子之學問昭昭如揭日月而行,又不欲各趨極端,成標榜水火之習,而使各行其是,不致牽掣拘攣，故其言婉，其詞嚴，覺硜硜爲一隅之辨者爲多事，可以見先生之苦心矣。

（三）詳取去。朱子師友之間論說最多，取去之間，不無先後之異，先生於此種最爲留意，每於師友講論取去之間，驗其進德前後之次序，曰"此如何，晚年所不取"，"此如何，晚年所不改"，非特用心精銳而已，而又心體力行，故能精當不刊如此，於此指點後學，最爲明顯。

（四）辨真偽。《朱子集》編纂既雜亂，且或有偽譌者屢入，朱紫之辨不明，後學易爲所愚，先生於此處往往標其根本之誤，指明其偽，使無所逃於字句之間，大約全書有十餘處。又如《家禮》之爲偽，王先生除自著有說外，散見於評點者尤不一而足，今專論《文集》，不贅言。

（五）尚躬行。朱子之一生精神命脈所在有二：曰格物致知，曰主敬存誠。王先生知之深，故每言朱子早年於用力處尚未沈著，尚未有定，中年大致雖未定，而大旨已具，又言中年缺却涵養功夫，與朱止泉先生論相同，其非身體力行，確有經驗，曷克臻此？

（乙）朱先生之朱子學說

朱先生之學同於王先生既如上述，而其用力處亦相似，如辨年月同異及取去之間並無異致，故略其相似者，粗述其獨到者如下。

（一）指點學朱子者之門徑。朱先生每將朱子之教人者，在在徵諸實驗，所以教後學者最切。朱先生之言曰："朱子切要功處，惟深入反己者，始能有以見之，體之，非可强探力索，取效旦夕間也。"我嘗終夜不寐，反復以思，終覺書自書，朱子自朱子，我自我，其不能合一，由於止知理在於書，舍書別無用力，所以日夕匆忙，似有所得，而掩卷輒復惘然，不知心之所以存主。如是讀書，雖勞何益？試觀朱子教人，每言教以親功要約觀事窮理之法，須從立脚處做起，直做到萬理洞然，通透活絡，方爲實地。然後知讀聖賢書、先儒格言，不可徒誦其詞，必有立脚處，而從容涵泳，知其所言莫非吾立心行事之準，則所讀之書皆爲灌漑之用，而絶無書自書、我自我之病矣。其言最爲精切有味。吾輩讀書往往有此病，讀書時頗覺書中有味，離書時即覺惘然，不知所向，如不力加痛改，則在書言書，離書將不知書矣，離經叛道，無所不至。曾文正滌生云："做事總覺有我孟夫子在前，方不膽怯。"如能讀書時念着總有朱子在前，如朱先生所謂啓我者惟朱子，成我亦惟朱子，則庶幾矣。

（二）發明朱子入德之次序。朱先生言朱子入德之次序最詳，蘧常謹以要言括之，約分三時期。

第一爲發源時期。早年致力格物致知之學，大約二十歲至三十歲。

第二爲回翔時期。轉入李延平未發之旨，即於我心思慮未起、事物未來時，驗喜怒哀樂之中之謂。是時朱子尚未深信通達，朱先生曰："朱子見李延平先生時方用力於格致之學，延平雖授以未發之旨，而朱子以爲不然。十餘年而延平没，猶未達其旨，故與何叔京等敍説有辜負此翁之説。大約自三十歲至三十九歲。

第三爲充實時期。四十歲幡然大悟，遂專用力涵養，而未免偏於静。四十歲以後，於是漸充漸大，漸合動静爲一。

朱先生之説，可謂至明至顯，直探朱子之根源。所惜者先生著有《宗朱要法》及《朱子聖學考》《朱子誨人編》等書，本館遍訪不得，倘海内藏書家有此數書，務希賜示，不吝借抄，俾得供之於世，不勝感昐。

（三）説涵養。涵養二字，蓋爲朱子晚年用力之所在。四十以後始悟，是年宋孝宗五年，歲在己丑也，故己丑一年，實爲朱子學問前後轉移之一大關鍵，朱先生論之獨詳，以爲悟兼體用，而有涵養於未發、貫通乎已發之功，則向來躁迫浮露之病可去，而有寬裕雍容之象矣。悟敬以涵養，又必致知，則絶聖去智、坐禪入定、歸於無善無惡之弊有所防，而陽儒陰釋之輩無所假借，其言可謂深且切矣。故朱先生於《文集》評點，每於言語異同之出入，定己丑前後數字，最爲明顯，使後學知先賢入德之方，而知所以下手。蓋平日有涵養之功，則臨事有應付之法，否則臨事倉卒，自籌利害之不暇，安能辨利義哉？

嗚呼！二先生之於朱子之學，可謂精義入神。由王先生之説，則後學讀朱子書，知前後異同真僞之辨，不迷所向，如船之得帆檣舵楫，不致不辨方向，觸暗礁，或如海行之落際，一失而不可反，由朱先生之説，則後學知所下手之方，如教舟人之如何用舵楫，用帆檣，及風雨之來，不至帆崩楫摧，其所以饗後學者如此深厚。蓬常愚陋，安足以表揚二先生之學説？惟際此晦明風雨之時，遂亦自忘其不才，粗述大概，謹就正於諸先生之前。近英國儒者勃洛斯氏著有《朱子性理學》及《朱子與宋代學術之概略》兩書，_{英國倫敦卜羅布森書店發售。}伏膺備至，惟於朱子用力所在，終覺隔膜，如饗以王、朱兩先生之説，使其泛大海而得南鍼，朱子之學，自西自東，自南自北，無思不服，大光於天下，則尤所深望於教育界諸先生提倡之力矣。

（原載《無錫國學專修館講演集初編》，1923年。今據以收入。）

記唐蔚芝先生

本師唐茹經先生，褎然當代大師，合富於德、貴、壽於一身，立功、德、言於兩間。余何人斯，奚克仰窺於萬一，惟以本刊編者督責之殷，不敢不勉！

余知先生在十五六歲，初讀其所著人格，私心鄉往，至形夢寐，始慨然有希聖希賢之志。一日金甸丞丈蓉鏡來吾家，謂先大父曰"昨過唐君"云云。余旁侍，即起問唐先生形貌，丈笑詢所以，既而曰："若欲如姬傳之效海峰乎？"因粗述其學行，余喜謂人曰："今日如見唐先生矣。"益想見其爲人，遂遍讀所注《論》《孟》及《國文大義》等。年二十，聞先生創國學館於無錫，廣召生徒，余大喜，以盛萍旨丈沅之介，往應試於上海，與同邑唐立厂蘭同行。文題"爲往聖繼絕學爲萬世開太平論"，余成千餘言，立厂亦纚纚不能休，皆自意，以爲附門牆可期。繼聞京、滬、錫三處應試者至千餘人，多高才碩學，則又爽然自失者累日。及榜發，余與立厂皆倖取錄。直其往寧，乃不及俟開學，先期冒大風雪至錫謁見。先生攝大布衣冠，望之儼然，接之溫然，如坐春風，如沐時雨，頓忘冰雪載塗之苦，昔之模擬先生形貌，蓋亦十得四五也。開學日，先生宣示講學宗旨曰："吾國情勢日益危殆，百姓困苦已極，此時爲學，必當以正人心、救民命爲惟一主旨，務望諸生勉爲聖賢豪傑，其次亦當爲鄉黨自好之士，預儲地方自治之才。惟冀有如羅忠節、曾文正、胡文忠其人者出於其間，他日救吾國，救吾民，是區區平日之志願也。"自後余稍知學問，與夫爲人之方者，皆先生有以啓之。

溯自民國九年冬始受業於先生之門，至於今蓋二十六年矣。比歲以來，佐先生董理國學專門學校校務，仍無時不在先生甄陶訓誨之中。當倭寇內侵，東南地陷，陳蔡之厄，師生共命，其間肺腑涕淚之言，尤非楮墨所能盡其萬一者。初先生違難，率生徒辟地西南，由武漢而湘鄉，而長沙，而桂林，淹滯經年，疾疢婁作，不得已間關歸滬。時租界地猶未陷賊手，東南學子聞風環請講學，先生以七十餘之高年，奔走八千餘里，至滬未一月而大病，然病中猶平晝復校。余受命於危難之際，七年之間韜光掩跡，茹蘗含冰，而絃誦未嘗或輟，一以正人心、救民命爲依歸，無日不討生徒而申儆之。某年歲暮，戶外鐵騎縱橫，渠答塞道，先生猶冒寒紆道來講學，生徒有感極而涕下者。某年夏，倭海軍屢敗，美利堅飛機襲滬郊，炸聲四起，亙數小時不絕，先生遣人至校存問，余方與同人縱談兵事，詼嘲諧笑，往往與炸聲應和，先生聞之亦爲一相笑也。

方事之殷，先生日纂《勾踐志》示生徒，以爲報讎雪恥，莫善於子貢之教越王。當閏位之立也，有賫重金求先生一文者，先生嚴絕之曰："雖一字，何可得哉！"或有浼先生入諸老會，爲黿聲紫色之應者，先生曰："哀病之餘，只欠一死，何能隨諸公俯仰邪？"其浩然正氣，隱然支拄東南士氣於支離破碎之餘。昌黎謂孟子功不在禹下，復於先生見之矣。今河山光復，先生入此歲來，已八十有二矣！蔚爲國家人瑞。余雖不文，然受知遇已逾二十年，共患難又幾十年，則發揚先生之文章道德義無可辭。敢最其大略，灑爲八章：一家世；二淵源；三志學；四從政；五興學；六道德；七功業；八文章；九著作，爲欲知先生者告焉。

一　家　世

先生先世籍金陵，當明萬曆、天啓之間遷婁東。世有潛德，高祖諱景星，初入學籍；曾祖諱森階，業商；祖諱學韓，先生《家乘》所謂翼亭公以弟子承嗣堯冀公者也。〔一〕堯冀公居滬上，設稅行，逐什一之利，頗饒於貲。族人害公之入嗣也，日懷刃以伺。公避之，勿與校，族人計不售。復百計誘公，而堯冀公固長厚，信用族人，數年肆折家落。道光三十年大水，人民困甚，堯冀公猶誡公，取諸貸券悉燬之，令毋償。公成其志，至今鄉里播爲美談焉。公性至儉，米鹽瑣屑，必躬親；夜恒巡舍，一夕荷一囊入室，藏牀頭，先生叩之，曰："此傭媼盜吾家米，匿灶下，吾得之，汝慎勿洩，洩則彼名隳，無有傭之者矣。"明晨媼則大詈，謂"此吾存物，何與而老翁事"，公還而笑遣之，終不言。公家故隸鎮海衛籍，有漕船一，公赴鄉收租籽以納稅，鄉人稔其慈，故不納，或涕泣言貧病，公即舍去，或轉以錢米施之，人稱之曰"二好人"。二好人者，公行二也，其仁厚如此。〔二〕

考諱受祺，字若欽，廩膳生，恩貢，候選復設教諭。平生衣僅蔽體，食不二簋，爲諸生時，自持筐筥購菜蔬。先生迎養至京師，易錢或購米，猶親往，人不知其爲一封翁也。爲學不喜標榜，不務聲華。時人馳逐炫耀，公退然不與爭衡，每當稠人廣坐之中，衆論紛紜，未嘗發一言，居恒闇然自修不求人知爲主旨。先生少年，或有表襮，輒嚴禁焉。嘗節錄呂叔簡《呻吟語》、張揚園《訓子語》及張敦復《聰訓齋語》，並自輯《行年錄》。初不令人知，歿後，先生始檢得之。〔三〕《書聰訓齋語後》曰："治生之法，有田可耕，莫如爲農；無田可耕，莫如爲工。不論木工、漆工，而不入於賤役者，皆可執業。有業可執，一家可圖溫飽，不至有求於人。"《書訓子語後》曰："賢者必吶吶不出，不肖必截截諞言；賢者必謹守儉樸，不肖必崇尚豪華；賢者見財必揆諸義而後取，不肖必巧其計以營求；賢者與人共爲一事，必處己以勤，不肖必推諉而惰。"《書呻吟語後》曰："心不平，氣不和，皆肝火也，人能於肝火將動時力制之，則便有無限受用處。"〔四〕其言行相顧如此。

妣胡太夫人自幼端正嚴肅，至性過人。通經史大義。既歸若欽公，丁赭寇之亂，流離顛沛中，悉典奩中衣飾，爲堂上甘旨之奉。翼亭公嘗曰："江北之役，吾全家不至餓死者，賴有賢婦也。"及就養京師，甲午之役，倭薄奉天，寖寖窺津沽，太夫人曰："設有不測，吾當投繯以報國。"庚子拳難作，聯軍陷京都，太夫人以國難痛憤，不食二十餘日。平居教人，惟以至誠爲宗旨，見兒童嬉戲，頗寬恕，至誑語，則必正色戒之曰："幼子常示毋誑，若幼而誑語，長必欺人矣。誠身順親，保友獲上，要以幼時不妄語爲本。"見閒游無度者，輒痛恨之曰："古人有言，其爲人也多暇日，其過人不遠，此統男子婦人而言。若好閒游者，非佳子弟，即非佳婦。"疢草時，有以雅片進者，嚴拒之曰："吾不能留惡名以上累祖宗，下害孫子。"〔五〕得正而斃，有古大賢之風，忠忱惻怛，尤彤史所罕覯焉。其累世深仁厚澤如此，用啓我先生，非偶然也。作《家世篇》。

配郁夫人諱冰雪，同邑國學生振鏞三女，婉娩淑慎。年十六七，有貴宦聞夫人賢，議聘爲繼室，聞之，爲憤悁不食，其姊私叩之，則曰："彼貴宦何爲者？吾自有福，若無福，適以促我之死，有福，則吾且自貴，彼貴宦何爲者？"乃止。年二十二，歸先生，先生年十八也。事堂上盡孝，相先生盡敬，及先生捷南宫，鄉人有請託，或求挈赴都者，夫人謝之曰："吾家赴都，仍作蒙師耳，非爲宦也。"先生聞之喜甚曰："異日庶幾助我爲廉吏乎？"後二年卒，無出。〔六〕

繼配黄夫人，字彬瓊，同邑增廣生鏡渠女，與先生爲姨表兄妹。乙未歸先生。性慈祥，事堂上能先意承志，若欽公善飲，晚必治酒食，般匜佐餕，黽勉有無。胡太夫人善病，經年不起，夫人婉容巧應，起敬起孝，未嘗倦怠。平居肅肅雝雝，悉屏紛華，雜婢媼操作。遇饑歲，戚鄰里貧乏來告者，傾廩無少吝。今年七十有二。〔七〕

有四子：長慶詒，美國哥倫比亞大學外交科碩士，配俞，哥倫比亞大學教育科碩士；次慶平，蚤殤；次慶增，美國哈佛大學經濟科碩士，配周；次慶永，哥倫比亞大學經濟科碩士，配陸。孫二：孝宣，慶詒子；孝威，慶永子。〔八〕例得附書。

二　淵　源

　　先生學行之淵源，於家則得於大考與考爲多。生六歲，即隨翼亭公卧，夜抵足，口授諸經，呀唔之聲，或達丙夜。繇是先生入塾，日中恒嬉，夜則畢日間之課以爲常。塾師怪之，以爲奇慧，無煩督責，而不知皆稟翼亭公之教也。一日某遠姻來乞錢米，自朝至夜漏三下，語刺刺不休。時天盛暑，汗流面霡霂，翼亭公始終溫語尉薦，厚贈錢米，與揖讓周旋而去。先生私語：“客何爲者？殊厭人。”公叱之曰：“汝何知？彼爲貧也。人孰無貧乏之日？汝幼年已學刻薄邪？”臨命教先生曰：“汝好讀書，聽吾平日言，務爲善。”時先生年十四也。〔九〕

　　先生幼時，若欽公常旅外，意不樂，嘗語先生曰：“我所以教汝者，在學成聖賢，稍立功德，以期無玷先人。”年十三，問爲人之道，公曰：“當從孝、弟、忠、信、禮、義、廉、恥八字始，孝爲百行之原，淫爲萬惡之首，倫常之地，尤宜兢兢焉。”案，先生《茹經堂文集》三編有《八德詮釋》，蓋稟公訓。又問處世之方，曰：“吃虧即是便宜，但願子孫學吃虧足矣。”論通經，先以熟讀經文爲主，督責背誦，必一字無訛乃已。先生年二十後，從事訓詁，公曰：“汝經文尚不能背誦，豈能成經生耶？”平居教他家子弟，常用此法，尤以敦品立行爲第一義。先生既貴，公惟以勤廉報國爲訓。官尚書時，有以車馬請售者，稍華飾，公意滋不悦曰：“汝不憶慶封之車，美澤可以鑑乎？”先生亟謝絶之。酒後每慨然謂先生曰：“凡人家無三十年而不變者，惟爲善有以持之，然非勤儉以養心性，亦終不能爲善也。”〔一〇〕

妣胡太夫人亦教先生嚴。先生六歲入學，次日即逃塾，太夫人執大杖當門痛責之曰："汝父旅食，汝廢學，何以對汝父？歸當撻死。"先生懼，入塾，次日復然，復痛責之，先生遂不敢歸。先生課偶不熟，復嚴責之曰："汝爲先生撻，毋寧我撻汝。"〔十一〕故幼時《四書》、唐詩，皆太夫人口授，先生嘗淒然曰："至今油燈涼月之影，刀尺講讀之職，彷彿猶在耳目間也。"〔十二〕

於師，則有同邑胡嘯山茂才汝諴，先生外從大父也；胡古愚茂才汝直，外大父也；錢會甫茂才宮極，姨丈也；王紫翔太史祖畲，瑞安黃漱蘭侍郎體芳，定海黃元同教授以周，長沙王益吾先謙，嘉興沈子培中丞曾植，子封提學曾桐，常熟翁文恭公同龢，同邑陸文慎公寶忠，〔十三〕而得於王紫翔、黃元同、沈子培三先生者爲尤多。

紫翔太史，光緒癸未進士，庶吉士，散館選授山西崞縣知縣，改河南湯陰縣知縣，晚主本邑及崇明、寶山各書院講席，卒，私諡文貞。平居與羣弟子講明而修肄者，爲讀書以植其本，窮理以致其知，反躬以踐其實，至於通經必期致用，作文貴乎明道，凡一切詭僻新奇、破壞聖賢之説，與夫叫囂塗附、決裂文章之體者，概宜屏斥。先生嘗記其論學大旨云："孔子萬世師，删訂贊修，紹明經訓而已，有宋大儒出，而後理學之名顯，表章六經，傳先聖絶業，非空言義理也。至漢儒考訂制度名物，師承授受，其功非後人所能及，其美亦非後人所能掩，顧其體驗於身心性命之間，精微透澈，自當推宋五子爲特尊，未可與漢儒同日語也，而後世小儒，擷拾口頭語録，以爲傳習心法，無怪爲漢學家所鄙棄矣。"〔十四〕

初清光緒庚辰歲，先生年十六，遊於庠，學爲古文辭，上書文貞，獻所爲文十首，文貞曰："子僅闖籠統論道之言，而即欲形諸文章，在無識者或驚爲知道，恐識者有以量其底蘊之淺，是非厚植根柢不爲功。蓋文雖藝術，而人品學問皆寓其中，故凡博大昌明者，必其人之光明磊落者也，文之精深堅卓者，必其人之忠厚篤誠者也。至興新險巧，則人必刻薄，違戾怪僻，則人必傲很。子學為文，先從立品始，然後涵濡於四子六經之書，研求於《史》、《漢》、諸子百家之言，不患不為天下第一等人，不患不為天下第一等文矣。"〔十五〕辛巳，遂受業於文貞之門，首勖以孝弟忠信之道，申之以義利之辨，曰："小人所以下達者，皆以利害義，汝若喻利者，非吾徒也。"又曰："士君子讀書，貴在明理，不能明理，讀書奚為？"因命讀汪武曹《四書大全》、陸清獻《三魚堂集》，曰："此理學入門之始，論古文不尚宗派，不泥法度，但當養吾浩然之氣，行乎其所不得不行，止乎其所不得不止，自能神明變化，為天地間化工之文。若必拘拘於規矩繩墨，而謂入古人堂奧，則所挾不宏，義理神情，皆不能磅礴而周浹，非聖賢豪傑之文也。"〔十六〕自後於先生雖獎借甚至，而訓督綦嚴。獻文藝，輒顰顣，或至抵几，測中式與否，常若神。乙未以後，先生四十三歲。謂先生古文已成就，不甚增損，刪虛字而已。嘗謂秦漢之文，不獨無支辭，且無支字。唐宋以後，文所以不古者，虛字多也。能節虛字，則氣自鍊而辭自雅矣。生平教不倦，學不厭，晚歲猶手授四部書至三千餘卷。年七十有七卒。先生嘗曰："某微文貞，無以至今日。"可知文貞所以成先生者大矣。

元同教授為定海經學大儒黃先生式三之季子，清同治庚午，以優行貢成均，旋舉於鄉，歷署遂昌、海鹽、於潛訓導，補分水訓導，特賜內閣中書，補處州府教授。教授之學，兼採漢宋，以為三代下之經學，漢鄭君、宋朱子為最，又謂經學理學，宜合於一，不宜歧之為二，乃體鄭、朱之訓，以上追孔門博文約禮，實事求是，其所得於心而詔後學者，務在質諸鬼神而無疑，百世以俟聖人而不惑，蓋江慎修、王白田先生以後一人而已矣。瑞安黃漱蘭先生督學江南，建南菁講舍，延教授主講，從之者千有餘人。〔十七〕光緒乙酉春，先生赴講舍肄業，臨行，王文貞詔之曰："昔顧亭林先生有言'經學即理學'，明理必在於通經，彼強分門户者，皆鄙倍之徒也。吾聞南菁院長黃元同先生經學大師，子守吾理學之教，而更採黃先生之所長，博聞強識，窮理盡性，他日自成一家，斯可矣。"〔一八〕教授教人，務以敦品勵學、躬行實踐爲旨，嘗取《易》靜、專二字教先生曰："學問必由積累，初無頓悟之方，而積累全在靜專，亦無襲取之道。人有終日讀書而掩卷輒忘者，病在不靜；有終身讀書而白首不名一藝者，病在不專；靜則記性強，專則學術成。"又曰："昔之儒者，尚專經，故能由一經以盡通諸經，今之學者，欲無經不通，乃至一經不通。"〔一九〕聞先生稱宋儒之學，甚喜曰："聖門之教，先博後約，子其勉之。"〔二〇〕教授畢生精力在《易》《禮》二書，《禮書通故》已風行海內，《十翼後錄》尚存諸家。〔二一〕

子培中丞，光緒庚辰進士，用刑部主事，遷員外郎，擢郎中，居刑曹十八年，尋充總理衙門章京，調外交部，出授江西廣信府知府。〔二二〕未至，即檄南昌府知府。〔二三〕歷署督糧道、鹽法道，擢安徽提學使，署布政使，尋護巡撫。民國十一年卒，年七十三。〔二四〕光緒十八年，先生始受業於中丞之門。先生嘗曰："博雅開通，當世殆無其匹。"〔二五〕又曰："先生於學無所不精，囊括六經，出入百家諸子，貫天人之奧，會中西之通，論者多以乾嘉諸老儗先生，其測先生者淺矣。"中丞嘗語先生曰："爲學之道，貴乎知類通達，開物成務，若拘虛一隅，何爲者？"〔二六〕又嘗與論宋代《易》學曰："程子之《易》，元祐、紹聖之《易》也；朱子之《易》，淳熙、紹熙之《易》也；誠齋《易傳》，師法干氏，而時會不同，亦與干氏殊旨，惟知時者可與言消息。"〔二七〕其他論政尤多。光緒二十年甲午，吾與日本戰，師徒橈敗，先生悲憤，擬上封事，計萬餘言，中丞激賞之，稱爲《萬言疏》。二十二年，先生考取總理各國事務衙門，時翁文恭公方領事，先期見中丞，詢各部人才，中丞首以先生對。二十九，年中丞出守廣信府，先生繼爲外務部庶務司主稿。〔二八〕及後國步日艱，中丞每唏嘘謂先生曰："蘭芷變而不芬，荃蕙化而爲茅。"又曰："吾輩今日無可言者,惟有與古人相晤對,或與九夷八蠻人道耳。"〔二九〕可知相知之深,故言之痛切若此。余受業於中丞之門爲最後進,上距先生之先進,蓋二十有八年。此如山垤鳳鳥之比,又有師弟天澤之嚴,而先生之序鄙著中丞《年譜》,乃猥曰同學,由此益見先生於師門之重,而在鄙則誠惶悚有不敢任者矣。

其無師名而爲先生所嚴事者,則爲桐城吳摯甫京卿汝綸。京卿,同治四年進士,工古文,久客曾文正國藩、李文忠鴻章幕,出補深州,改補冀州,光緒中任北京大學總教習,加五品卿銜,遊日本歸卒,年六十有四。〔三〇〕辛丑十月,先生初見京卿,請古文之法,京卿曰:"子欲求進境,非明文章陰陽剛柔之道不可。"又曰:"文章之道,感動性情,義通乎樂,故當從聲音證入,先講求讀法。讀文之法,不求之於心,而求之於氣,不聽之以氣,而聽之以神。大抵盤空處,如雷霆之旋太虛;頓挫處,如鐘磬之揚餘韻。精神團結處,則高以侈;敍事繁密處,則抑以斂。而其要者,純如繹如,其音翱翔於虛無之表,則言外意無不傳。《樂記》師乙所謂'上如抗,下如墜,曲如折,止如槀木,纍纍乎端如貫珠',皆其精理也,知此則通乎神矣。"先生又問應讀之文,京卿曰:"第讀《古文辭類纂》《經史百家雜鈔》二書足矣。曾文正之文,以昌黎爲間架,而其神理之曲折,則皆廬陵也,故黎蒓齋謂歐陽文忠後一人,君善學之,會心不遠矣。"明年,又晤京卿於日本,又爲論讀書作文之法曰:"文正言凡文學家,讀經之外,宜讀七書,曰《史記》、《前後漢書》、《莊子》、《韓昌黎集》、《文選》、《說文解字》、《通鑑》,此七書者,天資薄弱者,適其一二已足,中材則通其三四,若能盡通之,則全才矣。"又言:"文者,天地之精華,牢籠萬有,靡所不該,貴在獨立,不當偏滯一隅。君文理氣太重,夫以理爲學,固美矣善矣,若以理學爲文,動雜以陰陽理氣之說,則易入於膚庸而無變化,其弊與考據家之支離、詞章家之浮靡,異體而同譏,宜洗滌之。"先生大心折。及京卿卒,先生悲惋者兼

旬，嘗曰："余受業鎮洋王先生紫翔、定海黃先生元同、嘉興沈先生子培而外，平生景仰者，惟先生一人而已。"[三一]

於友，則同邑張海民培堉，王晉蕃康壽，《茹經堂文集》三編卷七有《傳》。李虎生炳，陸禮南朝琮，畢枕梅光祖，《文集》三編卷七有《傳》。張拙嘉樹蓂，《文集》二編卷六有《傳略》。王彬儒鳳璘，陸勤之起，吳縣曹叔彥元弼，江陰章琴若際治，《文集》二編卷八有《墓誌銘》。陽湖趙劍秋椿年，武進劉淮生翰，丹徒陳善餘慶年，《文集》三編卷八有《墓誌銘》。常熟孫師鄭同康，常熟丁秉衡國鈞，元和曹夔一元忠，泰州盧義侶求古，如皋姚小賓彭年，寶山邵心烱曾鑑，陽湖莊思緘蘊寬，上海趙韻丞世修，丹徒殷墨卿松年，海門劉乙青宗白，□□沈頌棠鵬，崇明王丹揆清穆，《文集》四編卷七有《王文恪公行狀》。萍鄉文芸閣廷式，海鹽張菊生元濟，□□李盤碩審之，杭州汪伯唐大燮，蘇州顧康民肇新，長白世伯先善世，山陽丁衡甫寶銓，《文集》四編卷八有《神道碑》。□□辛湯生鴻銘，侯官陳石遺衍，《文集》四編卷八有《墓誌銘》。[三二]而最所心契者，則爲曹叔彥編修與王丹揆右丞也。[三三]

叔彥編修，光緒甲午進士，特詔授職編修，主講兩湖書院及蘇州存古學堂，著有《禮經校釋》《周易鄭注箋釋》《中庸通義》等，今年政八十。先生與編修交誼略見於《贈編修七十壽序》，其略曰："吾輩生斯世也，爲斯世也，所居而安者，《易》之序也，既不能合宙合之消息，以旋乾轉坤，惟有以默識諸心者，準之聖經之卦。初乙酉歲，余肄業江陰南菁書院，君訪余於章宇齋中。君年十九，治《詩》《禮》，余年二十一，研性理，一見如舊相識，訢合無間然。斯時也，文德純懿，民志咸定，其當《小畜》與《履》乎？洎壬辰、甲午歲，余與君先後捷宮，余佐農曹，君襄內翰，上下交同而志同，爰訂金蘭之契，二人同心，其利斷金，其當《泰》與《同人》乎？《蠱》之上九，高尚其事，蓋自處在吉凶悔吝之外，故《經》不繫以吉，是豈君與余之初志哉？厥後君膺張文襄公之聘，主講兩湖書院，昌明經術，教思無窮，臨大亨以正矣。迨奉特詔，授職編修，異數殊榮，邱園生色，賁之文明以止也。無何而爲《大過》習《坎》之時，棟橈本弱，入于坎窞，於是兩人又以獨立不懼，常德行習教事相勖勉，天之與山，相望而不相即，其象爲《遯》，物不可以終遯，惟冀陽息而爲《壯》，艱貞晦明，又豈君之初志哉？然而《夬》未能決，《姤》之一陰，羸豕蹢躅，有隕自天，無何而爲《革》，痛矣夫，虎變豹變，講學以開文明而已。《易》之終，受以既、未濟，自天地萬物，以至一人一事，無有能越其範圍者。《豐》之見沬，《旅》之焚巢，《中孚》之鼓罷，《小過》之鳥音，龍潛蛇鬥，占事知來，惟思患預防，斯君子之光其暉吉矣。"〔三四〕先生集中與編修論學書牘最多，至今猶函札往來無虛日，可知二老道義之交，蓋久而彌竺也。余於癸亥受先生命，偕同學畢貞甫壽頤、唐立厂蘭、蔣石渠庭曜、白心齋虛侯芸圻、吳子馨其昌六人，同受《禮經》於編修之門。編修別字復堂，嘗私號所謂"復堂七子"者也。

丹揆右丞，光緒庚寅進士，以主事僉分戶部，考取總理各國事務衙門，充會典館協修，旋傳補章京，改任外務部榷算司主稿，擢商部右參讓、右丞，尋出爲直隸按察使，乞養歸，尋又起用浙江監理財政，入民國任太湖水利局督辦。年八十二卒，私謚文恪。〔三五〕著有《農隱廬文集》若干卷。〔三六〕先生與文恪交誼，略見於文恪《茹經堂奏疏序》，其略云："太倉唐君蔚芝少余五歲，光緒壬午，年十八，領鄉薦。余三試南闈，報罷，戊子倖舉京兆試，年二十九矣。己丑與君同上公車，晤於都下，一見如舊相識，遂締交焉。君與余皆無世俗嗜好，專以文章道義相磋磨。逾年庚寅，余以二甲進士觀政農部，又二年壬辰，君亦以二甲進士觀政戶部。初余分河南司，君分江西司，旋同兼雲南司。戶部四大司，雲南其一也。兼理漕政，自是君與余聯席治事者七八年。丙申，君兼譯署行走，戊戌，余亦兼譯署行走。辛丑，同補外務官。癸卯，同以經濟特科徵。是年新設商部，君以郎中擢授商部右丞，余以員外郎擢授商部右參議，自是專治商政。恐國內商情之不得上達也，甲辰，余以考察商務南行。丙午春，余回部，君已升任侍郎，余轉升右丞。其時部中人才極盛，君尤注重路政，派員密查，管路直臣直督袁世凱不謂然，君抗疏力爭。六月，余忽奉命除授直隸臬司，蓋左遷也。知袁氏之陰謀疾視也，請假南歸。假滿，即請開缺。未幾，丁內艱。是冬，君方署理尚書，亦丁內艱。我兩人十數年中，進退一轍，遭遇若有天緣。自是厥後，蹤跡略疏，而書問往還，歲時無間。"[三七]文恪之疾革也，先生兩夢其檢理行裝，若將遠去，越日而赴至。其卒也，先生哭之慟曰："自古以性情相契合，締交畢世者，罕矣，而如公與余同譜同寮，同進同退，同韜晦以遯世，始終不渝，殆戛戛乎不能多覯。今公往矣，而余尚孑然虛生，俛仰身世，不覺霑襟之浪浪矣"。[三八]其相契之深至如此。

百谷匯爲江海，無百谷，無以成此江海。無本之水，其涸可立待，惟人亦然，非家學與師友淵源，不足以成大德大業，作《淵源篇》。

三　志　學

先生於民國紀元前四十七年，即清同治四年十月十六日，誕生於太倉州鎮洋縣岳王市陸氏之靜觀堂。大父翼亭公喜甚，命名曰文治，字曰穎侯，號曰蔚芝。年六歲，初入學，受業於外從大父胡嘯山先生之門。先識字，後讀《孝經》，明年讀《論語》。是時家貧甚，衣敝補綴，或結數處，同學或笑之，則正色曰："余'君子固窮'，若輩則'小人窮斯濫矣'。"同學皆訝之。是二語，蓋習聞外大父古愚茂才之訓也。夜課不舉燭，恒隨月而讀，目力始傷。明年讀《孟子》，某日赴戚家飯，或問所志，先生朗聲曰："願爲伊尹。"一座皆驚。九歲，始肄《五經》，初讀《詩》，既讀《書》與《易》。[三九]十二從外大父受《左氏春秋》[四〇]與《小戴禮》，始學作制義及試帖詩。[四一]初受《左氏》至鄭伯克段於鄢事，茂才問："鄭伯與段優劣？"先生對曰："鄭伯失教，段不弟，無可優劣也。"茂才莞爾曰："孺子可教矣。"〔四二〕十四《五經》卒業。是年夏，王紫翔太史訪若欽公於蘇州館舍，先生方隨侍，見先生文，亟賞之，謂必成大器，且謂宜讀古大家文，以擴充其才氣，先生遂有上追古作者之意，嘐然尚論古人。一日，發言驚座，座客滋不悦，先生外舅黃浚之訓導鏡渠笑語客曰："若毋狂是兒，十年後，若輩皆退避三舍矣。"〔四三〕時家境益困，先生益發憤讀書，恒至夜分。明年冬，應州試。明年春，以第六名入州學，於是先生年十六矣，肄公羊穀梁《傳》及《史記》，始學作古文。十七受業於紫翔太史之門，教先生讀汪武曹《孟子大全》、陸清獻公《三魚堂集》及《唐宋文醇》《熊鍾陵制義》等。先生日夜淬勵，於性理文學初知門徑矣。明年，先生學益精進，自律亦愈嚴，書"毋不敬，毋自欺"六字於座右。行路不斜視，務收束身心。分日讀《朱子小學》《近思錄》《性理精義》《學蔀通辨》《程氏讀書分年日程》等，兼抄《王學質疑》，《明辨錄》細讀之，覺醰醰有味；讀《孟子》乃更有得，遂摘錄諸先儒説，並録紫翔太史筆記，作《讀孟箚記》，理學乃日進。秋應省試，中式第二十名〔四四〕，若欽公喜甚，勗以詩云：

　　夙幸承先澤，冀攀桂一枝。憐余久蹭蹬，原注：余七應省試。喜汝振門楣。瞻矚搏鵬路，披吟鳴鹿詩。學修且勵志，休負少年時。〔四五〕

　　二十讀《周禮》《儀禮》《爾雅》，始從事經學。〔四六〕述作始存稿，是年有《〈禮記・月令〉習五戎義》《原情》諸篇。〔四七〕《原情篇》云：

　　情者何？人之陰氣有欲者，即喜怒哀樂好惡也。《左氏傳》子太叔述子產之言曰："民有好惡喜怒哀樂，生於六氣。六氣，陰陽風雨晦明也。"賈逵曰："好生于陽，樂生於陰，喜生於風，怒生於雨，哀生于晦，樂生於明。"翼奉言"六情"曰："北方之情好,東方之情怒,南方之情惡,西方之情喜,上方之情樂,下方之情哀。"又《白虎通》曰:"情所以六者何?人本含六律五行之氣而生,故內有六府五藏,此情性之所由出入也。五藏者何也?謂肝、心、肺、腎、脾也。六府者何也?謂大小腸、胃、膀胱、三焦、膽也。"明乎此說,則知人稟陰陽之氣以生,其發而爲喜怒哀樂好惡者,蓋莫非金木水火土之質,以運乎其間;而治其情者,亦莫非六律之氣,以轉旋乎其際。六律配乎四時,蒙得而引伸之曰:"黃鐘者,孳萌萬物,爲六氣之元,位于子十一月,于人情爲喜。太簇者,簇,湊也,萬物湊陽氣而生,位于寅正月,于人情爲好。姑洗者,洗,鮮也,萬物改柯易葉,莫不鮮明也,位于辰三月,于人情爲樂。蕤賓者,言陰氣幼小,故蕤萎,位于午五月,于人情爲惡。夷則者,夷,傷也,言萬物始傷,位于申七月,于人情爲怒。無射者,射,終也,陰氣方盛,則萬物隨陽而終,位于戌九月,于人情爲哀。"原注:六律不言陰,舉陽以統陰。然則情也者,固隨乎四時爲節序,以分乎五方之風氣者歟?故曰:"情者魂也,魂者芸也。"情足以除穢,而即不能無欲,是以《孝經鉤命決》曰:"陰氣者貪,故情有利欲。"而董子亦曰:"情者,人之欲也。"又曰:"情非制度不節。"蓋古聖人之治性情也,禮以節性,樂以防情,實仍取乎六律五行之正氣,以養其血氣嗜欲之動,而遏其放蕩邪僻之漸耳。《易》曰:"利貞者,情性也。"原注:依朱氏《漢上易傳》正。因和而得正,即由情以復性也。《詩・蒸民》箋曰:"其性有物象,其情有法則,情法性,即陰承陽也。"是則情固通乎性,而性即以治其情。自釋氏起廢情之學,而李翱《復性書》復爲滅情之論,於是情通性之說,不明於天下,而性原乎六律五行之說,益不明於天下。〔四八〕

明年,肄業於江陰南菁書院,謁見浙江學政黃漱蘭侍郎,諄諄然訓以有用之學，遂受業於院長黃元同教授之門。聞先生講宋儒之學，甚喜，語之曰："顧亭林先生有言'經學即理學，理學即經學'，不可歧而爲二。聖門之教，先博後約，子其勉之。"復教以訓詁義理合一之旨。初示以陳北溪《字義》，先生抄讀之，踰月而畢。又示以所著《經義通故》，案，後改名《經訓比誼》。亦摘其精要者抄錄之。又於藏書樓縱覽諸書，自是於經學小學，亦漸得門徑矣。月課，先生作《宋元明諸儒主一辨》，案，《文集》作《宋明諸儒説主一辨》。纏纏數千言，教授歎賞不置，評云："擇精語詳，於斯道已十得七八。"〔四九〕其略云：

"主一爲敬"之説，始於程子。大抵人心之不能存，由於不靜，而不靜之故，則由於思慮動作之不定。程子此説，原爲初學思慮動作不定者作鍼砭也，究其實功，則二語足以盡之，曰："應事時，祛二三之雜；無事時，制邪妄之念。"由是二語用力，則貫動靜，徹始終，所謂敬以直内者，正不外乎此。是以程門弟子，若龜山、和靖諸先生，皆於是致力焉。至《朱子語類》，又發明其旨，乃益見主一之説不出"勿貳以二，勿參以三"之謂，蓋祇以專壹吾心，而非有玄妙深微之理，與夫收攝冥悟之境也。南軒作《主一箴》，歸本於"居無越思，事靡他及"，此尤爲得程朱之意。傳習至明，薛敬軒、胡敬齋論主一之旨，亦能得程朱之意者也。其異於程朱者，則有陽明、甘泉、景逸。陽明即以主一爲窮理，甘泉又以主一爲無物，景逸又以主一爲無欲。夫程子固曰："敬只主一，存此則自然天理明。"此原言定靜然後於義理精明，非謂定靜之即窮理也。陽明以主一爲主吾心之天理，居敬窮理只一事，然亦思此心不能無妄念之發，果何由辨其爲天理、爲人欲而主之乎？甘泉之説，并以理爲障，直禪家空空蕩蕩光明寂照之旨。至景逸以主一爲無欲，則由誤以《通書》解程子之説，不知程子之言主一，雖括不雜於欲之意,然其正意,則在此心不雜於他事。蓋學者惟能不雜於他事,然後能不雜於欲,未可即以無欲解無適也。蒙於學問躬行之實,所見尤狹,未敢自信,然志在研求義理,謹取諸儒先之說而條辨之。其說與程子合者,自程子始,至敬齋,凡十條;案,爲程子、《龜山語錄》、《和靖語錄》、朱子、《南軒語錄》、《東萊遺集》、《北溪字義》、《西山語錄》、薛文清《讀書錄》、胡敬齋《居業錄》,凡十條。說與程子有異者,自草廬始,至念臺,凡九條。案爲《草廬語錄》、陽明《傳習錄》、湛甘泉《求放心篇》,又甘泉《答鄧恪略書》、高景逸《靜坐説》、方本庵《心學宗》、薛中離《語錄》、徐養齋《讀書劄記》、《念臺語錄》,凡九條。蓋藉以默勘諸身,且存一時之見,以爲後日取驗之地,非敢妄議諸儒也。下略。案,《條辨》爲本文最要處,然文長不能錄,其大旨已見於前,概從割愛矣。吾人言學必辨之於日用之間,可以實用力者,方爲有神。若論雖高妙,而反以措其心於渺茫之地,甚無謂也。昔陸子靜嘗曰:"收拾精神,自立主宰。"而朱子亦嘗曰:"收拾得自家精神,在此方看得道理盡。"辨此二語,亦可見諸儒説主一之大綱。蓋朱子之意,在收拾精神,以爲窮究義理之地;子靜之意,則在收拾精神,以爲完養知覺之地。同一言收拾,而其所指不同,故用力亦異。若主一之說,則程朱與陽明、甘泉所指亦不同,而其用力亦各異者也。不有以析之精,其能無毫釐之差,千里之謬哉?謹條辨所見,冀後日稍有進,而更論其深處焉。〔五〇〕

是年存稿,尚有《陸象山言先立乎其大辨》《樂無大夫士制論》諸篇。〔五一〕二十二,赴禮部試,下第歸,仍肄業南菁書院。初治《易》,先讀惠氏、張氏、焦氏諸書,繼請業於元同教授。教授曰:"本朝《易》學,雖稱極盛,然未有能貫通漢宋,自成一家者。子讀《易》,當於《通志堂經解》中求之,其中如朱氏《漢上易傳》、項氏《周易玩辭》、吳氏《易纂言》,皆極精當。"先生因細繹之,覺項氏爲尤勝。教授又假以所著《十翼後錄》,所肄漸多,遂思作《周易集解疏》,不果,既又擬作《周易大義》,兼采漢宋之長,始屬稿焉。[五二]是年存稿,有《〈易・豐〉配主夷主義》《讀焦理堂〈孟子正義〉》諸篇。[五三]二十三,學《易》益進,教授示以所著《周易故訓訂》,抄錄讀之。[五四]是年治《易》之文最多,曰《〈易・屯〉二爻辭義》《〈易・訟・大象傳〉義》《〈易・蠱〉先甲後甲、〈巽〉先庚後庚義》《〈易・升〉上爻消不息義》《〈易・既濟〉東鄰西鄰義》。其他存稿,有《陳同甫與朱子辨論漢唐治法論》《讀〈書・湯誓〉》《〈禮〉酬爵奠而不授辨》《惡圓篇》諸篇[五五]。"惡圓"者,先生夙以自肄,且以教弟子持身者也。其辭云:

天地生人而予以性也,有剛有柔;人之率其性以處世也,有方有圓;然吾謂人與其偏於柔也,毋寧偏於剛,何者? 剛,勇於進德,而柔,怯於入道也。且人與其偏於圓也,毋寧偏於方,何者? 方足以持其本性,而圓則足以喪其本性也。蓋天人自有生之初,莫不有其天真焉,及其長而應物也,乃莫不各喻夫世故焉。以天真之幾微,涉世故之頹靡,而天真乃不足以敵世故,而其五性之動,六情之發,乃亦有時矯揉而用之。矯揉五性者,惟其先挾圓通之見,而違心乖理,騁辭詭辨,始兆於作僞,終入於闇塞。夫物固有所是,而亦有所非,物固有所宜違,而亦有所宜順,然而末世違順之故,則多有與是非相反者。是以後漢劉梁曰:"事有違而得道,有順而失義。"而彼圓通者,欲以徇世俗之所好,則必拗非者爲是,而故順之;屈是者爲非,而故違之。佞兑而不直,乖辟而不愨,同流合污而不知恥,翩翩乎其若轉圜也,幡幡乎其若流水也。當是之時,是非之心,斲削既盡,而於是羞惡之良泯,而其天德之存者亦幾希矣! 矯揉六情者,彈智竭思,以求容悅於當世,於是顛倒其愛憎,遂有不當喜而喜,不當怒而怒,不當哀而哀,不當樂而樂,不當好而好,不當惡而惡者。其始也,猶不過喜阿附而惡迂拘,不欲與人異趣而已;而其繼也,乃遂迷惑失志,而真以爲當喜,真以爲當怒,真以爲當哀、當樂、當好、當惡矣,巧言令色,文過飾非。推其弊,極於無所不至,而其端,一自圓通開之。然則圓通者,不乃爲失誠喪性之本,而學道者之大戒與?且夫萬物之位乎天下,無不各有其本質,而矯而飾之,則未有不敝。搏土以成丸,被以丹綠,雖足以觀美,而土之本性失矣;截木以爲桮棬,加以朱漆,雖足以適用,而木之本性失矣。今世之學爲圓通者,殆猶搏土截木之類也。奈何世道譸張,人心迷謬,三代而後,遂變爲圓通之天下!佞邪之士,如水濟水,無不"俑規矩而改錯,競周容以爲度",是故孔子有"觚哉"之嘆,傷人之破以爲圓,盡去其圭角而亡其本真也。孟子、荀卿述仁義,明王道,其說時君,如持方枘而內圓鑿,格不能入,終老牖下。而世之習揣摩務苟合者,乃遂謂非圓不行於世,而專詆直方爲不足學,於是又有忠厚之士,謹愿之徒,惑於世故圓通之說,苟且從俗,而終至於喪其所守。又有賢知之士、學問之徒,惑於世故圓通之說,遂懈其將順匡救之志,而所學卒至於無成。悲夫!蒙是以著惡圓之說,而三歎言之,以爲世戒焉![五六]

始編《錄茹經堂文集》。[五七]明年仍多治《易》之作,曰《〈易·師〉〈履〉〈臨〉大君義》《〈易·觀〉六四爻辭義》《〈易·坎〉九五爻辭義》《〈易·解〉朋至斯孚義》《〈易·渙〉渙汗渙血義》,其他存稿,有《詩皇父考》《魯〈詩〉有傳無傳考》《〈禮〉親殁不得爲人後義》《釋子云》《〈漢書·藝文志〉〈爾雅〉屬〈孝經〉說》《賈生深於禮述》《叔孫通所著書考》《鄭君述漢律考》《汲黯論》諸篇。[五八]二十五,再赴禮部試,挑取謄錄,留京。館穀於鄉人顧君廷一所。明年,又赴禮部恩科試,仍未售。挈顧生歸里,仍教之讀,凡二年,始有志於經世之學。二十八，又赴禮部試，中式第三十一名貢士，房師沈子封按察曰："首場未薦，閱二三場卷，知爲讀書有得之士，補薦遂中。"座師翁叔平相國評其卷云："經生之文，必有靜穆之氣，此作是也。經藝淵博，不使才鋒，策賅博。"殿試二甲第一百五十名，朝考一等第六十五名。引見後，以主事用籤分户部江西司[五九]。自此，先生由學而仕矣。先生之學，蓋兼漢宋之長，而於理學爲尤深，當於別篇詳之，此志其從學之先後而已。作《志學篇》。

四　從　政

先生從政始三十一歲。初官户部，佐度支，繼入譯署，佐外交，終改商部，由右丞洊昇至左侍郎，署理尚書。四十二歲丁憂，自後棄政而學。前後僅十二年，兹分述於下。

先生初筮仕，適丁中日甲午之役。吾海陸軍俱燼，先生悲憤甚，時李文正鴻藻、翁文恭同龢兩相國方贊軍機，[六〇]先生擬上"請抱大局以維國運"封事，[六一]計萬餘言，文恭激賞之，手錄數條，然不果行。[六二]其略云：

方今中國之積弱，非一朝一夕之故，苟非舉宿昔之弊，一切掃除而更張之，則萬不足以固邦本而禦外患。陛下誠能信臣之言，毅然獨斷，破除常格，改易新政，則所謂轉危爲安、轉否爲泰之機，未始不在於是。臣敢就時事之最爲切至而急於施行者，爲我皇上條陳之。

一曰：宜正人心，別流品。夫士之所以不能赤心爲國者，弊在嗜利而已矣！方今廉恥道喪，賄賂公行。文官則朘削民膏，以供人之欲，武官則尅扣軍餉，以快己之私。虎視狼貪，無所顧忌。陛下發一令，舉一事，詔書甫下，而攘奪刻剥之徒已隨其後，甚至里巷婦孺，互相傳述，以爲某某之居官者，位尊而多金也。夫人心之好利如此，天下安得而不危？昔漢臣董仲舒有言："萬民之從利，如水之走下，不以教化隄防之，不能止也。"今欲革易此病，莫若專任清廉之士，如有不肖盜臣，形迹敗露，立寘重典，無有輕赦。至於軍營之中，月餉本極微薄，苟以貪墨者主之，則軍士誰復肯效命者？故督臣胡林翼云："將之貪者，未有不怯，兵之嚚者，未有不疲。"臣嘗深味斯言，以爲名論。蓋彼既自爲身計，則於皇上土地之得失，直爲分外之事，倉卒有變，惟有擁資遠颺而已。往者平壤之潰，未始不由於此。聞衛汝貴當拿問之先，尚在權算兵餉，以爲侵漁之地，良心喪甚，莫斯爲甚！今請明降諭旨，慎簡統帥，勉以廉節，而又嚴定貪墨之罪，俾之節節相制，其有敢侵蝕者，除本人正法外，家產悉没入官，以充軍賞，如此則軍心自固，而士氣自奮矣！此臣所謂急於施行者一也。

其二曰：宜務剛斷，嚴賞罰。臣聞天地之所以布化也，曰春曰秋；帝王之所以爲政也，曰仁曰義。天地而專以春溫爲主，不能以成歲功也；人君而專以仁厚爲治，不能以正百官也。我朝以仁德治天下，乃延及今世，至於宏綱不舉，萬事隳壞若是者，何也？蓋既偏於仁厚，而不能以義濟之，則天下人士，皆有以窺陛下之指，則相與圖僥倖之術。其弊也，至舉朝臣庶，誣罔營私，無復知有振作之日，而且積恩生翫，積翫生驕。在外之大臣，且有尾大不掉，至於欺君誤國者矣；在內之宦官，且有鉤結無賴，至於弄權竊柄者矣。皇上苟非予以不測之罰，則天下事不知其何所底止也！況乎用兵之要，尤以賞罰爲先務，唐臣韓愈有言："兵之勝負，實在賞罰，賞厚可令廉士動心，罰重可令凶人喪魄，不可愛惜所費，憚於行刑。"今者北洋所用丁汝昌、衛汝貴、衛汝成、趙懷業四人，國人皆曰可殺，乃或則拿問而未至矣,或則彌縫而倖免矣!臣非不知陛下之意,以爲將才難得,含容而曲宥之,庸或可以收後效。不知此輩庸惡貪鄙之徒,萬無可以自新之理,而軍務所關,間不容髮,此輩一日得高踞於上,則事機之貽誤者,已不啻萬倍。故夫黄帝有言曰:"日中必萬,操刀必割。"言幾之不可不決也。夫用人之法,善則錄之,惡則誅之,兩言而決,何所瞻徇?陛下而亦用其含忍,則天下事尚安可問耶?且臣之意,非敢欲皇上之輕於用刑而果於殺人也,蓋補偏救弊之術,務在因乎其時。今日之勢,必當以仁爲體,以義爲用。往者世宗憲皇帝英明果斷,雷厲風行,所用李衛、田文鏡輩,雖疑於苛察,然而盜賊慴伏,政績爛然。皇上第以法祖爲心,則人心安有不湔濯而向善者乎?此臣所謂急於施行者二也。

其三曰:宜獎氣節,去闒冗。夫皇上之所賴乎臣子者,爲其能任事也。而今之臣子,多不能勝皇上之事者,非特其才庸也,亦以其爲風氣所轉移,而不知尚氣節耳!臣嘗環顧在廷諸臣,無論顯晦,約有兩端:其一則罷軟凡庸之徒,退食自公,唯唯諾諾,搜剔於簿書期會之中,矯飾於文辭應對之際,偶有一事關係於國家之安危者,則卸而諉之於他人,蓋其意不過倖保祿位而已。此正唐柳宗元所謂:"捧土揭木,而致之巖廊之上,蒙以絨冕,翼以徒隸,趨走其左右,豈有補於萬民之勞苦耶?"苟或不然,則又甘言華服,雅步高論,趨承奔競,呧訾栗斯,以學問爲雉媒,以文章爲羔雁,以金珠爲脯醢,以契券爲幣帛,樞廷可啗,則啗樞廷,近習可通,則通近習,惟得之求,無復愧恥。父詔其子,兄勉其弟,天天滔滔,而忠義名節之風,至於革滅殆盡。由前之說,聖人之所謂鄉愿也;由後之說,聖人之所謂鄙夫也。夫鄉愿、鄙夫,雖非大奸大惡者可比,然充其患得患失之心,足以貽誤國家之大事,則實與大姦大惡者無異。陛下第信任斯二者,而天下之危機已伏於是矣！臣嘗讀宋朱子《上孝宗封事》云:"仗節死義之士,當平居無事之時,誠若無用,然古之人君,所以必汲汲以求之者,蓋以得是人而用之,則足以逆折姦萌,潛消禍本,自然不至真有仗節死義之事,非謂必知後日當有變故,而預蓄此人以擬之也。"又謂:"以天寶之亂觀之,其將相貴戚近幸之臣,皆已頓顙賊庭,而起兵討賊,至於殺身湛族而不悔,如巡、遠、杲卿之流,則遠方下邑,人主不識其面目之人也。"斯言痛切,可為萬世之鑒！陛下誠能多得氣節之士,置之輔弼之地,舉凡闒冗庸濫者流,一切放廢棄逐,如是則天下之文臣武士,皆當靡然向風,而謂國家大事猶有委茶而不振者,無是理也！此臣所謂亟於施行者三也。

其四曰:宜正官常,破資格。夫朝廷以資格用人,所以杜天下躁進之漸,意至美也。然臣竊有說焉。凡人之精神完固而識慮周詳者,自三十年至六七十年而止,是以《禮經》"五十曰艾,服官政;六十曰耆,指使","大夫七十而致仕"。先王用賢,具存至意。方今仕途之中,肩摩轂擊,冗員猥雜,無可疏通。士自三十致科名,循資按格,至於躋大位,任大事,非六七十年不可。夫以此數十年之歲月,浮沈於京師之中,世故益深,揣摩益熟,精氣益耗,畏葸益甚,而其精銳有為之志,蓋久已為之銷竭矣！況邇來人心詭譎,欺罔者多,資格之途,漸不足信。然則朝廷以資格用人,其始也,可使天下之後進俱成為長者;其弊也,可使天下之君子皆化為小人。陛下亦何樂用此欺罔之輩,而不思略為變通耶？或者謂老成典刑,自古所重,如臣之言,恐開天下浮躁之徒覬覦名器之意,則流弊滋大。不知自古以來,何事無弊,惟恃上之有以酌損之。且臣歷考古者官人之制,敷奏以言,明試以功,車服以庸,不聞其以資格也。西漢治法,已非盡善,然其選舉,必以孝廉方正,其用丞相,必以清德威望,不聞其以資格也。陛下誠能延攬羣才,果有稱名位之實者,破格擢用,量材而授官,錄德而定位,則操縱之權,用之在我,彼覬覦名器之士,將何從而生心乎?此臣所謂亟於施行者四也。案,此下尚有拔真才、變科目等四事,軍務等四事,不著。著此四事,雖時移勢異,仍爲不刊之論也。

以上八事,俱爲久遠之計。上誠能信臣之言,切實施行,中興之業,實基於此,即億萬年無疆之休,未嘗不基於此也。〔六三〕

光緒二十一年,調派爲户部雲南司幫主稿。先生以吏爲師,遇事諮詢,並調取檔案目録,手自抄存,用時提閲,吏不能欺。辦稿必摘要抄録,名曰《職思隨筆》。十二月,學習期滿,户部循例引見奏留,翁文恭公考語云:"人品端方,趨公勤慎。"

明年,肄各國條約事務各書,並評點萬國公法,及曾惠敏紀澤、黎蒓齋庶昌諸家文集,自是始有志於外交之學。七月,考取總理各國事務衙門章京。時列國環視,倡爲瓜分中國之説。先生聞耗,爲之痛哭流涕,日夜彷徨而不能自已,擬上"殫竭血誠,以維國脈"〔六四〕。大指以爲補救之策,不外乎以衆敵衆之法,其事厥有兩端:一曰虛聲以奪之,一曰實事以備之。夫瓜分之説,實薄海所不忍聞,今我縱不愛此尺寸之土,又何忍以芸芸之蒼生,神明之遺胄,俾之淪於異類,畀諸豺虎。此後誓當發憤爲雄,盡破拘攣之習與夫一切無謂之禁令,天下豪傑,皆當號召響應,勇者出其力,智者出其謀,富者出其財,人自爲戰,家自爲守,上以戮力王室,而下以自保其身家,庶此元元,得安性命。一面則明告列國,吾中國可奪者土地,而不可奪者人心,所不足恃者兵力,而最足恃者衆志。我中國之受辱已極,民心之積憤已深,如是而破商市,焚教堂,亦非諸大國之福也。夫英人之於中國,商務最爲殷盛,必不敢輕於嘗試。德、法二國,意在遇事生風,一聞此言,亦或相率罷去。所最足畏者俄耳，然誠能善爲措置，本吾至誠之意，以行其操縱離合之方，俾各國仍有互相牽制之勢，則亦將有所顧忌而不敢驟發。此虛聲以奪之之策也。凡保天下者，自保郡縣始，保郡縣者，自保一鄉始，而保鄉之法，莫善於民團。處今日之勢，而勉與西人相持，計惟有使通國之民皆化爲兵而已。欲使通國之民皆化爲兵，計惟有辦民團而已。往者中興時諸名臣若曾國藩、胡林翼、羅澤南諸人，治兵皆用民團，所用統帶，大都校官弟子，樸實勇敢之士，而其籌餉之例，則又不費公家絲粟之力，皆於本地自行籌款。誠以用一鄉之人以捍衛一鄉，則其心壹而其志固；用本地之財以捍衛本地，則小民更樂於輸將，而其勢亦可以持久。此實事以備之之策也。[六五]六月，傳補譯署章京，請益於同僚顧君康民，顧君曰："辦事之要，勤而已矣。勤則諸事接洽，至公牘之要，縱使千條萬緒，不過敍述明晰，無他道也。"先生大韙之。自此每兩日赴户部，兩日赴譯署。户部在雲南司正主稿上行走，事務殷繁，總署尤甚，值夜恒至天明。司務廳儲條約匾，先生發而盡讀之，又以暇時習俄文，燈下每取中俄文條約對校之，目力遂大傷。

庚子拳亂起，朝士多趨避，先生獨不行，按時入值，譯署爲匪人所深慧。一日晨，先生赴署，署中乃無一人，仍飯畢散值。已出署矣，拳匪蜂擁至，皆紅帕首，揭白幟，大書"扶清滅洋"四字，韻先生折歸待之，有所謂大師兄某者，怒詰曰："堂官皆不在，而司官僅足下，何哉？"先生曰："本署官皆兼攝，午前例赴各部。"某云："吾觀署中妖氣盛。"又曰："聞同文館多洋書，應即燬，通鞮譯者皆奸人，應立殺。"先生曰："本署係奉詔設立，與列國往來，不能不通鞮譯，至殺人當出上命，且別有所司。"某語塞，乃云："吾爲足下焚香升表。"表受火上升，某云："足下善人。"乃去。聯軍陷京師，德宗西狩，先生始他避。辛丑，與列國媾和，先生隨辦和約事宜，仍攝户部事。七月，從户部侍郎那桐使日本，謝其國書記杉山彬之被戕也。先生肝鬱已久，至是目眚益劇，歸途左目竟失明。是行作《東瀛日記》六卷，指謂其國駸駸乎日臻富強，其民外和易而工心計，然廠肆林立，軌道四達，多佔農田，米價騰踊，爲可慮也。冬，改總理衙門爲外務部，先生補榷算司主事，始辭户部職。明年二月，中葡界約議起。中葡舊約，有十年後修改之文，本年適屬改約之期。葡萄牙使臣因去歲新約償款事，中國整頓關稅，值百抽五。葡國以庚子無損失，未獲償款，而葡商轉受重稅，意不能平，乃請推廣廣東舊界，謂大孤、小孤等島嶼，係屬於葡界，應均畫歸葡轄，詞氣強勁，當事者頗爲所攝。先生曰："按中國輿圖，並無此島屬於彼島之例，故舊約即係一定界限，如果彼此聯屬，則訂舊約時，葡使何以絕無爭論，現在自應遵守舊約，不能更改。至值百抽五，各國一律，與分界絕無關涉，不得因此而要求也。"當事者大喜，立促先生屬稿覆葡使。數日，聞使館中人云："外部近大有人，何兼悍乃爾。"葡使得覆，竟忿極而病矣。先生謂人曰："交涉事應援據公法，準情酌理，即強國亦奈何我乎！"[六六]三月，從固山貝子銜鎮國將軍載振使英吉利，賀其君受惠加冕。兼應比、法、美、日之請，周爰彼邦，經途八萬里，爲時十七旬。先生作《英軺日記》十二卷，紀其事，復綜而論之曰：

伦敦在西海之壖，孤縣三絕島，而輯轄五洲，吸收宙合之精華，都市殷賑，鴻紛瓌瑋，舉天下之財政家、製造家、工藝家、商家、農家、外交內治家，靡不集聽矖於斯，權低昂於斯。彼都人士，乘堅而策肥，高步而遠視，崔構閎九天，陶復洞九淵，飈軌電郵，呼吸萬里，誠上帝驕子、保屬之幸民哉！其政策和而堅，善動而能靜，屈羣策不殫厥力。其民樸屬勤於事，蓁豁浩宕，而尊上親長，服從於法律。其風俗外希鶩，內善葆光，重學而輕教，起十七世紀以迄今兹，三紀有勝，非幸也，數也。

巴黎恢恢，冠絕西歐。林麓翳蔭，萬物棣通。士女敖嬉，談醼挟張。議堂擴千步,民政所宗。其氣憍,其學説日新,其民英峙自憙,而心志發揚。方時國社鬩逐教徒,汎淵毆魚,鄰國爲壑。夫彰善癉惡,品物恒情,昌茲壯佼,標宗樹異。歐人懲昔禍,有戒心焉。自西徂東,所不能不三致意也。

　　美利堅洲於歐視爲西,於亞視爲東,名城大都,星綴岳峙,天產軋苗,地寶湧盈,藝學引鏺,利主考工,舟車亘亥步,朱、圭、狶頓,比戶可封,合衆國以之。越坎拿大山而西,其間堂密美樅,田疇罫畫,黃冠草服,氈帳穹廬,極目窈窕,熙熙然有邃古初風焉。天留奧壤,厭飫白民,迺不免有形茹神慈、椎結愩墨者雜處其中。種族之蔽,人權之畸,不已酷乎?

　　日本兄英師德,自奮東方,行觀其庠序,則子衿青青,徽志易別。行察其主藏,經制出入,準平靡失,其心競於學術也,其作新而不破糅其國粹也。旋觀我齊州英俊,案飾嘩嘩,虀心羅騷,齊以苦言之藥,不至挾策而亡其羊已。

　　凡茲四國,一縱一橫,或翕或張,巧算不可窮,離朱亦迷方。某既憑軾觀之,而倫敦旋軔之初。先至比利時國之博聞賽都城,厥民殷析,殫精工藝,比主黃髮髟髟,手持一編,研研講議,若無預於歐洲戰國策者。荷蘭遺俗,謐康若茲,其持弱之道乎?其將伺人之不見有所得乎?夫民生而有血氣則爭,爭而不已則困,困而猶不能不爭,且別求所以善其事者,而開化之術出焉,進步之程偉焉。歐美兩洲,自十七世紀之末,磅礴扶輿,更師迭長,與時王相,要靡不履繁霜而凜堅冰,鏡前車而修來軫,諸國之迹粲然已。〔六七〕

在倫敦時,法人微席葉伴遊藏書樓,謂先生曰:"中國素號文明,今先生來游是邦,見歐洲識字人多乎?抑中國多乎?"言次有得色。先生應之曰:"歐洲識字人固多,然中國識字人,貴在躬行實踐。如仁義禮智,必有此四者,方可謂識得仁義禮智四字;奸邪惡逆,必絕此四者,方可謂識得奸邪惡逆四字。我國此等識字人固少,諒歐洲亦不能多也!"微席葉語塞。在博間賽時,比王接先生尤殷勤,導觀其書樓,問中國學術甚詳。歸國,以勞績記名知府。

　　癸卯四月,補和會司員外郎。六月,補庶務司郎中。八月,設立商部,簡載振爲尚書,伍廷芳、陳璧爲左右侍郎,徐世昌暨先生爲左右丞。先生以驟躋顯位非所宜,且商務非素習,力辭,不許。[六八]於是先生年三十有九矣。九月,擬定《商部章程摺》,略云:

　　　　伏維懋遷作乂,商政權輿。周之泉府司市,漢之平準均輸,大抵以因時制宜,爲設官之本義。方今中外互市,商務實爲利權所繫,竊以立法尤宜防弊,任事要在得人。現當創設之初,必須明定章程,妥籌良法,然後可期經久。臣等詳加覈議,綜其要旨,約有數端。

　　　　一曰通下情。中國風氣未開,官商每多隔膜,馴至牽掣抑勒,百弊叢生。今欲俾隔者而使之通,合渙者而使之聚,成效實非易覯,則各項公司,及商律商報館,不可不設也。

　　　　一曰定官制。我朝設官分職,具有成規。近來若外務部,分司設缺,陞轉不出一途,立法盡善,亟宜仿行。至於商情所在,若不予以爵秩之榮,誠恐商人中之志切忠誠、欲圖效用者,仍復裹足不前。是宜於慎重之中,稍寓變通之義,則各司官之與商董,不得不分途並用也。

　　　　一曰立課程。六部衙門,積弊在一切檔案稿件,皆歸吏胥經理,遂得上下其手。今臣部必使司官親手辦事,一人可抵數人之用。倘有商人赴署求見,不得有絲毫之沮隔。推之收發文件,批示稟牘,亦不容有斯須之逗留。斯課程宜釐訂也。

　　　　一曰嚴賞罰。商務爲利源所在,弊竇易乘,欲使各司官等砥礪廉隅，專心壹志，非厚給廉俸，不足以激勵清流。然獎勸之餘，尤須用法，使知儆畏，庶人人争自濯磨，盡袪招摇牟利之弊，斯賞罰宜嚴明也。

　　總之，當此振興庶務之時，務使中外商人，咸曉然於國家設立商部之本意，要在保護開通，決不與商民争利，必痛除隔閡因循之習，始克盡整齊利導之方。臣等竊本斯意，擬就章程十二條，從略謹繕清單，恭呈御覽。如蒙俞允，應請作爲臣部專章，即由臣等分別咨行遵照。〔六九〕

分設四司：一曰保惠司，專司商務局所學堂招商一切保護事宜，賞給專利文憑、譯書、譯報、聘請洋工程師及部中司員陞調各項保獎。一曰平均司，專司開墾農務、鹽桑、山利、水利、樹藝、畜牧一切生殖之事。一曰通藝司，專司工藝、機器、製造、鐵路、街道、行輪、設電、開採鑛務、聘請鑛務師、招工諸事。一曰會計司，專司稅務、銀行、貨幣、各業賽會、禁令、會審、辭訟、考取律師、校正權度量衡，以及部中報銷經費。此外設司務廳一所，專司收發文件，繕譯電報。其餘未盡事，宜各類從。〔七〇〕並宣布商政宗旨，以保護商民、開通商智、厚結商力、體恤商艱、培植商家元氣、減輕担負、不苛擾、不干涉爲主要。堂司各官，均宜束身自愛，不得自營商業，藉圖私利。時有某布政之子，餽先生兼金，並持某尚書函，求爲幫王稿。先生怒甚，擲還之，聲言倘有納賄求差者，當嚴劾。自此無敢干以私矣。十一月，遷左丞。明年，議設高等商業學堂，及設總商會於北京、上海兩處，再就漢口等處，次第推廣。北京總會成立之日，先生親莅演説，自此商人始知互助團結矣。六月，署理左侍郎。十月，草具興辦東三省政要稿，大旨謂："通商實邊，當自東三省迤西至内外蒙古，以達青海、西藏，以汽車（即火車）、鑛業兩公司爲根本，以他種商業爲後盾。如此則北京一區，如背之有椅，可高枕無憂矣。"

共列十項:"一經營營口,二疏治遼河,三採掘撫順炭礦,四監理東清鐵道,五贖還安奉鐵道及新奉鐵道,六設置大連海關,七預備十八處通商口岸,八勘視間島,九平靖鬍匪,十收回遼東法權。"末謂:"俾東三省,不致爲朝鮮、埃及之續。"〔七一〕沮撓者衆,迄未能行。自後先生每及東北之事,未嘗不歎息痛恨於當時也。丙子,北洋大臣袁世凱以商部奏設各省路務議員,不便於己,騰章掊擊。同朝爲之失色,以爲鋒不可犯。先生力争,侃侃不屈。語人曰:"事上治下,當明大體,非與人争權也。"袁亦終無以爲難。〔七二〕九月,署理尚書。十月,工部歸併爲農工商部。十二月,丁内艱,去官,自此不復仕矣。人謂先生從政僅一紀,而聲施爛然,而不知此僅先生千百之十一也。人以先生不竟其用爲可惜,而不知先生之有先幾之燭也!作《從政篇》。

五 興 學

先生去官後之明年七月,溥仲魯尚書請爲北京實業學校監督,鐵寶臣請爲貴冑學校監督,皆固辭。八月,郵傳部陳玉蒼尚書復請爲上海實業學校監督,以若欽公年老思鄉,上海去家近,遂許之。實業學校,故南洋公學也。前監督曠職久,頗形廢弛。先生力加整頓,始遣學生楊錦生等六人赴美游學,是爲先生辦學之始。明年,改普通工程科爲鐵路專科,此爲後日交通大學之權輿。來復日,設國文補習班講席,先生親主之。八月,江蘇教育總會舉先生爲會長,會中諸執事,若楊翼之廷棟、雷繼興奮、沈信卿恩孚、吳畹九馨,皆極一時之選,東南人士,望之如景星慶雲。〔七三〕時清政日壞,先生既求其治而不得,於是不得已而求之於教養人材,爲百年之計。朝廷雖飾新政,興學校,而又多不得其道,甚或疑之忌之,摧之殘之,廢之棄之。明年,宣統改元,先生慨然作《學校培養人才論》曰:

一家之中，顛連多故，或貧乏不能自存，有子弟焉，嶄然見頭角，則無害也，異日將有所恃也。或乃以爲不中不才，而疑之忌之，摧之殘之，廢之棄之，如是則其家終無望矣。今者科舉停，憲政舉，天下之人才，將盡出於學校。天下之言政治、言學術、言外交法律、爲農工商諸實業者，將盡出於學生。天下之所仰賴者，非學生而誰賴？而世乃有疑之忌之、摧之殘之、廢之棄之者，抑又何也？蓋自教化不明，天下多得一，新舊不相保，則所以正其本而清其源者，惟視乎培養之道。培養之道宜加意者，在彼此相見以誠。今夫家庭之間，因嚴教敬，因親教愛，融融洩洩，未嘗聞用權術也。天下至誠而不動者，未之有也！今遇學生，而以權術行之，在我先不能立於無過之地。蓋我以權術御人，人遂百出其權術以嘗我。疑幻之甚，而隔膜生焉，隔膜之甚，而戈鋋起焉！夫治民之道，一以爲嬰兒，一以爲龍蛇，其效已大相逕庭矣。茲者以名臣名儒望於人，而以盜賊無賴待其人，惟以盜賊無賴待其人，而人且以盜賊無賴自處也。戕賊杞柳，斲喪萌芽，君子不勝其痛心矣！是豈國家菁莪作育之至意乎！

培養之道宜加意者，如保赤子。張子有言："民吾同胞，物吾與也。"天下人之子弟，猶吾之子弟也。今人之愛其子弟，無所不至，試思他人之子弟入學之時，其父兄之反覆丁寧，有如何者矣？居學之時，其父兄之夢魂記憶，有如何者矣？他人之父兄，以赤子屬我，即國家以無數之赤子，委託於我。赤子乳之而不以其時，不得其飽，則啼哭隨之。今我之愛護而不用其誠，約束而不得其術，教誨而不能滿其願，給其求，是猶乳之而不使飽也。赤子之啼哭呼號，又焉怪乎？知此者，則可以揣其本矣。

培養之道宜加意者，如植佳木，出口氣而傷之句者有不出,萌者有不達者矣,故慎勿傷之。縱其自生自長,而不加翦被,則其枝葉扶疏四出,有拳曲而不中繩墨者矣,故慎勿縱之。渥加灌溉,有旁出者,稍稍翦被,而大木乃奮迅凌霄,而不可遏。起居之宜潔清也,寒煖之必慎護也,思吾國生計之日蹙,不得與歐洲比,則學費宜稍從減也。思長養者,皆吾國民,知飲食之有訟,隨時申儆庖廚也,皆灌溉之法也。害馬不除,則騏驥短氣;稂莠不去,則嘉禾減色。納之於禮義之中,束之於範圍之內,此翦栽之法也。

培養之道宜加意者,在講明道德,本身以作則。蒙嘗有言:"道德,基礎也;科學,屋宇垣墉也。"彼淹貫科學,當世寧無其人?然或忘身徇利,一旦名譽掃地,譬諸基礎未築,則屋宇垣墉勢必爲風雨所飄搖而不能久。因如此者,由道德之不明也,而道德之所以不明者,由無人爲之則也。夫《論語》首言學,而即繼以孝弟;《孟子》七篇,首辨義利,而即以不遺親,不後君。聖賢明訓,昭然若日月。

茲者,羣經之大義,固已晦盲否塞,即吾國文字之精微,亦有見爲迂腐而不足復存者,何也?以其溺於陳言而羌無新理也。今宜以至新之心理,發明至古之道德,且俾天下學者,知聖賢之道,實在於行,而不在於言,則吾中國道德文章,或可不絕於天下。凡培養之道,累千萬言不能罄,而撮其大要,舉不外此。〔七四〕下略。案,此文先生頗自喜,自記云:"文氣其來無端,其去無涯,極似韓文公《答呂毉山人書》,非庸人所能知也。"

此文真能爲天地立心,惜主教育者不能用其言。寖至上下交激,使疑忌摧殘廢棄者,益有所藉口。終至上下交讎,而教育之事,益不可問,初則貽害學校,繼且貽害國家。先生論教育,未嘗不太息痛悼於光宣之際也。於是既不能得之於人,則蘄能盡之於在己而已。是夏,設立電機專科,聘美人謝而屯主之,中國學校之有電機自此始。並定每年選派路電兩科畢業生遊學美國。又兼攝太倉中學監督事,並設立藝徒學校,分木工、織工兩科。經費有不足,先生補助之。明年夏,又於實業學校之東,購定房屋,設立商船駕駛科,聘留英畢業生夏應庚主之。宣統三年,改實業學校爲南洋大學。民國成立,又改爲交通部工業專門學校。初欲作校訓,後因所欲言者甚多,遂作人格一卷,分子弟、學生、師友等五格,[七五]示學生以立身處世之準繩。上採周秦以來聖賢諸子,下逮宋元明諸儒之論説,加以淺顯疏解。[七六]一時東南庠序,多取則焉。二年夏,建電機試驗廠。五年秋,添設鐵路管理專科。九年,圖書館落成。時先生目眚日深,若欽公又老病,後以各地學風不靖,寖及於海上。先生曰:"自問精力日衰,學校規模粗具,亦可以退矣。"先後十辭,請留者猶相屬於道,皆堅拒之。[七七]初,無錫搢紳有欽先生學行爲賣地而授館者,[七八]至是遂反錫,十月三日也。溯先生之長工業學校,凡有四年,卒樹後日大學不拔之基,至今猶利賴焉,嗚呼盛矣!

十二月,錢塘施省之先生肇曾請先生在錫講學,設立無錫國學專修館。先生以爲講學家居平生之志,乃訂定學規章程,賃錫山麓山貨公司爲學舍,招生於無錫、上海、南京三地,與試者千有餘人,取正額二十四名,附額六名。其《學規》共十條:

一、躬行。人生世界之内,以禮義道德爲根本。竊嘗譬諸人之學問,猶牆屋也,禮義道德,猶基址也。若無禮無義,無道無德,而徒以學問爲飾觀之具,一旦品行墮壞,名譽掃地,是猶基址不固,牆垣坍塌,其危險何如矣?諸生既經有志來館專修,務以砥礪品詣、躬行實踐爲宗旨。平日讀書,皆當體之於心,反之於身,儻被服儒素,不過雅步高論,如陸清獻所謂"讀書自讀書,做人自做人",每逢講説,僅作一席空談,而於禮義道德,絶無躬行之實,自欺欺人,可鄙孰甚,非吾徒也!

二、孝弟。學者所以學爲孝也，五常之本、萬善之原皆始於門內之行。《大戴禮記》載曾子之言曰："百年之中，有疾病焉，有老幼焉，君子思其不可復者而先施焉。父母既没，雖欲孝，誰爲孝乎？年既耆艾，雖欲弟，誰爲弟乎？故孝有不及，弟有不時，此之謂與？"讀此而不猛省者，非人也！中國古來孝行，曾子而上，首推虞、舜與周文王。孟子言性善之學，曰："舜何人也？文王我師也。"蓋以舜與文王皆大孝之人也。諸生有能孝其親者乎？是異日之聖賢豪傑也。

三、辨義。孔子言"君子喻於義，小人喻於利"；曾子言"平天下，不以利爲利，以義爲利"；《孟子》七篇，首辨義利，又言"雞鳴而起，孳孳爲善者，舜之徒，孳孳爲利者，蹠之徒"。義利之辨，人心生死存亡之界也。末俗澆薄，好利無厭，專圖一己之私利，不顧天下之公利。且藉口於天下之公利，以肥一己之私利，馴至災害並至，生靈荼毒。究其原由，貧而已矣，愈貧則愈貪，愈貪則愈貧，故貪與貧常相因，而利與害每相共。吾輩欲挽此頹風，惟有矯以"清勤耐苦"四字，淡而彌旨，儉而愈廉，懔四知之幾微，嚴一介之取與，舉卑鄙齷齪之念，掃蕩無餘，庶幾異日能任治平之業。蘇子瞻云："辨天下之大事者，立天下之大節者也。"諸生其勉之。

四、經學。吾國《十三經》，如日月之麗天，江河之行地，萬古不磨，所謂國寶是也。然要知吾館所講經學，不尚考據瑣碎之末，惟在攬其宏綱，抉其大義，以爲修己治人之務。先儒說經，首重"實事求是"四字。實事者，屏絶空虛之論也；求是者，破除門户之見也。經師家法，守茲競競。漢末鄭康成先生，當黄巾擾攘之時，講學不輟，後學所當奉爲圭臬者也。顧治經之要，尤在學禮。《管子》言"禮義廉恥，國之四維"，今人競言法治，不知法施於已然之後，禮禁於未然之前，舍本務末，愈趨愈遠,故今日發明禮學,維繫人心之廉恥,實爲莫大之急務。吾蘇顧亭林、秦樹灃諸先生遺風未墜,繼起者儻有人乎?

五、理學。經師之所貴,兼爲人師。禮學之所推,是爲理學。孔子説《易》曰"窮理盡性"。窮理者,人生莫大之學問,即莫大之事業也。孟子傳孔子之緒曰:"理義説我心。"曰明善,曰集義,皆理學也。宋周子得道統之傳,作《太極圖説》,發揮陰陽五行之奧,曰:"聖人定之以中正仁義而主靜,立人極焉。"主靜者,窮理之根源;人極者,爲人之極則也。二程、張子皆理學正宗。朱子集諸儒之大成,旁搜遠紹,所謂"爲往聖繼絶學,爲萬世開太平"者也。陸象山揭本心,別樹一幟。王文成宏暢厥旨,學術功業,震耀當時。嗣後劉蕺山、陸桴亭、張楊園、陸清獻、湯文正、張清恪諸先生,莫不行爲世表,言爲世法。綜覽歷史,理學盛則世道昌,理學衰則世道晦,毫髮不爽。吾輩今日,惟有以提倡理學,尊崇人範,爲救世之標準。然而有最宜致辨者,則誠與僞之辨而已。孔子曰:"君子進德修業,忠信所以進德也。修辭立其誠,所以居業也。"學者所當日三復也。

六、文學。《尚書》贊堯曰"文思",梅《書》贊舜曰"文明",贊禹曰"文命",文之爲用,焕乎郁乎! 廣矣大矣! 是以孔子四教,其一曰文。文學之科,傳自游、夏,其後支輿流裔,累世不絕。經學者,文字之根荄;理學者,文章之奧府。此外史與子、集,則皆文苑之精華也。《漢書·藝文志》貫串六藝諸子、百家九流,特示蹊徑,最宜熟誦。唐韓子作《進學解》,自道所得,曰"上規姚姒"云云。約其所言,共有九家,曰《書》,曰《易》,曰《詩》,曰《春秋左氏傳》,曰《莊子》,曰《離騷》,曰《史記》,曰子雲,曰相如。是九家者,韓子之師也。唐宋八家,儲同人廣之爲十家,其文雄奇幽秀,各極其至。朱子瓣香南豐,爲文後海先河,曲折奥衍,實爲千古鉅觀。元明以來,作者不逮於古,望溪崛興、海峰、姬傳踵之，是爲桐城派。吾蘇惲子居、張皋文，亦自闢町畦，是爲陽湖派。曾文正出，師承姚氏，發揮陰陽剛柔之旨，摘抉杳微，复乎不可尚已。餘子如梅伯言、吳南屏、張廉卿、吳摯甫，其書滿家，允稱雄傑。近今斯道衰落甚矣！《易傳》曰："觀乎人文，以化成天下。"惟有人有文，而後能化成。班孟堅曰："備哉燦爛，神明之式。"然則發揚吾國固有之文明，非吾館人士，其誰與歸？

七、政治學。《禮記》言"廣谷大川異制，民生其間者異俗。修其教，不易其俗。齊其政，不易其宜"，是爲政治學精義。凡士人通經學、理學，而能達於政治者，謂之有用，謂之通人；不能達於政治者，謂之無用，謂之迂士。吾國政治學權輿於《尚書》，如《虞書》所謂"安汝止，惟幾惟康。慎乃憲，屢省乃成"，實爲萬古政治不易之經。至箕子陳《洪範》，立"無偏無黨"之箴；周公作《無逸》，示保惠教誨之準，治道綱維，孰能踰此？聖門政事科，冉有、子路外，尤推曾子。《大學》言平天下在絜矩，順事恕施，所以正其本者，至矣。《孟子·梁惠王》《離婁》二篇，皆政治學根本。厥後如漢之賈、董，蜀之諸葛武侯，唐之魏鄭公、陸宣公，及宋代諸大儒，均可師可法。近世若胡文忠、曾文正、左文襄，皆政治家巨擘。曾根於學術，故最爲純粹；胡、左長於天資，故能沈摯感人。此外講外交學者如郭筠仙、曾惠敏、薛叔耘、黎蒓齋、許文肅諸家，均可采擇。嘗歎歐美各國俱有政治學，吾國獨無編輯專書，設有外人負笈來學政治，茫然無以應，可恥孰甚。諸生須知吾國之政教號令、風俗掌故，具詳於經史之中。宜仿蘇子瞻讀書之法，分類學之，則大綱既舉，自得時措之宜矣。或疑奏議舊牘不適用於今世，要知學者貴能采其議論，探其精義，原非泥於程式也。

八、主静。今人熱心愛國，而卒未得所以療國之方。《老子》曰："載魂魄抱一，能無離乎?"蓋士落其魄，則國失其魂矣！故今日救國之策，莫若主靜。《大學》言："知止而後有定，定而後能靜，靜而後能安。"此言治心之法，而實即治人、治天下之法。孔子之言心學曰："洗心，退藏於密。"曰："操則存，舍則亡。"又曰："天下之動，貞夫一者也。"《孟子》之言心學曰："持其志，毋暴其氣。心勿忘，勿加長。"又曰："存其心，養其性，所以事天也。"周子之言心學曰："誠精故明，神應故妙，幾微故幽。"蓋聖賢治心之學，神矣微矣，而"操持"二字，實爲入門之要。宋程子見人靜坐，即歎其善學。李延平先生常教人靜中觀喜怒哀樂未發氣象。明王文成、高忠憲爲一代大儒，其言靜坐之法，詳明簡易，學者亟宜仿而行之。《易傳》曰："復，其見天地之心乎?"《禮記》言："人者，天地之心也。"惟於靜中隨時體驗，乃能見天地之心。然則主靜之功，實爲參贊化育之本。夫天下未有不能治其心而能治者也，亦未有不能治其心而能治國者也。聖門了路政治之才，孔子告之不過曰"修己以敬""修己以安人""修己以安百姓"，曰敬曰安，其本原蓋可知矣。

　　九、維持人道。今人競言維持人道，要知修道立教，方爲盡人道之根源。《中庸》言天命之性，推極於致中和，致天之達道，即維持天下之人道也。人道維何？保其本心而已。人能不失其本心，盡一己之人道，斯克全世界之人道。孟子生戰國之季，一則曰"放其良心"，再則曰"失其本心"，痛人之淪爲禽獸也，故曰"人皆有不忍人之心"，又曰"人皆有所不忍，人皆有所不爲"。人字皆當重讀。既欲成其爲人，如何能保其心？則又明示之曰："無惻隱之心，非人也；無羞惡之心，非人也；無辭讓之心，非人也；無是非之心，非人也。"惻隱之心，人心生生不已之機也。羞惡之良，世界所最重，凡無以對人者，即無以對己者也。辭讓，禮也，人而無禮，何以爲人？至於是非之界，尤爲生死之關。國家之亡，先亡於無是非；人心之亡，先亡於無是非。《春秋》大義，不過明是非而已。有是四端，而後謂之人，而後謂之盡人道。是改正人心，乃所以維持人道也。《孟子》曰："有放心而不知求。"又曰："心之官則思，思則得之。"心官何在？人道何存？而乃茫焉昧焉，營營擾擾，以化於物，不亦重可惜哉？

　　十、挽救世風。王子墊問孟子曰："士何事？"孟子答之以"尚志"。立志爲學者第一關頭。人能立志爲聖賢，則爲聖賢矣；立志爲豪傑，則爲豪傑矣。然近世聖賢豪傑，不數數覯者，則由英俊之才，大都迷於歧途，而墜壞於習氣也。曾子言"君子思不出其位"，而《孟子》則謂"自任以天下之重"，顧亭林先生則謂"天下存亡，匹夫有責"，何也？蓋君子與亭林先生之意，謂學者當自任天下之重。研究天下之務，非謂干涉天下之事。人人能各安其本分，各勤其職業，斯天下治。人人不安其本分，不勤其職業，法守乖而秩序淆，則天下亂矣。故吾輩務宜獨立不撓，力挽頹習，秉壁立萬仞之槪，不爲風氣所轉移，乃能轉移風氣，有以覺世而救民。至於無稽之談，非禮之籍，自然不接於耳，不寓於目矣。《詩》有之："風雨如晦，雞鳴不已。"今日吾國是何等景象，外人方譏我爲無禮義教化之國，痛心曷已！剝極而復，當在此時。願吾學者，共雪此恥，更願吾國民，共雪此恥也！〔七九〕

此不特可與朱子《白鹿學規》、高忠憲《東林會約》後先輝映，且先生平生德術，所以淑己而淑人者，胥在於此。國學館開學日，先生即以此宣講，學者皆爲感奮。當時同學，經義則吳縣畢貞甫壽頤、武進蔣石渠庭曜，理學則海寧吳子馨其昌、泰縣丁素堂儒侯，小學則嘉興唐立厂蘭，史學則無爲侯芸圻塄、寶應吳芸閣賓凌，文學則武進白心齋虛、上海唐堯夫景升、無錫嚴伯僑濟寬,爲絶國方言,則桐城方樂天和靖、太倉顧紹隨季吉、無錫許心魯師衡,頗極一時之盛。明年,起學舍於學宮旁,舊金匱訓導官廨舊址並建尊經閣,擬度《十三經》刻版於其上。初,先生病國人畏讀經,苦其難也,爰搜集《十三經》善本,及文法評點之書,已十餘年矣。自宋謝疊山先生至清曾文正止,凡二十餘家,頗爲詳備。省之先生聞之,遂請付梓。先生因先定《十三經》正本,冠以提綱,附刻先儒説經世鮮傳本之書,而以評點文法作爲《劄記》。刻之,歷三年始竣,即以其本授諸生。其他課本,如性理學、政治學等,皆先生手自編訂。十五年,復編授《國文經緯》貫通大義,教諸生曰:"余向主道德教育,近閲歷世變,始悟性情教育爲尤急。《論語‧陽貨》篇詳論人心風俗之末,第二章特言性相近,其後即言聞弦歌之聲,命小子學《詩》,伯魚爲《周南》《召南》,又答宰我問三年之喪,皆性情教育也。厥後子思子作《中庸》,孟子作七篇,皆本此意。故居今之世,教授國學,必須選擇文章之可歌可泣,足以感發人之性情者,方有益於世道也。"[八〇]越十餘年,先生編《孟子分類讀本》,於孟子教育題辭,復申其説曰:

> 今日所教之事,即他日所行之政。雖然,行政殺人,人得而知之;教育殺人,若戰國之世,罔民設教,桎梏其智能,窒塞其聰明,導以欲,誘以利,其志卑,其行鄙,而害且及於人心家國,人鮮有知之者,豈不悲哉!孟子志在救世,七篇之書,所言無非教育。有家庭教育,古者易子而教,父子之間不責善也。有學校教育,庠者養,校者教,序者射也。有國民教育,霸者之民,驩虞如,王者之民,皞皞如,善教得民心也。有高等教育,中道而立,能者從之也。有分級教育。君子之所以教者五也。有慈惠教育,中也養不中,才也養不才也。有嚴格教育,不屑教誨,是亦教誨之也,苦心而孤詣。故曰七篇之書,無非教

育也。

　　其精意約有三端：一曰人倫教育。人之有道也，飽食煖衣，逆居而無教，則近於禽獸。聖人憂之，教以人倫，父子、君臣、夫婦、兄弟、朋友是也。人之所以異於禽獸者幾希，舜察於人倫，行仁義標準，而天敘天秩始定。未有人倫不明，而政治有秩敘者。然而聖賢之教人也，惟恐人之近於禽獸；後世之人也，惟恐人之遠於禽獸。夫是以亦國紛擾橫逆之來，由一身而一國，妄人盈天下，與禽獸奚擇？遂釀草薙禽獼之禍，豈不悲哉！

　　二曰性情教育。天命之爲性，仁、義、禮、知、信是也，故曰性善；性之發爲情，惻隱、羞惡、辭讓、是非是也，故曰乃若其情，可以爲善。惟有真性情者，乃有深學問，亦惟有真性情者，乃能愛國家。戰國時，矜言法治，不虞天性陷溺人心，以致子弟多懶多暴，《告子》篇："富歲，子弟多賴。"賴即懶之省文。叫囂浮躁，率由此起。迨商鞅、李斯輩出，流毒後世，人皆歸咎於政治，而不知生心害政，實由於教育之不良。任法而滅天理人情也，豈不悲哉！

　　三曰道德教育。自國家言之，得道者多助，失道者寡助，以德服人者，中心悅而誠服也。自一身言之，天下有道，以道殉身，天下無道，以身殉道。惟以道殉人，於是廉恥無存，氣節掃地，而政治受其影響。"知、仁、勇三者，天下之達德也"，豈有無道無德，而可以爲教者？教與政分，天下亂矣。盆成括小有才，未聞大道，至於見殺於齊，孟子傷之。庸詎知後世之盆成括且接踵而起也，豈不悲哉！

　　或曰："子勿乃戾於時乎？"曰："此正吾所謂時也。"夫人倫、性情、道德，千古不變者也。聖賢至教，如陰陽寒暑適協於時。庸愚詭教，如風雨晦明，悉愆其候。直者枉之，雅者俗之，左道者矜式之,桀傲者嘉鮮之,譬諸南轅而北指,故曰"教不時則傷世"。《禮記·樂記》。要知限制我之人才,即以限制我之國力。君子遏抑,則小人日進,是以愈趨時而國愈危也。且所謂時者,孰若近之科學,道藝兼資,科學自宜特重,惟當以《孟子》爲體,純而益求其純,以科學爲用,精而益致其精,夫如是,乃可以救心,乃可以興國。〔八一〕

先生讀美人衛西琴(Dr. Alfred Westharp)《中國教育議》,譏我學校蔑棄孔子之道,舍己求人,躐等而進,目爲悲慘教育,爲之深恥痛悼。又作《學校論》,略謂往者余實爲提倡學校之人,而時至今日,則有不忍言者。孟子曰"橫政之所出,橫民之所止,不忍居也",雖然,學者天下之命脈也,則又不忍不言。又曰:"古之學校,教以道德,教以禮義,養以德行,培之以盛德,擴之以大業。《學記》曰:'一年視離經辨志,三年視敬業樂羣,五年視博習親師,七年視論學取友,謂之小成,九年知類通達,强立而不反,謂之大成。'夫知類者,蓋謂知萬事之類也;通達者,蓋謂通古今之變也;强立而不反者,蓋謂特立獨行,不違反乎師說,不曲徇乎風氣,不苟同乎流俗也。夫是之謂明體而達用,夫是之謂自治而治人。今也弁髦禮法,滅絕紀綱,甚至爲人利用,日益長其嚚陵不靖之氣。嗚呼!古之學校,所以造人才,今之學校,所以害子弟,豈不痛哉!竊嘗謂欲救天下,先救學校,欲救學生,先救人心。是故吾於科學之宜重而專,程度之宜高而深,管理之宜簡而嚴。皆一切不論,獨探其本而言之,一曰明人倫,以下皆僅舉其目而略其說。二曰讀經書,三曰習禮樂,四曰定志趣,五曰重國文。以上數端,或以爲迂而無當,或以爲舊而不時,不知此乃鄙人數十年辛苦閱歷而得之者。聽用吾言,則學校治而國家亦治,不用吾言,則學校亡而國家亦亡,決無依違兩可之理。且學問之道,當論是非,不當論新舊。蓋今之所謂新舊者,非指古今之異代，乃指中外之異俗而言。然則舊者而是，不得強以爲非也，其非，亦不得故以爲是也；新者而非，不得強以爲是也，其是，亦不得故以爲非也。孔子所以爲聖之時，惟其先知先覺，因其時而提倡之，補救之，非投俗之好，相與俯仰而浮沈也。"〔八二〕先生盡瘁教育，其言論之切至類如此，而人皆不省，遂一意致力於學校。二十七年來，雖屢丁憂患，一厄於乙丑蘇奉之內戰，二厄於丁卯匪人之摧殘，三厄於丁丑蝦夷之入寇。幾經播遷，而絃誦不絕，先後成才而去，無慮數千人。益以工業學校所得士，蓋將萬人。近古以來，未嘗有也。歐陽文忠稱胡安定先生曰："先生弟子，隨其人之賢愚，皆循循雅飭。其言談舉止，不問可知爲先生弟子，其學者相語稱先生，不問可知爲胡公也。"先生視之，蓋無愧焉。作《興學篇》。

六　道　德

先生修道勵德，蓋植基於朱子之學。年十八，即讀朱子《小學》《近思錄》諸書而好之。〔八三〕中年以後，用力益勤，嘗網絡朱學各家，先後有《朱子大義》《紫陽發微》諸書之作。自謂繁細不捐，顯微畢燭。〔八四〕嘗綜論其學曰："朱子之書，猶夫子之宮牆也。其義理之精博而純粹，猶宗廟之美，百官之富也。百世而下，儒林之士，講求道學，誦習師法，莫之能違也。吾欲溯其源，而其源卒不可尋也；吾欲比其類，而其類卒不可分也。蓋讀之數十年，覺其千門萬户，曲折紛綸，在前在後，而卒不得入也。蓋其畢生精力，窮極乎天人性命之原，博綜乎《詩》《書》《易》象之奧。聖功王道，物理人情，靡不兼賅而洞矚焉。故所言，要皆本平居之心得閱歷，由中而出，自然以宣，乃能質諸鬼神而無疑，百世以俟聖人而不惑。後學者德性、問學之殊，早年、晚年之論，何必若是其紛紛哉？《易傳》曰：'知至至之，可與幾也，知終終之，可與存義也。'《孟子》曰：'始條理者，智之事也,終條理者,聖之事也.'凡聖賢所得力之學問,自始至終,有必由之階梯。晚年之論,因當篤信,即早年者,豈必爲未定之論耶?竊謂爲朱子之學者,唯有尚志居敬,以植其本,致知格物,以會其通,天德王道,以總其全,盡至命以要其極,庶幾於先賢之道德文章,或能見其涯涘乎?"〔八五〕

先生既崇朱子如此,然於陸王之學,未嘗有所訾謷。不特不訾謷而已,且能擷其所長,於陽明爲尤契。嘗曰:"余早爲性理之學,所讀者,陳清瀾《學部通辨》、張武承《王學質疑》、陳定齋《明辨錄》、陸清獻《三魚堂集》、吳竹如《拙修集》,皆與陽明良知之説不合,且訾謷之,而與之爲敵者也。後讀孫夏峰《理學宗傳》、劉蕺山《聖學宗傳》及湯文正與陸清獻論學書,稍稍疑之。又讀《曾惠敏日記》,謂程朱之徒,處事過於拘謹,陸王之徒,頗能通敏於事,余尚未敢以爲是也。及年三十七八,兩遊東瀛,考其立國之本。遊其書肆,瀏覽其書目,則爲王學者不下數十百家,其數遠過於吾國,爲之舌橋而首俯。又觀其擊劍之術,血流朱殷,爲小技,不顧死,俠客之風,屹然山立。然後知彼之所以立國者,乃由游俠而進于道義。陽明致良知之説,其深入於人心者,非偶然也。迨自強仕以迄艾耆,閱歷世變,則見貪利黷貨之流,賄賂公行,爭民施奪,萬姓冤苦,以哀籲天,于是倫理悖繆,禮義廉恥,掃地無餘,而人心之昏惘,更不知所終極。孟子曰'其所以放其良心者,猶斧斤之於木也','且晝所爲,桎之反覆,則其違禽獸不遠'。嗚呼!此乃所謂滯也,塞也,昏也,曲也,抑非獨滯也,塞也,昏也,曲也,而且邪佞也,殘忍也。《孟子》所謂機械也,變詐也,穿窬也,害人也,皆知覺不良之尤者也。積億萬人不良之知覺,淆亂其國性,而與靈者通者角,則其國必無幸矣!將有以振援之,而訓練之,伊誰之責哉?且夫清瀾諸先生,所以排斥陽明者,謂其認心爲理,氣質用事,將僨天下之事也。不知有明嘉隆以後,講學者不讀書,不窮理,猖狂自恣,此乃末流之説,非師法之本然,烏可以因噎廢食,而棄吾國性固有之良乎?夫今日欲救中國之人心,必自致良知始。若藥不瞑眩,厥疾不瘳,美國良藥,豈遠乎哉?"〇八六〇又謂人曰:"吾輩信道宜篤,而執德不可不宏。若析之極其精,則清獻謂高、顧亦未脫陽明之藩籬。但以人心世道而論,倘有真能爲陽明之學者,方當引爲同志,以期拔人心於陷溺之秋,似不必自隘其門牆。"〇八七〇又曰:"子貢言聖門性與天道,不可得聞。心性之學,孔子僅於晚年論《易》中及之,而孟子道性善,暢言心性之學,豈違聖教哉?蓋春秋之世,禮義教化猶存,似魯國猶秉周禮,士大夫服膺禮教,散見於《左氏傳》中甚夥,故《詩》《書》執禮之訓,尚多遵行者。至戰國時,爭地爭城,殺人盈野,人道幾乎滅息,故孟子大聲疾呼,直指良心本心,又直揭良知良能,以警醒當世。蓋非如此,不足以振人心也。宋朱子之教,孔子之真傳也;宋陸子、明王陽明先生之教,孟子之真傳也。此應時施教之法,其救世苦心一也。今日一大戰國之世也,其要旨在訓練國民之知覺,而知覺非以善良爲主,則恐流於機械變詐。孔子曰:'不逆詐,不億不信。抑亦先覺者,是賢乎?'夫逆詐與億不信,非機變之巧乎?孟子論伊尹先知先覺,其本在非道非義,一介不取與?故欲訓練國民之知覺,必先之以善良,衷之以道義,尚公正清廉,而後其知覺周乎萬彙,可以因應而不窮。陽明之訓曰:'致吾心之良知於事事物物,正其不正,以歸於正。'是必先正己之知覺,而後能正人之知覺,拔邪妄之本,塞利欲之源,是今日教民善國之良藥也。世有提倡陽明之學者,聖賢之徒也。"〇八八〇觀此可知先生執德之宏,信道之篤。所以立達人己,淑世淑民者,胥在乎此矣。

先生之德,萬非末學小子所得仰窺於萬一,姑以管見所及,分爲内外約述之。其修於内者,最要者約有四端。

一曰主一。

先生主一之學,蓋取諸程朱爲多。嘗曰:

程子之言主一,兼動靜言,曰不之東,不之西,不之此,不之彼,所謂"專壹吾心"也。蓋學問以純一爲至。純一即無欲而誠,然學者沈溺於耆欲久矣,日用動靜,紛紛擾擾,是雖勉自持守,而一不自覺,則雜念已生,又安能遽言誠一,遽言無欲哉?故先習能專一。應此事,則心在此事;應彼事,則心在彼事;至無事時,或思所習之義理,則專思義理;或思所接之事物,則專思事物。心能歸一,不使外放,久久則熟,而妄念自無從起,而能純一矣。然則主一之義,程子雖爲初學言,而上達天德不外此。

朱子言主一曰:"學者須是培養。今不作培養工夫,如何窮得理?程子言'動容貌、整思慮,則自然生敬,敬只是主一也。存此則自然天理明'。"陸稼書先生嘗謂:"居敬窮理,如太極之兩儀,不可偏廢。"蓋惟人心思專一,然後平日所窮義理,察之顯,資之深,而有實用可循;且惟心思專一,然後合下所窮義理,辨之精,析之密,而有實地可據。曰:"不作培養工夫,如何窮得理?"可見主一者,乃以清其心,使義理之有歸宿,正爲窮理之地,而非謂主一即窮理也。若即以主一爲窮理,而謂萬理可取足於吾心,則不至閉目靜坐,守塊然之主一,而無用者幾希!

《北溪字義》曰:"程子謂主一之謂敬,無適之謂一,文公合而言之曰'主一無適之謂敬',尤分曉。"又曰:"無事時,心常在這裏,不走作固是主一。有事,心應這事,更不將第二第三事來插,也是主一。"此亦兼動靜言,實與程子之意泝合無間。蓋爲學之大戒,最在思慮紛然,趨向莫定。故欲求主一,不外時時提醒此心。靜時提醒,則自能專一,不走作;動時提醒,則專應一事,自不至以第二第三事先參插於心,故曰提醒即所以主一也。

程朱外最契東萊。東萊之說曰："主一無適,誠切要工夫,但整頓收斂,則易入於著力,從容涵泳,又多墮於悠悠,勿忘勿助,信乎難也。"

先生曰：

此發明"勿忘勿助"之意,極精切。蓋主一,苟持之過甚,則近於拘迫,拘迫故不能貞久；苟習之太寬,則近於散緩,散緩則即有罅隙。噫！讀此說而不能循習,徒懸空議論,終何益哉！是則蒙所深懼也。〔八九〕

先生主一說,上文《志學篇》已略引之,可參看。欲觀其全,可讀《茹經堂文集》卷三《宋明諸儒說主一辨》。

二曰求知。

先生謂求知之方,在探賾索隱,鉤深致遠,而務歸於實,於自然。其說曰：

知之道,有賾者,有約者,有顯者,有隱者,有淺者,有深者,有遠者,有近者。吾今得所以求知之方矣。知至賾者也,而有約以守之,聖人能以至約御至賾者也。"夫婦之愚,可以與知焉,及其至也,雖聖人亦有所不知焉",不知,無害其為聖也。聖人所不知者,其不必知者也。然而聖人日求之於賾也,所謂"精知略而行之"者也。顯者易明,隱者難見,人藏其心,不可測度也。美惡皆在其心,不見其色也。然而"誠於中,形於外",聖人能知人心術之隱,泛應而曲當者,察理之精,因其端而知其緒也。所謂"其事肆而隱",以其顯者占其隱者也。推而至於深淺亦然。天下之至淺者,夏葛而冬裘,渴飲而飢食,然而"人莫不飲食也,鮮能知味也",食味被色而生,夫豈恟恟之士所能測其理哉？蓋一身皆知也,則尺寸之膚皆有知也。

譬諸一火而炙我手,手即爲之斂焉;一水而沸我足,足即爲之移焉。此無待於心之知也,五官皆有覺也。聖人不求其深,而無往非深也。宇宙至大也,古今至遥也,而一知足以概之。"君子居其室,出其言善,則千里之外應之",吾心之知,足以達乎千里之外也。誦古人之詩,讀古人之書,不知其人可乎?是以論其世也,吾心之知,足以通乎百世之上也。舜之好察邇言,由近以及遠也,察之乃所以知之也;武王之不忘遠,由遠而反之於近也。不忘,乃所以知之也。是故知遠之近者,知微之顯,探頤索隱者,必鉤深而致遠。務歸於實者,人有靈氣,而後有知,故知覺之事自聲始。知者矢口也,出其言而知之也。然而語言不足以盡之也。古聖人通神明之德,始造文字,字者所以爲知也。孳乳寖多,人之所以能多知也。著於竹帛謂之書。書者如也,象形指事,如其意而使,人知之也,庶業其繇,煥乎其有文章。章者所以爲知也。因文章而後有教化,有文學。教者所以覺之也,學者亦所以覺之也。自古迄今,生民之知覺,所以愈繇而愈靈也。古人之聖者,文章之知覺多,下焉者,文章之知覺少。以吾之知覺,求古人文章之知覺,而古人之知覺,無不萃於吾之一心也。以吾之文章,開後人之知覺,而古人之知覺,又無不根於吾之一心也。而聖人猶以爲未足也,又發之於行,以使人知。故孔子曰:"四時行焉,百物生焉,天何言哉?"又曰:"吾無行而不與二三子者,是丘也。"《論語‧鄉黨》一篇,《禮記‧曲禮》《内則》諸篇,皆詳於威儀言動,而無非開人之知覺也。故曰覺者效也,或生知,或學知,或困知,或即知即行,或先知後行,其分殊也,其理一也。君子於是有閱歷之道,有擴充之功。積少而成多者,閱歷也,即此以悟彼者,擴充也。形而上者謂之道,道統之精,或見而知之,或聞而知之也。形而下者謂之器,器數之傳,"人,官有能也;物,曲有巧也",賢者識其大,不賢者識其小也。故自今日之大,並世下及於億千萬世,自今日已發凡之學,推極於杳冥不可思議之學,千變萬化,一歸於知覺。

又曰:

君子之知覺,所以常信乎萬物之上者,必先去其自私用智之心。自私則不能以有爲爲應迹,用智則不能以明覺爲自然。故曰"所惡於智者,爲其鑿也",知智者若禹之行水也,則無惡於智矣。禹之行水也,行其所無事也,自然而已矣,誠而已矣。下焉者,操心危,慮患深,困於心,衡於慮而後作,徵於色,發於聲而後喻,然後知"生於憂患,死於安樂",此知也,雖非聖賢之知,亦豪傑之知也。〔九〇〕

先生常曰:"教育之道,一曰性情,一曰知覺。性情厚,所以培其本;知覺靈,所以廣其用。"〔九一〕可以知先生求知之本旨矣。

三曰研幾。

先生曰:"吾嘗謂治己心、治人心要在於研幾。約而言之,有心幾,有事幾,有時幾。心幾明而事幾、時幾各得其宜,萬民以乂矣。"爰作《治心在研幾論》,以諗當世:

幾學肇自虞廷。《書》曰:"一日二日萬幾。"此事幾也。上文曰:"兢兢業業。"因心幾應事幾也。禹曰:"安汝止,維幾維康"。此心幾也。《大學》所謂"知止而后有定,定而后能靜而安"也。不定不靜而欲慮,失其心幾,焉能得事幾乎?虞舜之歌曰:"敕天之命,惟時惟幾。"此時幾也。時幾一往而不可追,惟敬畏天命,而後能得其幾,故曰:"率足興事,慎乃憲,屢省乃成。"喜起合訢,君明臣良,心理於是不隔矣。厥後紹幾學者,其惟周公、孔子乎?周公作《易·屯》,三爻辭曰:"君子幾,不如舍。"因即鹿入林,無道引者,察其幾,不如舍也。往窮則吝,不知幾之當止也。當止而不止,禍將至矣!至孔子作《乾卦·文言傳》曰:"知至至之,可與幾也。"此因心幾以應事幾,知行合一之道也。又《繫辭傳》曰:"夫《易》,聖人所以極深而研幾也。"研幾者,此心"寂然不動,感而遂通天下之故",由寂而感,感而復寂,"不疾而速,不行而至","惟幾也,故能成天下之務"。又曰:"知幾其神乎?幾者動之微,吉之先見。"動之微者,意念將動之時,寂感之交,吉凶之分界也。"知微知彰,知柔知剛",皆幾也。精義入神之學,其在是乎?《易》道陰陽闔闢之幾,即人心消息之幾,故曰"與時偕行"。自是而幾學大昌矣。

聖門幾學,傳諸曾子,又傳諸子思。曾子作《大學》,《誠意》章"自欺"、"自慊",皆心幾也。一則昧其心幾,一則慎於心幾也。故朱子云:"實於不實,蓋有他人不及知,而己獨知之者,故必謹之於此,以審其幾焉。""小人掩不善,而著其善,而人如見其肺肝然",心幾不容掩也。"十目所視,十手所指",其視指吾心之幾乎?其嚴乎?子思作《中庸》,首章曰:"莫見乎隱,莫顯乎微。"朱子注云:"迹雖未形,而幾則已動。是以君子尤加謹焉。"蓋未發謂之中,已發謂之和,而慎獨之功,則在將發之際,此心幾也。後人矜言前知,私智穿鑿,而不能出於至誠。按,《中庸》明言:"至誠之道,可以前知,禍福將至,善不善必先知之。"朱注云:"惟誠之至極,無一毫私偽留於心目之間者,乃能有以察其幾焉。"可見前知,要在察幾,而壹本至誠,所謂不逆不億而亦先覺者也。此聖門相傳之幾學焉。

漢唐而後,紹幾學者,其惟宋周子。周子《通書》言幾,直紹孔子、曾子、子思思緒,迨楊龜山、羅仲素、李延平繼之,觀喜怒哀樂未發氣象,朱子迺大暢宗風,作《已發未發說》,而幾學益明於世。

　　吾悲夫天下心幾之昏昧也，吾悲夫天下事幾、時幾之顚倒而迷繆也，特求所以治心之方，惟有於意念將發之時，體而驗之，爲正乎？爲邪乎，爲善乎？爲惡乎？爲是乎？爲非乎？果正而善也、是也，則發展而履行之，朱子所謂"天命之性，天下之理，皆由此出"，王陽明先生所謂"意即行之始"也。儻爲邪乎？爲惡乎？爲非乎？則嚴制之，或淡忘之，使不得發，朱子與陽明先生所謂"省察克治"，"存天理，遏人欲"是也。而抉其義，要在動而未形，有無之間、人己之界、義利之分、吉凶之萌、一身一家一國之廢興存亡，胥在於是。危乎！微乎！君子之所不可及者，其惟人之所不見乎？

　　若夫養心之法，孔曰："毋意，毋必，毋固，毋我。"則幾無留滯矣。孟曰"勿正，勿忘，勿助"，則幾得其中矣。其萌柢尤在於思，《孟子》曰："心之官則思，思則得之。"先立乎其大，言大其心以正天下之事幾也。周子《通書》釋《洪範》曰："幾動於彼，誠動於此，無思而無不通，爲聖人。"然則貌、言、視、聽皆幾也，而必以心幾統攝之。故思者，聖功之本，心幾之徹始徹終者也。是以聖人言"慎思"，又言君子"思不出其位"。〔九二〕

四曰克己。

先生常言己之害最深，己之禍最烈，伏於無形之中，刻於骨髓之内，鮮有知其受病之蘇者也。故生平克己工夫，用力最深，嘗作《克己爲治平之本論》，略曰：

　　昔顏淵問仁，孔子告以"克己復禮爲仁"。朱子注曰："克，勝也，己，謂心之私欲也。"近儒焦氏循曰："克己，即毋我也。能克己，則人己無間，即一貫忠恕之道也。"春秋時，楚靈王專制奢驕，夸慢凶橫，致遇乾豁之難。孔子論之曰："古也有志：

克己復禮爲仁，楚靈王若能如是，豈其辱於乾谿?"余嘗讀而疑之，以爲大賢如顔子，方可爲克己之學，楚靈何人，詎足語此?及見靈王聞羋公子死，自投於車下，曰："余殺人子多矣，能無及此乎?"則其忠恕之良知，未嘗不怖然呈露，惜乎覺悟太遲耳。於是周稽往籍，詳察人情，乃知克己之道，淺者見淺，深者見深，自天子至於庶人，自聖賢至於愚不肖，皆當奉爲主歸，而不可須臾離者也。

君子審致力之方焉，一曰去名利，二曰別是非，三曰養情性。希聖希賢之始，宜破名關、利關、人己關。未有名利關不破，而能破人己關者也。三代而下，惟恐不好名，然而先儒有言："爲名爲利，清濁雖不同，其爲利心則一。"言其貪也。且名者，權之所歸，權者，衆之所伺。若己必處於榮譽而致損人之譽、攘人之權，則意見萌而爭端起，此好名之心所以宜克也。利爲天下之所同欲。一人專利，則爭民施奪而殺機熾，故利字從刀，好利者，未有不自殺其身。《孟子》曰："可以取，可以無取，取傷廉。可以與，可以無與，與傷惠。"兩可之間，如刃之斬絕，然後心可得而清，欲可得而寡，此克之先務也。知識之界，"同歸而殊涂，一致而百慮"，然必歸於一，而天下乃定。天下皆是其所是，非其所非，且必挾己之是，而強人以爲是，執己之非，而強人以爲非，則秩序紊而天下亂。夫以億萬萬人而各出一是，各出一非，且各執己見而不能相下，此分裂之象，大危之機，皆己之爲害深，爲禍烈也。聖人極天下之至明，不以己之所是者傲人，不以己之所非者枉人，以人心之公私別其是非，與夫似是而非、似非而是、是中之是、非中之非，則天下私心去。同己者不必是，異己者不爲非，而真是出。窮理盡性之功，於是密焉，此克之中事也。《禮運》論大同之治曰："貨惡其棄於地也，不必藏於己，力惡其不出於身也，不必爲己。"克己也。洎乎"大道既隱,貨力爲己",不克己也。"聖人以天下爲一家,中國爲一人"者,道貫乎情性。情有七,喜、怒、哀、懼、愛、惡、欲,克之以歸於正,而人情大同焉。性有二,曰義理,曰氣質,氣勝理而欲肆焉,理勝氣而德尊焉,此天人交戰之界,先之以慎獨,致之以中和,而人性大同焉。此克之終事也。故'天下歸仁'有二義焉,明明德於天下,則民德歸厚,而天下皆歸反於仁也;四海之人,皆將輕千里而來,告之以善,則天下皆歸與其仁也。如是而己之害、己之禍乃滅絶而不復作。

先生時怵於外患之日亟,與夫爲國者之各逞其私,又推而言之曰:

且夫欲勝人者,人之恒情也,欲克敵者,又人心之大願也。然欲勝人而不求勝己,挾惟我獨尊之心,傲慢一切,自以爲是,所謂龐然自大,妄庸人耳。"訑訑之聲音顏色,距人千里之外",誤國莫大焉。若夫不能克己,不畏天命,不恤民情,而能克敵者,未之有也!蓋人各懷己私,則心理不能一,心不一則不和,不和而師有能克者哉?意氣之附己也,如癰疽之附骨;僉壬之環己也,如鉤援之環城;潮流潰洞之吸己也,如磁石之吸鐵;威福玉食之覆己也,如陷阱之覆車。蟊賊脅其外,干棘鑠其心,可畏哉!顏子克己之功曰:"不遷怒,不貳過","有不善,未嘗不知,知之未嘗復行"。夫治國之經,"強爲善而已矣!"孟子告滕文公善國,"恭儉禮下,取於民有制",皆克己之方也。明戚南塘有言:"克嚴城易,克私欲難,惟克私欲而後能克嚴城。"善哉!此薛文清、王文成講學之效,所以能壹民心而禦外侮也。〔九三〕

其施於外者,於家於國,何翅萬端,要其大本,歸乎仁孝。

一曰盡孝。

先生事親盡孝，舉天下之大，無足以易其事親之心。初游學，每夢見其父母。一日夢胡太夫人病肝風劇，醒後大哭，以《周易》筮之，得《坤》卦辭曰"安貞吉"，心始少安，作"父母在不遠遊"制義以自警，末云："嗚呼！'行邁靡靡，中心如醉'，得吾父慰勞之語，不覺悲從中來；'冬日烈烈'，'豈曰無衣'，念吾母縫紝之艱，曷禁潸然出涕。然則人子而常依膝下，豈非厚福耶？"〔九四〕胡太夫人之病劇，先生方向用，屢請終養。及卒，遂絕意仕進，奉若欽公於上海南洋學舍。及無錫新居成，公遂里居。先生常往來於申、錫間，每叩別，必依戀若不勝情。及回錫主辦國學館，每謂所親曰："事親講學，生平之志，而後喜可知也。"余列門牆，時得侍，見先生事養之禮。時先生年近六十矣，猶若孺子慕。年六十一，若欽公卒，先生處苫塊，每長號不自禁，余聞之，爲感激泣下。若欽公卒於甲子齊盧戰火中，故先生最痛心於內亂，自後有言及是役者，猶不知涕泗之何從也！學子言大孝終身慕父母，余於先生見之矣。

先生述作，於闡發孝義尤多，茲略舉一二於下。胡太夫人既卒之明年，先生作《〈孟子〉大孝終身慕父母義》三篇，其略曰：

> 君子之慕，反之於初，"元氣起於子"。"裹妊於巳"，惛焉無所知也。及夫墮地呱呱，是聲胥五洲而皆同，故夫東海、北海、西海、南海，此心此理，放而皆準。形既生焉，神發知焉。五性森然，而覺生焉，而感生焉。"拊我畜我，長我育我，顧我復我"，當其拊畜、長育、顧復之時，其慕不自知也。俟而煦嫗我，俟而緣督我，俄而鞭撻我，俄而誥戒我，當其煦嫗、緣督、鞭撻、誥戒之時，其慕莫能名也，夫是之謂"赤子之慕"。君子於是繼之以學，"十年出就外傅，居宿於外"，此始離父母之時也，而慕未嘗滴也。十有三年成童舞勺，二十而學禮，三十而博學無方，四十而方物，出謀發慮，五十而服官政，離父母日遠矣。

然而方其處也,固慕父母之時也,及其出也,尤慕父母之時也。思慮之萌,依依於几杖也;夢魂之越,戀戀於庭闈也。怳兮如見吾親也,醒兮感極而涕零也。怵天時之寒燠,而謀所適也;審人事而變遷,而擇所安也。念生活之艱劬,奉養之或缺,而知吾親之憂思而莫殫也。夫是之謂"中年之慕"。君子於是要之以終,服美不安,聞樂不樂,食旨不甘,三年之慕,無待言已。至於"霜露既降,履之必有悽愴之心",此悽愴之心,何心也?"雨露既濡,履之必有怵惕之心",此怵惕之心,何心也?"齋之日,思其居處,思其笑語,思其志意,思其所樂所嗜",人生而得天幸,當亟於其逮存之日思之。若既不幸矣,充其"視於無形,聽於無聲"之心,直無往而不見吾父母,色不忘乎目,聲不絕乎耳,心志嗜欲不忘乎心,愛愨著存,松楸瞻拜,恒有涕泣而不自已者,此又何心也?夫是之謂"終身之慕"。有子與子游立,見孺子慕者,有子曰:"情在於斯,其是也夫?"子游曰:"人喜則斯陶,陶斯詠,詠斯猶,猶斯舞,舞斯慍,慍斯戚,戚斯嘆,嘆斯辟,辟斯踊矣!品節斯,斯之謂禮。"蓋孺者之心,發現乎踊,其慕父母也以踊始,故生人之事父母也以踊終。以踊始者,愛也,以踊終者,愛盡而不能復從,於是爲極哀,而其自少至老,層累曲折之數,則皆隨良心之消長以爲轉移。故夫慕者,孺子之心也。聖人因孺子之心,以制爲禮,使天下皆生慕父母之心,而其盡一己之良心,必先提撕驚覺以存之。譬諸父母喜而吾喜焉,父母憂而吾憂焉,得一衣而先父母焉,得一食而先父母,此至微至細之慕思,而聖人常兢兢於此者,蓋以教孝之大原,務嚴誠僞之辨。惟因至誠之發,而察識之,而擴充之,推恩不匱錫類,以至於無窮,庶俾天下人子,咸有以遂其慕父母之情,而致其慕父母之實。夫子曰:"先王有至德要道,以順天下。"意在斯乎?〔九五〕

讀者可以知先生純孝之有自矣。

二曰推仁。

先生志學時，即以救國教民爲己任，其後服官，尤拳拳於此。五十以後，專心講學，亦惟以正人心、救民命爲宗旨。先生立身行道六十餘年，纂述逾千萬言，罔不由仁之一字推之也。或有問先生曰："公夙夜講貫，於正人心一端，或可收效矣。若夫救民命一事，今滿目瘡痍，野有鴻嗷，屋無烏止，豈無尺寸之柄者，所得措手乎？"先生曰："不然。人患不立志耳。苟立志拯民於水火之中，曉音瘏口以宣言之，著書立説以緣督之，人性皆善，必有聞吾言而興起者。一人傳十，十人傳百，小以成小，大以成大。舉世之士，多以救民爲己任，安在無同聲相應同氣相求者？即以吾婁一隅而論，設立施粮廠已閱七年，鄉里善人無不贊助，拯濟貧民自七百户至九百户，未始無小小之補苴也。"〔九六〕可以知先生之老而志在矣。

先生擴充仁道，約有數端，一曰慈。

先生有《原慈》四篇，曰居心之慈、愛民之慈、急難之慈、行軍之慈，又有《慈幼保種篇》。先生嘗曰："古有《孝經》，而無《慈經》，《大學》推保亦以慈民，宜本斯意，別輯《慈經》。聖人感人心而天下和平，即爲生民立命。余自後作文，當專注於此。"又曰："天地温厚慈祥之氣，雖當昏亂之世，不容澌滅。惟賴君子長養而維持之，俾不絶於宇宙，此吾人所當共勉也。昔孔子與子貢論爲政，去食，曰：'自古皆有死，民無信不立。'朱注謂：'寧死而不失信於民。'愚謂：長民者，當無食之秋，計窮力竭，與其見民餓死，不如先民而餓死，庶良心可以稍安耳。"又曰："急難之中，自顧不暇，遑能救人？然君子救民命之心，無時或息，苟能盡心力而爲之，一二以及什百，豈非良心中愉快事耶？"又曰："予作《行軍之慈》爲止殺根本。聞歐戰未起之前，英報籲請政府勿開戰端，戰即長勝，損折亦大，況戰敗乎？不如不戰。善哉言乎！余前撰《孟子論戰學》，即止戰止殺之意。

湯潛庵先生謂：'人當以怵惕惻隱之心常存於胸中，庶天地生機不息，人道可以常存。'仁義之人，其言藹如也！"〔九七〕又有《論不忍》及《不忍人之政論》三篇，〔九八〕亦慈民之旨也。

二曰行善。

先生行善如恐不及，晚年余見之尤稔。當倭禍之殷，先生饔飧常不繼，門人故吏，或有餽遺，多以拯難民，筆墨所入，必以施婁東粥廠。或曰："先生自奉何太戳？"先生曰："行善爲吾輩之天職。"作論曰："《孟子》言'禹思天下有溺者，由己溺之也。稷思天下有飢者，由己飢之也'。禹爲司空，稷爲農官，豈其職任固當如是乎？古之聖人，一夫不得其所，曰'時予之辜'，即非吾之職任者，亦當引爲天職，孔子所謂'當仁不讓'是也。堯之治天下也，曰：'一民飢，吾飢之；一民寒，吾寒之；一民有罪，吾陷之。'堯舜之世，所稱大同之治也，其有能實行之乎？比歲不登，入冬寒威栗烈，無衣無褐，踵相接，飢寒顛踣以死者不知凡幾？痛乎哉！吾國民也。余擬《孟子》之文曰：'思天下有寒者，由己寒之也，而輾轉流離號呼無告者，尤當亟爲之拯救也。《詩》云：哿多富人，哀此煢獨。非嘉美富人，言富人皆當哀此煢獨者也，此天職也。《孟子》曰：'周於利者，凶年不能殺；周於德者，邪世不能亂。'夫周於利者，何爲乎？非欲推其利以救吾民乎？苟專利而不知救民，其利庸可保乎？顧亭林先生曰'天下存亡，匹夫有責'，非光以救民爲先務之急乎？非吾輩之天職乎？"〔九九〕其他論行善及救濟之文尤多，不備舉矣。

先生論朱子學術精神："其一曰孝。朱子《甲寅上封事》云：'臣所讀者，不過《孝經》《論》《孟》之書。'《知南康示俗文》云：'《孝經》云：用天之道，分地之利，謹身節用，以養父母，此庶人之孝也。係先聖所説，奉勸民間，逐日持誦。依此經解説，早晚思維，常切遵守，不須更念佛號佛經，無益於身，枉費力也。'朱子上告君，下教民，其尊崇《孝經》如此。蓋人之生，必有所以生之理，孝者生理也。

《孟子》論事親從兄曰：'樂斯二者，樂則生矣，生則惡可已，惡可已，則不知足之蹈之，手之舞之。'此乃所謂精神是也。故家庭之間，一愛情而已矣，一和氣而已矣。和於家庭，而後能和於社會；和於社會，而後能和於政治。朱子《或問》，精神在涵養未發之中，故能立天下之大本，以保合太和。其論孝道節目，備詳於《小學·明倫》一篇。誠能以此精神推之，本良知良能，以講信修睦，在家庭則爲愛敬，達之天下，即爲仁義。於是愛情結，和氣滋，生機日暢，而千古之人道，乃不至於滅息。又其一曰仁。朱子生南宋時，蒿目時艱，覩有國者積弱日深，勢將淪爲異域，於是本其惻隱之精神，發爲大文，曰《仁說》，曰《玉山講義》，又散見於《與張欽夫書》。其言曰：'仁者，在天地則坱然生物之心，在人則溫然愛人利物之心。'於《孟子》性善之旨，反覆申明告誡。蓋朱子之心，猶孟子之心也。所謂以不忍人之心，行不忍之政也。故其知南康軍及提舉兩浙常平茶鹽時，值歲大饑，賴之以生者，數百萬人。其所修荒政及所頒社倉法、《放賑詩》皆詳載於《文集》中。是故朱子論仁之精神，曰察識，曰擴充，而朱子行仁之精神，曰社倉，曰發賑。"〔一〇〇〕嗚呼！先生之心，朱子之心也。先生之德，朱子之德也。先賢後賢，其揆一也！作《道德篇》。

附注

〔一〕據先生《自訂茹經先生年譜》。
〔二〕據先生《茹經堂文集》卷五《王考府君事略》。
〔三〕據《茹經堂文集》卷五《先考府君事略》。
〔四〕據唐封翁手書格言。
〔五〕據《茹經堂文集》卷五《先妣胡太夫人事略》。
〔六〕據《茹經堂文集》卷五《郁夫人家傳》。
〔七〕據陸生汝挺言。

〔八〕據《茹經先生年譜》。
〔九〕據《茹經堂文集》卷五《王考府君事略》。
〔一〇〕據《茹經堂文集》卷五《先考府君事略》。
〔一一〕據《茹經堂文集》卷五《先妣胡太夫人事略》。
〔一二〕據《茹經堂文集》二編卷五《三省樓賸稿跋》。
〔一三〕據《茹經先生年譜》。
〔一四〕據《茹經堂文集》三編卷一《王文貞先生學案》。
〔一五〕據《茹經堂文集》三編卷五《王紫翔先生文評手蹟跋》。
〔一六〕據《王文貞先生學案》。
〔一七〕據《茹經堂文集》卷一《黃元同先生學案》。
〔一八〕據《茹經堂文集》三編卷五《王紫翔先生文評手蹟跋》。
〔一九〕據《黃元同先生學案》。
〔二〇〕據《茹經先生年譜》。
〔二一〕據《茹經堂文集》二編卷五《周易故訓訂跋》。
〔二二〕《清史稿·列傳》二百五十九本傳。
〔二三〕見拙著《沈寐叟年譜》,史稿脫漏。
〔二四〕據《清史稿》。
〔二五〕見《年譜》。
〔二六〕見《茹經堂文集》三編卷五《沈子培先生年譜序》,案即序拙譜。
〔二七〕《茹經堂文集》四編卷五《譜弟曹君叔彥七秩雙壽序》。
〔二八〕見《年譜》。
〔二九〕《沈子培先生年譜序》。
〔三〇〕節錄《清史稿·列傳》本傳。
〔三一〕據《茹經堂文集》三編卷五《桐城吳摯甫先生文評手蹟跋》。
〔三二〕多據《年譜》。
〔三三〕得諸緒論。
〔三四〕《茹經堂文集》四編卷五《譜弟曹君叔彥七秩雙壽序》。
〔三五〕據《文集》四編卷七《王文恪行狀》。
〔三六〕書已印行。

〔三七〕見王丹揆《農隱廬文集》。

〔三八〕見《王文恪公行狀》。

〔三九〕據《年譜》。

〔四〇〕據《茹經堂文集》卷五《外祖古愚公家傳》。

〔四一〕據《年譜》。

〔四二〕《古愚公家傳》。

〔四三〕《茹經堂文集》卷五《外舅黃之浚先生家傳》。

〔四四〕據《年譜》。

〔四五〕唐若欽先生《浣花廬詩鈔》卷一。

〔四六〕據《年譜》。

〔四七〕據馮振《茹經先生著作年表》。

〔四八〕《茹經堂文集》二編卷二。

〔四九〕據《年譜》。

〔五〇〕《茹經堂文集》卷三。

〔五一〕據《茹經先生著作年表》。

〔五二〕據《年譜》。

〔五三〕據《茹經先生著作年表》。

〔五四〕據《年譜》。

〔五五〕據《茹經先生著作年表》。

〔五六〕茹《經堂文集》二編卷二。

〔五七〕據《年譜》。

〔五八〕據《茹經先生著作年表》。

〔五九〕據《年譜》。

〔六〇〕據《年譜》。

〔六一〕據《茹經堂奏疏》卷一。

〔六二〕據《年譜》。

〔六三〕《奏疏》卷一。

〔六四〕據《年譜》。

〔六五〕據《奏疏》卷一。

〔六六〕據《年譜》及緒論。
〔六七〕《茹經堂文集》初編卷四。
〔六八〕據《年譜》。
〔六九〕《奏疏》卷二。
〔七〇〕據《年譜》及《奏疏》卷二。
〔七一〕據《陸文慎公奏議》卷厶《請飭東三省速舉要政摺》。
〔七二〕據《年譜》及《奏稿》卷三。
〔七三〕據《年譜》。
〔七四〕《茹經堂文集》二編卷三。
〔七五〕據《年譜》。
〔七六〕《年譜》馮振案語。
〔七七〕據錢子泉教授《茹經堂文集二編序》。
〔七八〕據《年譜》。
〔七九〕《無錫國學專修館學規》單行本。案，又見《文集》卷二。
〔八〇〕據《年譜》。
〔八一〕《茹經堂文集》四編卷四《孟子分類簡明讀本序》。
〔八二〕《茹堂經文集》三編卷二《學校論》。
〔八三〕據《年譜》。
〔八四〕《紫陽學術發微自序》。
〔八五〕《性理學大義朱子大義序》。
〔八六〕《陽明學術發微序》。
〔八七〕《茹經堂文集》三編卷四《答胡敬庵書》。
〔八八〕《文集》五編卷五《石刻王陽明先生遺象跋》。
〔八九〕《茹經堂文集》卷三《宋明諸儒說主一辨》。
〔九〇〕《文集》三編卷一《釋知覺》。
〔九一〕《釋知覺》自記語。
〔九二〕《文集》四編卷三《治心在研幾論》。
〔九三〕《文集》三編卷一《克己爲治平之本論》。
〔九四〕《年譜》。

〔九五〕《孝經大義》附篇。

〔九六〕據《文集》五編《自序》。

〔九七〕《文集》四編《原慈》附記。

〔九八〕《論不忍》見文集五編卷一,《不忍人之政論》三篇見三編卷二。

〔九九〕《文集》五編卷一。

〔一〇〇〕《文集》四編卷三《朱子學術精神論》。

(原載《雄風》第二卷第一期至第五期,1934年。今據以收入。)

祭孫隘堪教授文

維中華民國二十四年冬十一月二十七日，大夏大學全體教職員暨學生謹以清酌庶羞之奠，敬致祭於吾隘堪教授之靈曰：

於乎！自聖不作，其學在子。百流争鳴，皆經所醨。志在用世，萬襈可捄。後儒詑詑，乃訾乃毀。於焉絕學，終古一椓，王官之守，夷爲臺僕。亦有引之。嬉於文墨，誰白其冤。誰幽之爓，猗吾孫公。薄海所宗，道與之貌，天乃與通。哀兹絕學，鍼膏發蒙，異軍突起，無堅不攻。惟聖無外，何儒之隘，學本一原，不同乃蠚。雄辭剽剥，信乎區蓋，有氣如虹。萬夫皆廢，餘事爲文，理挾辭菙，如白衣冠。陳説重圍，不戰可屈，竺理斯煇。知公言文，亦道之腴，羣兒坐井，妃青儷黄。孰嚌其胾，而公短長。游龍在天，乃視槍枋。於乎公學，今誰與量。憶歲敦牂，公來吾黌。鐘鏗鼓駭，生徒滿宮。揮斥文史，刊兑榛蓬。於兹七年，象譯風從。云胡不叔，天不憖遺。寢門一慟，豈獨其私。遺書滿家，繫國之著，傳諸其人，後死敢辭。於乎哀哉，尚饗。

（原載《大夏週報》第十二卷第九期，1935年。今據以收入。）

孫隘堪先生哀辭

嗚呼！隘堪孫先生之卒也，予既爲《行狀》，又爲位爲《祭文》，哭之矣，而悲猶不能已已。悲其有泉明之節，而世唯以學人、文人目之也；有劉子政之學，而世唯以鄭夾漈、章實齋擬之也；有四海之譽，等身之書，而死幾無以庇其一躬也。悲哉！憶昔先生在時，嘗與予論節義，未嘗不感慨欷歔至於流涕。每曰："予死，君銘墓，必大書曰'貞士'，則予目瞑矣。"又曰："予慕劉子政，固其學然，然子政能訟國家隱憂於未亂之前，拳拳忠愛，爲尤不可及也。予生平無尺寸枋可藉以行識足以知亂源，而唯坐視其日即於淪胥漸滅以盡，此予之大痛也。"辛未淞滬之役，亂中相見，其言尤痛，予知先生非第痛其故國而已。戊、壬之際，日本有卑辭厚幣來聘者，先生皆嚴絕之，雖家無蓋藏，怡如也。近歲以來，胃疾日甚，至徹旦不能寐。痛劇時，惟默誦五經以自解。家人請謁醫，則慨然曰："予祈死已久，奚醫爲！"臨命之前數日，猶遺急足速予往，謇謇言家國事，舌木彊，聲低幾不可辨，皆戀戀故舊言也，而語不及私。烏乎！亦可以見先生之志矣。夫以先生之德之學，而終至窮困以死，此豈第先生一人之悲也哉！悲夫！悲夫！乃爲之誄曰：

唯憂之煎，而焚其身邪？唯道之窮，而通於神邪？烏乎！哀哉！隘堪甫將一時之屈，而待百世之信邪！

（原載《大夏週報》第十二卷第九期，1935 年。今據以收入。）

元和孫先生行狀

王蘧常

曾祖諱鶴田。

祖諱震生，國學生。

父諱毓塏。

元和孫先生既卒之二十一日，蘧常始得檢其遺著。已刊者，曰《太史公書義法》《〈漢書·藝文志〉舉例》《劉向校讎學纂微》《六朝麗指》《稷山段氏二妙年譜》《古書讀法略例》各若干卷。未刊者，曰《諸子要略》（一稱《輯略》）、《諸子通考》、《〈孫卿子〉通誼》、《〈呂氏春秋〉通誼》、《古書錄輯存》、《補南北史藝文志》、《文選學通誼》、《四益宧駢文稿》各若干卷。未成者，曰《羣經誼綱》《春秋通誼》《小學鉤沈補編》《續篇》《諸子發微》《〈墨子〉通誼》《〈列子〉通誼》《〈賈子新書〉通誼》《古今偽書辨惑》《四庫提要校訂》《靖節年譜》《章實齋年譜》《中國文學通志》各若干卷。成而已佚者，曰《吳彥高年譜》若干卷。都二十有八種，太半皆蘧常所未見，而亦有先生嘗籀其宗指以見告者也。摩抄卷帙，爲之流涕不可禁。在昔先生有言："我死，君必爲傳；我葬，君必銘。"爰撮其生平爲學及行事大概，謹爲狀曰：

先生諱德謙，字受之，又字壽芝，號益庵，晚號隘堪居士。先生世居安徽，明末有諱一誠者始遷蘇州，籍元和，遂爲元和人。元和今吳縣，而自署必曰元和，今從其志。少刻厲穎異，讀書倍常兒。

年十三,畢《五經》。十五,學是功令文。十九,補諸生。明年食餼,既而曰:"是徒鉗束人知慧,久必溝瞀不能達事理。"遂棄去,慨然作千秋之想。從同里雷甘溪學博治經,喜高郵父子之學,兼及聲音訓故,讀許君書,得其所謂曉學者達神怡者而好之。其後交錢塘張孟劬太守爾田。時太守亦治經,兼涉小學,常往復討論,窮日夜不休。二十九,北遊天津,太守父芷純大令適令元城,招往課太守弟東蓀教授。自艾經學不能通知大誼,高郵徒屑屑於章句故訓,非其至,又去經而治子,與太守合志同方。凡先秦諸子之書,罔不輆察艂理,疏紾比昔,必蘄於至嗛而無蔽。於清儒獨契會稽章實齋言。習於流略,遂於《漢志》發悟創通。章氏嚴於體例,而先生則鉤索質驗,貫殊析同,直欲駕而上之矣。又歎世之講板本者,得宋元以矜奇閟,而於書之義理則非所知。以爲劉氏向、歆之所長,祇此璀璨辨訂於字句之間,未能條其篇目,撮其指歸,於是又治向、歆父子之學。蓋生平得力在周秦名家之術,於一切學問異同,咸思磟實以求其真。其後雖屢進而益深,皆植基於此矣。興化李審言明經詳,嘗稱先生會稽之學,與太守爲海内兩雄,有益一人而不得者。猶未能盡先生之學也。三十以後,嘗欲遍注諸子,精思真索,往往搯擢腎胃而出之。一日臥病倘怳,精魄搖撼,若已出舍,見己止坐奮筆,而思源亦若泉湧不可止,閉目又覺左右前後皆幻奇字,頗自苦。或勸屏書卷,病已,又刻厲如故。旋大令量移永年,聘先生長紫山書院,多士翕然。援例敘職訓導。及拳變起,先大令南歸,又歷佐新貞幹齕尹吳仲懌中丞幕,往來贛浙之間,名益起。賢士大夫若高密鄭叔問焯、吉安吳昌碩太令俊卿、歸安朱古微侍郎祖謀,皆爭與納交。時士媚濠説,視舊學若土梗,先生憂之,與孟劬太守合著《新學商兑》闢之。又請於其鄉立存古學堂,衆喙紛紜,先生不爲動,卒底以成,一時東南士風,爲之平變。前後協教凡三年。辛亥武昌軍起,隻身走海上,主烏程劉翰怡京卿,獨居深念,几席常有涕泣處。當光緒之季，邪孽始萌，國步岌岌，先生自以諸生無所補救，嘗輯陶淵明、《二妙年譜》、《杜善夫文集》、《金史·藝文略》、《全金詞》各若干卷，以寄其蘊憤之慨。今自《二譜》外，皆不可復見矣。又讀《元詩選》，見有同姓名官平章殉節者，元遺山詩亦有同者，能詩，皆遭末造，爲心動，至是作《三末謠》以見志。閉門造述，緘口不及外事。常曰：「當此之時，見危授命上也，其次猶將扶植綱紀，昌明聖賢正學，以待宇宙之澄清。」明年，番禺梁文忠公鼎芬、嘉興沈子培尚書曾植創孔教會，以東莞陳重遠進士煥章爲主辦，徵文表指趣，欲得先生一言弁卷首，先生謂孟劬太守曰：「我乃不知孔子之所謂教而重遠。」索之亟，乃申經義作《孔教大一統論》。論出，美利堅李佳白讀之曰：「予今日始知孔教自有真也。」自後以力闡名教爲己任，聲聞益愈恢，海內欽然宗之。海外亦多鄉風來學，若德意志顏復禮博士、日本福田千代作諸君子，皆先後來受教。德意志漢堡大學且以重金求述作，日本宮內省亦訪先生書，進呈其國主。其爲海外鞮譯推重如此，顧先生欿然未嘗爲意。日本海上同文書院嘗欲聘往講學，先生嚴絕之。六十以後，歷主上海政治、大夏兩上庠，廣州學海書院講席，沾溉益廣。民國二十四年十月十五日，以胃疾卒於上海寓廬。年六十有七，配徐孺人，子懷瑗、懷璀、懷瑛。

先生於學，諸子最爲專家，造述獨富。嘗謂諸子於古爲絕學，兩漢以還，尠有涉其藩者，後儒且加掊擊。即有識者，亦識其文字而已。欲爲之洒冤解惑，一發千年來之積蔀，其疏醳閎旨者爲《通誼》，其剽剝古賢者爲《通考》，其辨章同異者爲《要略》。又取《晏子》而下，在一篇之中挈其鉅綱、闡其大誼者爲《發微》，而綜其指於《通考》之序。其言曰：「夫諸子爲專家之業，其人則皆思以救世，其言則無悖於經教。讀其書者，要在尚論其世，又貴寀乎所處之時而求其有用。苟不知此數者，徒疏醳其章句，詮品其文辭，甚或愛之則附於儒術，憎之則擯爲異端，此丙部之學所以堙晦不明，受誣於千載,亡有爲之表章者也。往者三代盛時,學統於官,天下亡私書。自周轍既東,王官失守,於是百家蠭作,各習所長。雖互相攻擊,立說或宥一偏,實則持之有故,言之成理,皆以闡明其宗指,歸於不相爲謀可矣。所謂專家此也。春秋之後,周爲共主,天下相務於戰爭,而政異俗殊,人心變詐。故《莊子》任天,所以誅僭亂之君,欲以反諸皇古之治,而革其澆漓之習。墨翟通權達變,其節用、非攻之說,苟善行之,可以救奢而却敵。名、法家崇實黜僞,信賞必罰,蓋深惡其主之是非不辨、功罪不當者,而將以其道易之。蘇、張學於鬼谷子,歷説諸侯,取富貴於立談。儒者每圖之之爲不足道,然禁攻息兵,天下稍免干戈之患,其功烈亦何可輕議?若夫筦氏相齊,一匡九合;商君輔秦,國富兵彊,非又成效卓著者乎?所謂救世者此也。雖然,有宋以來,尊經之儒,觚排諸子。今謂亡悖經教,將愛而不知其惡乎?非也。蓋亡諸子而聖人之經尊,有諸子而聖人之道大。吾請試言其略。道家合於《易》之嗛嗛,《易》以道陰陽。子韋、鄒衍研深陰陽之理,蓋又通於《易》者也。墨家爲清廟之守,其尊天事鬼,出于祝宗,非禮官之支派乎?法家之明罰敕法,固以佐禮義之不及,然《春秋》以道名分,則申、韓之尊君卑臣、崇上抑下,其得《春秋》之學可知矣。從衡、小説,一則具專對之才,一則本采風之意,雖不亡末流之弊,皆由詩教推而衍之者也。《班志》具在,必一切攘斥之,以爲離經畔道,是烏可哉?抑聞之《孟子》之言曰:'誦其詩,讀其書,不知其人可乎?'是以論其世也。當七國時,上亡天子,下亡方伯,兵連禍結,民不聊生,道家則主清净,墨家則尚儉約,名家則正名物,法家則重法術,縱衡家則連合邦交,以弭我爲急。凡此皆因勢利道,所以爲經世之學也。且天下事有及其時而方信者。鄒子九州之説,非古所詆爲荒誕者哉?乃至今日而其言始。以此推之,諸子道術,世有王通其人必將曰:'如有用我,執此以往矣。'烏乎!諸子者,實用之學也,彼不識時變者,猶且深閉而固拒焉，豈不慎哉？"劬太守嘗言諸子有學自先生始，吳仲懌中丞之序《要略》，亦曰："意奇而碻，辨悍而精，前無古人，後無來者。"非過言也。晚年，爲弟子講縱衡家言，常歎中國無外交。以縱衡家學言之，道在弭兵，而不能不通兵法，長於輿地。凡列國之風俗物產，及其君臣賢否、人民衆寡、鄰邦之親疏、士卒之強弱，無不明察。及有事起，則肆其辨議，知彼知己，乘間抵巇，觀其微而撢其隱，庶足制人而不見制於人。又言《孫吳兵法》皆可通於今之兵事，可以知其老而志在矣。

餘事爲駢偶文，謂說理散不如駢。初好李申耆《駢文鈔》，苦不得其奧窔，第領其音節氣息而已。既讀朱一新《無邪堂答問》論六朝文云"上抗下墜，潛氣內轉"，大悟，創血脈之說。以爲顏黃門謂文有心腎筋骨皮膚，而不知有血脈。血脈者，以虛字使之流通，亦有不假虛字而氣仍流通者，乃在內轉。劉成國訓脈爲幕，謂幕落一體，則其貴尤在於通體之氣韻。又曰：六朝文之貴，即在氣韻。專取造句及用典，而不從氣韻揣摩，非駢文之上者。故其爲文，以六朝爲極則，尤喜讀范蔚宗《後漢書序論》，而濟之以江文通。大指主氣韻，勿尚才氣；崇散朗，勿擅藻采，皆發則人所未發。世之論駢偶文者，每與李審言明經並稱曰"李孫"。而海寧王靜安徵君國維則語之曰："審言過於雕藻，知有句法，而不知有章法。君得流宕之氣，我謂審言定不如君。"先生每引以自慰。徵君者，兼逋絕國方言文字，爲學必求眞，常病學者謏聞不達，而獨佩先生與孟劬太守。嘗同謁沈子培尚書，尚書爲之倒屣。謚曰"三君"。尚書詩所謂"三客一時儁吳會，百家九部共然疑"者也。尚書初見先生書，即驚謂爲今之鄭夾漈。又嘗云："海上詩人多而文人少，文人多而學人少，君與王、張眞無愧爲學人矣。"

蓬常識先生在庚午歲。知爲尚書弟子，而又嘗與徵君太守相聞也，則大樂，引爲忘年交。於是尚書已薨，徵君亦自沈死，太守且北去矣,常惻惻不自聊。語蘧常曰:"腹有駢文數百篇,著述十餘部,歲不我與? 安得十手書之? 且誰作定我文乎?"念太守不置。自後先生胃疾日甚,疾作,痛常達旦,明日猶彊起講誦著作不輟。有作必見示,常曰:"予已無可戀。所以繫此殘年者,尚未能忘情於文字耳。"即病甚,亦未嘗釋卷,枕席間闃闃殆遍。七八年來如一日,傳所謂"篤信好學,守死善道"者非與? 嗚呼,可以風矣! 蘧常薄劣,何足以傳先生? 惟念相交近十年,又謬辱先生一日之知,遂亦忘其固陋,謹詮次之如左,冀世之達人君子上之國史,以爲修儒林、文苑傳者要刪,如清史之於亭林、南雷、船山三先生焉,其可。民國二十四年十一月後學王蘧常謹狀。

(原載《大夏週報》第十二卷第九期,1935年。今據以收入。)

顧君誼先生傳

民國十六年，予來海上，或言君誼善說詩，今之匡鼎也。方都講某大學，大學士氣囂，號難理，君從容絃誦其間，高睨指畫，雜以詼嘲，聞者爲解頤忘倦，無不率教，則心儀其人。越五歲，始識君於大夏大學，握手如故交。接人藹然，無少長，故人多樂就。每登坐講授，聽者往往填塞戶牖，一語之發，移人顏色，隨其喜怒悲歡而莫能自主，所謂語妙天下者非邪？明年，校有流言，事方殷，當事者集議，君慷慨言事，聲徹四坐，皆指目盡傾。事漸解，遂主羣育會，學子悅服。比年國家多事，見予必抵掌論利害治亂，抉剔幽隱，如指諸掌。予嘗笑字曰："君誼不徒文，且通治理，如君言，天下不足治矣。"君亦笑自負。學子年少氣激，遇國蹇，常攘臂高呼，義憤不可遏抑，君示以不誶不止，無不就繩墨。每言少時肄業北京大學，嘗效陳東、歐陽澈故事，結衆上書，請誅國賊，奔走號呼，徹日夜，用是波動天下，國賊終不得肆其謀。近世學生干政自此始。雖時逾二十年，而許國之心，未嘗少懈；豈後於諸君子者，終當與諸君子一洩比輪囷坌溢之憤也？其意氣之盛，可謂壯矣！今年夏，以母病歸，別予蹙然。謂方寸亂，殆難爲時情。於是不相見者數閱月，而君竟以胃瘍死矣。五月十五日也，年四十二。終不能一信其用，悲哉！卒之前四日，予始知君病篤。書問，尚及國事望自愛，竟不能復聞其讜論，悲哉！

君諱名，君誼其字，江蘇泰縣人，北京大學文學士，工漢魏六朝文,得蘄春黃季剛家法,嘗謂潛氣內轉,以意境爲上,儷黃妃白爲下,元和孫隘堪亟許之。尤耆詞曲,著有詞選、曲選、各體文選若干種。生平篤志教育,曾創立平民大學於故都,得多士。旋至上海,歷任暨南、復旦諸大學教授,後改主大夏大學講席,所至翕然。又於其鄉興學校,立保甲,鄉人歸之,隱然爲保障。配某夫人,簉室某氏,女公子六人。憶去年秋,予爲孫隘堪哀辭行狀,君謂:"情至肖其爲人。"今又哭君爲《傳》,果能情至而肖君之爲人耶?悲哉悲哉!

(原載《大夏週報》第十二卷第二十期,1936年。今據以收入。)

桐城姚仲實教授傳

往歲謁閩侯林琴南孝廉紓，亟稱今世治經傳莫若桐城姚先生。姚先生者，仲實教授也。既見其所爲論文法與文集，足以副其所言，又知先生之盛於文。後遇先生鄉人馬君厚文，言其制行純篤，非今之人也，始知先生之盛於德。人以經生稱，文學稱，其皆非知先生之全者與？先生卒後之七年夏，初聞先生之喪，馬君示其孫埔所爲《行述》曰："子心儀先生久，不可以無文，請傳之。"不獲辭，《傳》曰：

先生諱永樸，仲實其字，晚號蛻私老人，爲惜抱郎中世父薑塢先生五世孫。年十三，肄《十三經》卒業。十六，補學官弟子。甲午，舉順天鄉試，年三十三矣。不樂仕進，一意殫精學術。初與其弟叔節解元永概治詩古文辭於挂車山中，其後從同里方存之、吳摯父、蕭敬孚及遷安鄭東甫諸先生遊，專治經，於注疏及宋、元、明、清諸家經說無不洽孰淹貫。更旁及子、史、小學、音韻，博稽而絢取，成一家之言，然閴然不自表見。泰興朱銘盤見其書，大驚曰："吳越士夫有此，早取聲名一世，乃掩覆不肯襮如此，今日見古人矣。"歷主廣東起鳳書院、山東大學、安徽高等學堂、北京大學、法政專門學校講席。嘗一赴召，爲教部諮議，仍居國學如故。民國初，以碩學通儒徵，不起。清史館復有纂修之娉，許之。成書四十餘卷。九年，南歸，復歷主江蘇東南大學、秋浦周氏宏毅學舍、安徽大學講席，先後成材而去者數千人。二十四年，謝病歸里。當路議月致脩舖，謝曰："生平館穀，無一錢苟得者。今老矣，乃反以口腹累諸公耶？"卒不受。東寇起，辟地桂林。以二十八年七月十六日卒，年七十有八。渴葬於城外施家園。曾祖驛；祖瑩，廣西按察使；考濬昌，湖北竹山縣知縣；配馬；二子：煥，學部主事；昂，審計院核算官，皆前卒。所著有《尚書誼略》《蛻私軒易說》《詩說》《論語解注合編》《大學古本解》《十三經舉要》《羣經考略》《史實舉要》《鹽法考略》《史學研究法》《小學廣》《我師錄》《諸子考略》《羣儒考略》《惜抱軒詩訓纂》《歷代聖哲學粹》《文學研究法》《舊聞隨筆》《蛻私軒集》《續集》，都數百餘卷。

先生爲學，於經則曰："自周秦以來，治經者不一人，釋之者不一說。今從千載後，欲網羅衆說而折衷之，使上不失聖賢之意，而下有以厭來世學者之心，難已。世稱漢儒說經所長在訓詁名物，宋儒則在義理，是固然矣。然余謂是二家者，其初師弟各言所得，逮乎末流，風氣偏盛，乃皆不勝其敝焉。漢世去古近，其傳經大儒，皆有家法，然其敝也，黨同伐異，如齊、魯、韓三家《詩》之於毛氏，《今文尚書》之於《古文》，《公羊》《穀梁春秋》之於《左氏》，皆各守師承，不相通曉，斯固不免於隘矣。宋儒承漢、唐諸儒之後，訓詁名物已詳，乃更求之義理，其精者實過於前世；又其治經，以虛心涵泳爲本，於前人之說無所徧徇，庶乎可謂善矣；然其敝也，師心自用，始但蔑視周秦以來序傳，終乃疑及於經，刪益移奪，斯又近於悍矣。夫治經之法，不越二家。守漢儒之訓詁名物，而無取專已守殘；宗宋儒之義理，而力戒武斷。操斯術也以往，其於聖人之意，雖不中，或不遠與？"

於文則曰："夫國之所藉以立，豈有過於文學者？匪惟我國，凡在列邦何弗然？蓋文字之於國，上可以溯諸古昔，而知建立所由來；中可以合大羣，而激發其愛國之念；下可以貽萬世，而宣其德化政治於無窮。關繫之重如此，是以英吉利人因其國語言文字之力能及瀛寰,時以自詡,吾國人反舉而蔑棄之,何耶?夫武衛者,保國之形式也;文教者,保國之精神也。故不知方者,不可與言有勇。欲教育普及,必以文學爲先;欲教育之有精神,尤必以文學爲要,此理之必不可易者也。如曰精深高古之文,勢不能盡人皆知之,皆爲之,此則可分爲通俗與專門。通俗,足以作書疏應世可矣;專門,則韓退之《答李翊書》所謂'將蘄至於古之立言'者也。欲蘄至於古,要惟從事於惜抱翁所謂孰讀、精思及久爲而已。孰讀、精思,則能即古人之文印之於心;久爲,又能以所得於古人者驗之於手。工夫果足,何患不與諸大家相驂靳乎?"

喬損賡嘗評先生之學曰:"先生說經,雖以宋儒爲宗,而於漢、唐博稽兼采,不立門户,無愧通儒。且治樸學者,往往不工文,而先生則兼工之,卓有惜抱家法,殆所謂華實兩勝者與?"

先生既高聞雅望,膺大學聘,學者自遠而至,先生危坐誦說,神采照人,恒至日昃不倦。聽者闐溢户牖,即僕御亦環列户外,若有會心者。其後新學漸萌芽,從學少衰,而先生誦說益狠狠堅确,以爲不能得之於今日,猶將期諸於後之人。嗚呼!非所謂守死善道者耶?可以風矣!

(原載《國文月刊》第五十七期,1947年。今據以收入。)

長樂高曙青先生傳

一九四七年六月二十六日，前閩浙監察使長樂高公卒於里第。卒之日，內外無贏財。值喪亂之後，萬貨翔踊，交子大貶，遺資十六萬，不足具衣衾，門人故吏合賻，僅乃得斂，天下聞而哀之。少以俊髦，游學海外，肄工業，歸國奔走革命。民國既立，三十餘年之間，任國府、省府及部院秘書者五，長觀象台者二，主天文研究所者一，監督留歐畢生者一，出使外國者一，而以監察院終。未嘗一展其所學，則尤知與不知所同聲悼歎者也。

公既不能用所長，不得已而出於政，亦爛然有聲施矣。一九二八年奉出使法國之命，中外翕然。一九二九年又命與國際聯盟會，力謀廢列國在我領事裁判權。一九三一年辭長教育部，就監察院委員，不畏彊圉，豪猾者憚焉。東寇起，從國府播越，屢出巡西南鄙。滇、蜀、黔、粵幾徧，雖寒暑艱險不辟，皆磊磊軒人耳目者，公顧歡然。所自熹乃在天文陰陽曆數之舉，嘗病太陽太陰兩曆皆不能無所短，自創長春曆，以立春日爲歲首，學者便之。

民國初元，改故欽天監爲觀象台，公首主其事，立天文、曆數、氣象、地磁、地震諸科。籌建南都紫金山天文台，且謀廣設測候所於各地，其宏規碩畫，雖歐美不能限之。然非當路所急，資絀無以遂其一二。從政以後，寢饋不少衰，其居凡几案壁牖所飾，庭園花石所布，皆璇璣星躔之圖也。豈意有所極，與之俱化，渾然欲齊天我爲一邪？抑舉世混濁，蹙蹙靡騁，游心造化以自適邪？則公之心爲尤苦矣！而世之人徒以政治若天文稱，豈誠知公者哉！

公尤竺內行，事母林孝，常視聽於無形。居官廉，無以奉甘旨。一日省母，質其歸裝，得金陰置母所，博一笑以爲快。其先意養志多類此。平生交遊徧天下，聞一善言，惟恐失之。公諱魯，字叔欽，號曙青，福建長樂人也。比利時不魯捨爾國學工博士。年七十有一。所著《近代歐洲外交史》《聯邦論》《廢戰計劃》《相對簡論》《積分精義》《圖解天文學》《中國天文學史》《星象統箋》《空中航術》《曉窗隨筆》，都若干篇。

贊曰：公生平慕法蘭西天文學者佛拉瑪理翁之爲人，人亦以佛氏擬之。然佛在彼土，特中駟耳！於公豈其倫？昔張平子研礦陰陽，而生丁末造，欲遊六合之外，勢既不能，義又不可，概然作《思玄賦》以見意，翔紫宮，集太微，乘天潢，浮雲漢，公其有平子之心也夫？公於吾婿堉陳遵嬀爲鄉先生，又父執也。遵嬀請爲傳，海內傳公者多矣，何待余？特推公之志，以報遵嬀，并以訊天下後世。

（原載《宇宙》第十八卷，1948年。今據以收入。）

清誥封建威將軍何公墓誌銘

清誥封建威將軍何公禹辰歿後之十有五年，其孤豐林、鋒鈺將卜吉於其鄉之南，以德配王夫人祔。豐林以書并狀來請銘。豐林，余故人茂如軍使也，且知公有潛德，弗敢辭。按狀，公諱宗寅，山東平陰人也。少踔厲負氣，為貧所困，懼無以自出，又恥乞憐人，年十三，自食為餅師。時國家漸多故，居恒湛思深念。既而慨然曰："男兒豈終為口腹累耶？"遂入伍，隸城守營。清光緒五年，改隸銘軍。七年，隨營駐直隸興集鎮。而王夫人歿，公以勞於王事，竟不歸。時公父母尚在堂，國家方務粉飾，多忌諱，樂耳目頓媚。公性強直，自計無以裨國家，終不能有以自見，又以父母春秋高，弟若子有待於教養，遂幡然歸，曰："我將有以待也。"歸而家益困。初，公家有染業，至是亦敗。公以一身任家苦，仰事俯蓄，未嘗少闕，家人竟忘其貧。旋公父母下世，飾終皆衷於禮，人嘆其難。更以暇日教鄉人子弟，鄉人子弟皆視如師保焉。十六年，國家講求武事，興學校，公遂先後以弟若子入學，皆有聲。數十年來，季弟宗蓮以彌威將軍上將銜陸軍中將，拜察哈爾都統，兼陸軍第一鎮統制官。豐林歷官至淞滬護軍使，鋒鈺亦洊升至兗州鎮守使，均授陸軍中將，拜勳位勳章之賜。宣統間，公以豐林貴，援例請一品封典誥授建威將軍。一門有慶，海內榮之。公顧欿然，諄諄以位高器盈為戒，又怵然內憂外患之日亟，安攘之謀尤三致意焉，民國七年，以壽終於松江寓次，年七十有二。子二：長豐林，官至軍事部總長；次鋒鈺。

孫三：盛雲、盛堃，豐林子；盛權，鋒鈺子。夫人王早世，繼夫人林，皆有壺德。余於戊午、己未之際，始識茂如軍使於海上。茂如方以護軍使鎮淞滬，在官愛民，能禮賢下士。莫府省約，正部曲營陳，吏治軍簿至明，尉薦士卒得死心。淞滬數百里間，櫜弓卧鼓。東南倚重鎮，余嘗歎爲近世所難，茂如矍然起曰："此皆吾父教也。"因得稔其家世。嗚呼，遠矣！今山東豪俊，多以武功顯天下，其皆聞公之風而起者邪？嗚呼，遠矣！銘曰：

有大其後，必爲之先。陑此而信彼，百世不僭。奇靁鬱地，終聞于天。平陰之原，廣廣其田，旁可萬家，以待後世子孫之賢。

（原載《文藝捃華》第一卷第五期，1934 年。今據以收入。）

送第十一屆畢業諸同學序

予主教光華國文講席凡八年，至今歲冬第十一屆畢業生始有《畢業紀念冊》之刊，來徵文於予。予授諸生課，在前歲海上干戈之後，初講《太史公書》，至《越世家》、田單諸傳，未嘗不感喟悽愴而不能自已。諸生亦相鄉於邑，奮厲之色，往往溢於眉宇。予又未嘗不破涕爲笑，以爲人心未死之徵。安知此一堂之中，無臥薪嘗膽，越勾踐其人也；深謀遠慮，范蠡、文種其人也；復失土，洒國恥，安平君其人也。越與齊已失國，君且淪爲奴虜，而諸公於流離顛沛之餘，猶足復之。今吾國國猶是也，民猶是也，則吾人今日之所爲，猶爲其易。人人推此未死之心，以之臥薪嘗膽，是其力將十百千萬於勾踐；以之深謀遠慮，亦且十百千萬范蠡、文種。將十百千萬於昔人之力與謀慮，而其所爲之事，又且有易於昔人，安在其不能如昔人之復失土與洒恥也？夫子又告之以子貢之言曰："無報人之志，而令人疑之，拙也；有報人之意，使人知之，殆也。事未發而先聞，殆也；三者舉事之大患。"越勾踐受之，卒以沼吳。吾人將何所措力乎？二年來，未嘗不以此爲兢兢。今諸生且畢業矣，或將入上庠，或將謀職事，或將北走燕冀，南遊閩越，以各歸其所事。當此國家多難之秋，南北門戶已與敵共，諸生沈機觀變，將何以深其謀而遠其慮者乎？將何以釋人之疑而善爲之計者乎？又將何以推此未死之人心，以及十百千萬於無盡乎？吾將拭目俟之。諸生其勉之哉！民國二十三年十二月十八日草於上海康腦脫路雙如閣中。

（原載《光華附中半月刊》第三卷，1935年。今據以收入。）

患難夫妻

余與内子沈結褵於民國十八年秋，余時年二十九，而内子則二十四。明年春，余受大夏大學聘，内子佐余講記。始來上海，賃廡於赫德路春平坊桐城方氏，顔其閣曰"雙如"，以内子字穆如，余別字曰滌如，且寓兩皆如意之義，而不知竟爲吾夫婦憂患之始也。未三月，而余病傷寒，幾殆。又三月，而丁先大父之喪。二十年，倭寇遼瀋。二十一年，遘"一二・八"淞滬之變。變定，復苦貧困。又五年，而"七七事變""八一三事變"相繼作，自此東南淪爲犬羊窟穴。屢欲脱去，終以母老病，不獲行，草間偷活者八年。三十四年春，復丁吾母之變，至於今凡十有七年。家憂國難，疊構紛乘，吾夫婦未嘗有一歲之安，一日之樂。今幸河山光復，冀作太平之幸民，而吾夫婦亦垂垂老矣！歸熙父之壽王子敬母曰："回思二十年前，如夢如寐，如痛之方定，如涉大海，茫洋浩蕩，顛頓於洪波巨浪之中，篙櫓俱失，舟人束手，相向號呼；及夫風恬浪息，放舟徐行，遵乎洲渚，舉酒相酬，此所以自幸者也。"不翅爲吾夫婦今日言之。則痛定之辭，余不可以不述也。憶十九年夏，余病傷寒，壯熱累旬日，屢瀕於危。穆如慮驚堂上，馳稟多寬慰，不敢作一憂語，亦不敢請一錢，凡謁醫齊藥，皆一身任之。及余愈，而穆如形色非人矣！歸里，先大父復病洞洩，不起。穆如方震，以哀慟流產，暴下不可止，幾殆。淞滬之役，穆如娩身，舉大兒方三日，夜半炮聲殷然起，寒戰莫能興，余爇爐，始漸和。旋又病熱,倉卒不能得醫。明日見時報揭巨紅字"我軍大勝",大喜汗下,竟霍然。余以庠序中廢,無以資薪水,恃報章稿費爲生,二三日不能一餅,彌月竟不得一魚一肉,然未嘗有不豫色。見報揭予傳忠烈事,則喜曰:"此亦魚肉也。"及寇入益深,穆如曰:"時事不可知,先大父窀穸宜蚤安。"遂以其冬窆。先妣沈、繼妣金及生母生壙袝,不足則拔釵珥益之。明年寇果陷東南,事方殷,租借地彈震四飛。余行,穆如必從,曰:"死案同死,生案同生。"某日將至某公司市物,以事沮,而公司受彈,死數百人。計其候,正至時也。吾軍既西徹,虎伥四布。一日余至大夏授課,適一學生遇狙於黌門,血四濺。穆如聞訛言,奄息至,余猶畢課而歸。三十年冬,租借地亦淪於寇,始與中樞絕。余慮濺染,盡辭各大學,穆如力贊之。時家無蓋藏,余曰:"足支幾日糧?"穆如曰:"辭則辭耳!即十鍾,庸可繼耶?"自是始饘。余僅恃私家館穀給朝夕,饔飧或不繼,穆如未嘗告乏,粥衣飾且盡。某年楊始花,鄉諺曰:"楊花落,衣籠束。"懼花入爲蠹也。余曰:"衣可曝矣!"穆如默然而涕。冬日僅薄棉,手足皴裂,自若也!時閏位脅位僭幣,折圖幣二爲一,人爭取易,緪屬至里許,甚有樸被往候者,越次多遇鞭扑,穆如獨憤不往。及居停徵賃金急,曰:"必新幣而可。"且刻期,穆如始謀諸親串。親串靳不與,君歸泣曰:"寧投江死耳,不可爲不義屈。"終不往。明年夏有嬲余出者,至再三,穆如曰:"何如?"余出《節婦吟》示之,大笑曰:"奈何雄而雌?"余曰:"夫有所昉也。"復示以張文昌作,曰:"'恨不相逢未嫁時'是何等語,君勝之矣!"余得褒語,亦爲一相笑也。自後益艱困,日茹鹿角粉。有親串仕僞者,見余困欲死,欲啗余乾糈,曰:"掛名可坐得,宜若可爲。"穆如私謂曰:"君已爲節婦,受之是私通也,烏乎可!"予笑曰:"焉有節婦而可干以私者?"力謝之。滬雖陷,然效忠於宗國者多,寇僞往往緹騎四出,欲甘心焉。株連所及，赭衣滿道。某日夜半款門急，余慮及，立藏文書於承塵中。穆如大驚，及出應，則醉人歸也，余與穆如皆大笑。某日出，覺有人若左右之者，顧則颺。至僻處，突進曰："君識某人乎？"若李，姓名已忘之矣。予夷然曰："余安知？"又曰："君嘗倚書某人乎？"余曰："不識，安得倚書？"則又曰："君常以詩文張某報，某報夙不純，君亦怏怏非順民也。"余曰："君既知余，則偵余必審，有則隨君行，無則何喋喋爲？且君亦國人，何相厄至此？"乃却去。時穆如方乳少子，不敢聞也。倭既屢敗，我以美利堅機襲滬四郊，余亂中移居滬南，近龍華。彈下，四壁皆震，家人皆趨避，余獨登望，穆如恚曰："奈何以身嘗死？"余曰："遇吾機而死，死無恨！"曰："奈無名何？"綜此十七年中，吾夫婦憂患飽經，蓋無不有死之機焉！初余幾以傷寒死，穆如幾以流產死；繼則或至飢寒死，或至株連死；終則或至爆炸死，而流彈、虎倀、暴寇尤無時不可死。有百死而竟不死，則天之所以祚吾夫婦者，不可謂不厚！舉酒相酬，宜若其時，則余尤不可以無辭者也。穆如名靜儒，卒業於河北第一女子師範。吾嘉興王，與穆如秀水沈，姻媾槃亘，亘六七世。穆如父爲余從舅，余外大父，穆如從大父也。余與穆如以中表結婚姻，於情尤爲厚。來歸時，先大父富川公、生母顧太夫人皆在堂，大妹猶未嬪，大兄嫂子女六七人，皆未婚嫁，及僕隸婢媵，幾二十人。穆如自折津遠嫁，周旋於一門上下之間，無間言。既至滬，曰："余當爲家庭樹一新楷模。"不意顛沛於憂患困阨之中，而竟不能自拔。楷模之望，徒存虛願。差足以償吾夫婦十七年來之苦辛者，惟三子一女耳！則前之所以期吾夫婦而不可得者，或將於吾子女見之乎？噫！

（原載《伉儷月刊》第一卷第二期，1946年。今據以收入。）

附：

我倆結合的經過

沈靜儒

我們倆結婚已經十九年了，我和他本來是表兄妹，但是一南一北遠隔幾千里，他住在嘉興，我住在天津，從來沒有見過面。記得我在十一歲，還在小學的時候，有一天放學回家，父親陪着客在客廳裏，看見我便説見見王家老表兄，那表兄高個子，長着小鬍子，很有官僚的氣派，他見了我笑着對我父親説："漂亮極了，我有一個弟弟名叫××，年紀比表妹略爲大些，非常愛好文學，不曉得能夠親上加親嗎？"我聽了似解非解地，紅了臉一溜煙跑了。因爲年紀小，並不在意，以後更超出了記憶圈以外。

二十歲我在北洋女師畢業，父親的朋友介紹我在某公學當教員，論婚的很多，把門第來説，有官僚，有軍閥，有大腹賈，還有暴發戶；把資格來説，有中學生，有大學生，有留學生，也有公子哥兒不進學堂的。我父親是一個守舊者，聽説是官僚、軍閥、大腹賈，就捋着鬍子説："齊大非耦。"説是留學生，又説："氣味不投。"所以三四年來，母親和父親常常討論着，常常鬧別扭，母親説："您東不願，西不願，女兒到了六十歲才願嗎？"我暗底裏想："我家這位精通醫理的哥哥死了，以後我已'上無兄下無弟'，只有我和大姊小妹三姊妹，大姊已經出嫁，小妹還小，事奉父母實在是我當前的責任，何必急急的議婚呢。"但是沒有勇氣提出我的理論和立場。有時母親徵求我的意見，我只有規規的話在口頭，總是不能夠吐出來。

有一年初春的早上，我在梳妝，美麗的陽光，春雲般鋪在鏡臺上，反映我的影子，分外顯得清楚，不覺端相了好久。忽然聽見隔房父親對母親説："這是五弟的信，來做媒的，你看你看。"以後便嘓嘓地低念，我漫不問心就出去了。晚上回來，一進門，我的妹妹和堂房的弟弟妹妹，多向着我笑，我很奇怪。後來靈機一動，想到過去，凡是有說親的，他們老是這樣，現在又是那一套了，只板着臉對着他們。臨睡的時候，又聽見父親在說："你怎樣？我考慮了一整天，很有意思。第一，王家是舊家，姊夫管教很嚴，必定沒有時下的習氣。第二，是親上加親，彼此明瞭。第三，××已在大學裏教書，當然有相當的學問，自立的能力。第四，年齡相差五歲，還不算大。第五，人雖瘦些，但很挺拔。"聲音非常響亮，好像是"使之聞之"。我聽見了親上加親，和××的名字，把記憶的綫索，一根根的連接起來，想到父母親平常的談話，更恍恍惚惚，想到十年前王家大表哥的一幕，不知不覺地有一點怦然了。

明天我的書桌上，多了一張照片，有××的名字，我看了一下，急忙擱在原處，做出並不看見的樣子。想不到這當兒，我妹妹突然地在我背後大笑，接着母親進來，說了一大套，我只是板了臉，不說也不笑。從此以後弟弟妹妹，老是說着他的名字，我的腦海裏，也老是浮動着他的影子，但沒有勇氣再看他的照片。這高潮過去以後，大約冷靜了兩三個月。他雖是父親的外甥，但並非是親的，并且南北遠隔，并且沒有見過，所以雖然有些願意，但是並不肯定，常常托南方親友打聽。

好幾個月中間，打聽的結果，有好，有壞。好的方面說：（一）家庭裏很和睦。（二）他在將近二十歲的時候，和他的表姊訂了婚，後來女的害了肺病，好事蹉跎，去年的冬天，終於去世了。所以預備議婚，人是挺好的。（三）寫字很有點名，十六七歲，就和人寫壽屏了。（四）學校放假回家，老是不出門，大姑娘似的。

壞的方面說：（一）脾氣古怪，有時和客人談話，不投機，便呼呼的睡着了。（二）終天終夜在書房裏，不喊他不吃，不喊他不睡，經常餓一頓，一夜不睡，是稀鬆平常的事。（三）不大和人招呼，樣子挺驕傲的。

我聽了以後，常常有矛盾的思想，覺得他是一個怪物，他是一個書呆子，那裏可以親近呢？非常的恐懼。又想到他的照片，穿着洋服，沒有怪詩人長長的頭髮，不像是個書呆子。他能夠家庭和睦，當然不是一個怪物。那末爲什麽有這樣的傳説呢？又想到他這樣的喜歡讀書，又有些藝術的修養，前途是非常有希望的，心中又暗暗的歡喜。

　　後來五叔的信，好像雪片一般飛來，每來一次，吾心上總有一點兒撼動。經過相當的時期，在人的方面，漸漸地確定。母親又轉到神的方面了。有一次，問了她所敬仰的神，得了一枝靈籤，寫着"千里姻緣一綫牽……"，我們的兩方面，顯得更接近了。最後我父親的長輩錢老太爺，是前清的翰林，又是什麽"花翎二品頂戴"的，是父親最崇拜的一個，也是他家的世交，并且帶了一點親。他老人家很贊成我們的親事，他的花燭太太，向母親也説了許多吉祥話。他説："我們老爺，也是元聘没有過門，後來娶我。現在我們兩人，都已八十開外，并且見到了曾孫。祝你們小姐姑爺，也像我們一樣。"因此我的二老，便在明年的春天，寫信給五叔，表示允許了。

　　在當時，我的心又矛盾起來。甜酸苦辣，一齊湧上心頭。父母撫養我成人，便須離别，未免有些辣。要到一家不很熟悉的人家，去做人，感覺得很苦。千里遠嫁，舉目無親，當然有點兒酸。看到了姊姊送我一對粉紅色綉着鴛鴦的枕頭，不覺又有些异感了。雖然"好事"一天"近"一天，但是我依舊替學校忙，朋友忙。記得我母親正在預備嫁衣的時候，還有人替我做媒，一方面，我還替同學做媒。我們"文定"的一天，正是我介紹同學和她的對象相見的一天。回到家裏，大家笑我是"養媳婦做媒"，我也啞然地笑了。

　　那年的八月初一，父母親送我南下，到了嘉興。忙亂了好多天，到了結婚的正日——是民國十八年陰曆的八月十九日——早上起來，心中老是在跳動，尤其是"怪物"和"書呆子"幾個名詞，走馬燈般在腦海中來往。終於到我們對面談話的時候,覺得他並沒有怪的現狀,和呆的現狀,方才把以前的幾個名詞,消失在燈影搖紅中。明天早上起來,秋天的朝陽,非常艷麗,照在我的鏡臺上,仿佛還在天津我的卧室裏,但是光明的鏡中,多了他挺拔的影子了。

三朝回門,母親偷偷的問我:"到底怪不怪呆不呆?"我笑着說道:"假使真的怪了,呆了,又怎麼辦呢?"母親說:"那是你父親活該,他東不要西不就,不是'齊大非耦',就是'氣味不投',不遠千里,來尋到一個怪女婿,呆姑爺,不是滑天下之大稽嗎?"後來母親問五叔:"做媒爲什麽這樣賣力?"五叔說:"果然爲了××的學問人品好,但還有一點小原因,爲了王家姊丈,連請我幾次鴨麵,加速了我做媒的動機和勇氣。"大家聽了,不覺哄堂大笑起來。他的大哥,是一個宿命論的歌頌者。他見了我父親,老是說:"萬事有定,十餘年前,不經意的一句話,竟爲隔了數千里,經過了許多的曲折,還是實現了。不是前定嗎?"

我們的結合,本來是平淡無奇,並且是"父母之命,媒妁之言",非常落伍,實在是不足道的。因爲看了好好先生的徵文題目,不免"見獵心喜",把他拉雜寫來,目的在編到一年《尣儸月刊》罷了。還有附帶說明,我們在這十九年中,有了四個結晶品,三男一女,並且在此時間,歷盡了人世的艱難困苦,但沒有打一次架,說一句重話,這是可以自慰的。

(原載《尣儸月刊》第三卷第1期,1948年。今據以收入。)

"孤島"時期所作詩文回憶

上海社會科學院文學研究所囑我爲"孤島"文學寫文,屢屢催問,不得已,忘其譾陋,搜我舊稿及一時師友之作,分類記之。雖爲舊文,然尚不謬於史料一名乎?姑爲自解,以答編者。

悲　失　地

倭難初起,夢苕(即錢仲聯)作《四哀詩》,哀瀋陽、長春、龍江、錦州之失,後又作《三哀詩》,則哀熱河、秦皇島、冷口的淪陷,都收在我的《國恥詩話》中。因詩太長,且在上海成孤島以前,不錄。錄我在"孤島"期間所作諸篇。

(一)《哀寶山》。有《序》云:"寇犯寶山,營長姚子青熙壽與所部六百人,力戰死之,時九月七日也。"其詩云:

東北滿蛇豕,流毒到江涘。寶山扼江口,與滬相首尾。如何肆狂嚼,橫斷吳淞水。桓桓姚城父,孤軍獨排抵。黑雲壓城頭,夜半鼓聲死。傷心六百人,千古土花紫。從此淞滬間,如臂喪手指。

這首詩,寫姚子青營長之殉國,應編入《表忠》中,但是寶山的陷落,實爲上海成孤島之始,故改列於前。

(二)《聞國都西遷》。

北望陳雲寒,新亭淚不乾。河山塞醜虜,車馬走高官。國土緣江盡,牙旗照水殘。猶聞新策略,西去戰場寬。

末兩句,是某高官所說,現在雖西遷,但版圖廣大,盡有土地可抗戰也。

(三)《聞故鄉嘉興淪陷》。

六州鑄錯事全非,又報家山劫火飛。如鵲繞枝何處宿,似兒失乳向疇依?夢中燈火人無恙,淚底松楸望總違。二十四時腸百轉,幾回步月幾沾衣?

(四)《讀錢蒙叟集外西湖詩,去今三百年矣,恍惚如見,漫題其後》。

共說西湖好,胡姬競鈿車。繁華烽火裏,花鳥劫灰餘。馬矢填魚沼,羊頭曳錦裾。江名真不負,羅剎滿城居。

此是痛杭州之淪陷。錢蒙叟就是錢謙益,他降清以後,不得志。受着他如夫人柳如是的熏陶,一變過去,專心復明。西湖詩,總為《投筆集》,專為暴露清人的醜惡和復明的行動,故藉以比倭寇的醜惡。

(五)《大雷雨如萬馬騰驤。復兒嗻唶曰:"或大軍已入境乎?"時我軍退數月矣!淒然賦此》。

無端豪雨挾驚雷,夢裏旌旗黯不開。一夜濤聲騰萬馬,癡兒猜擬渡河來。

此時大兒復孫年紀還小,但已知愛國,知道國民黨所指揮的軍隊節節敗退,他總是說怎麼辦?我說:"我們人民萬衆一心,所有失地遲早可以收復的。"殿以這首詩,是期望着最後的勝利。

聞 捷 報

正當國民黨指揮的軍隊土崩瓦解之際,忽聞八路軍平型關大捷之報,真是喜從天降,萬衆歡呼。但是報導不詳,其原因大約對於八路軍有所歧視,如外國報;或有所嫉妒,如國民黨報;或有所顧忌,如一般報紙。當時國民黨雖西遁,而其潛在的勢力還是很大的,所以我集合了幾種大小報紙,只知道:一、地點:平型關在山西繁峙縣東北;二、時間:在一九三七年九月;三、軍隊:八路軍;敵軍:板垣師團;結果:敵軍死傷五千多。我不覺手之舞之,足之蹈之,寫下了下面的一首——《聞平型關捷報》。

兄弟本同根,枝枝分一樹。奈何參與商,干戈日抵捂。皇天誘其哀,秦越合肺附。幡然閱牆爭,戮力禦外務。北封一丸泥,突入土囊怒。出地奮驚雷,百里破蚩霧。赤雲縣大旗,紫塞回日馭。捷報天外來,喜報淚如注。

捷報初傳,震驚了全世界。爲中華民族爭氣,使軟骨病人也堅強起來,使外國人開始改觀,使日帝國主義所謂皇軍不敗的迷夢也開始幻滅。我有一位親戚老人,素持悲觀論,嘗跟我爭論誰勝誰負,竟至聲嘶力竭,最後賭咒說:"假使有一天中國軍隊能够回來,我當在汶林路(今名宛平路)五叉路的大石花臺四周爬一圈。"及聽到這次捷報,日寇死傷至五千人,他爲之動色。我笑笑說:"五叔,你該開始預備一雙護膝啊!"他自此不再和我爭論了。他的言論和態度的轉變,很可代表當時一部分人。

關於這次偉大戰爭的史料,我又收集了許多,可以簡括補充一下。

一九三七年九月,日寇打算奪取我太原,平型關爲必爭之地。廿三日,八路軍一一五師以一個團和騎兵營向靈丘、淶源、廣靈之間前進箱制日寇,以三個團於二十四日夜,冒大雨,設伏在平型關東北的公路兩側地,待機殲敵。廿五日七時,日寇號稱最精銳的板垣師團與二十一旅團的主力,進入伏擊圈。八路軍的預伏部隊突起猛攻,迅速將敵割裂包圍,展開白刃戰,使敵大炮坦克無所施其技。經一天激戰,敵伏尸十餘里,至三千餘人,傷者倍之,戰車也喪失數百輛,其旅團長幾欲自裁,可見此役戰鬥之猛烈了。

我妄想假司馬遷寫鉅鹿沈船之筆,摹范曄繪昆陽豪雨之聲,以平型之戰正在大雨中進行,也重作一長歌,終以才短不果。

表　忠

九一八國難後,凡爲國犧牲的烈士,我總是搜集資料,爲他們作詩作傳。如《弔佟麟閣趙登禹兩將軍》《哀八百孤軍》《郝將軍歌》《王將軍挽歌》《洛陽將軍行》《張自忠將軍挽詞》等。所作雖不在一時,但大部分作於"孤島"期間。現在把"孤島"時期所作一部分詩歌錄之於後,間附小傳。

(一)《哀八百孤軍》。《序》云:"上海國軍西撤後,惟八十八師第五百二十四團團副謝晉元、營長楊瑞符,率所部八百人,苦守閘北四行倉庫不退。屋顛破碎,國徽尚飄揚空際。余隔河載拜,揮淚賦此。"

飛角長圍勢已成,傷心棋又送殘枰。三軍鼓早聲如死,百戰身猶力似生。要使國家留寸土,不辭血肉葬同阬。淒涼十丈青紅幟,賸照殘陽萬里明。

(二)《弔佟麟閣、趙登禹兩將軍》

劇憐朝議尚紛龐,事去空聞玉斗撞。如此佳人容可再,誰云國士竟無雙。英雄血盡餘遺墨,魂魄歸應戀舊邦。千載團河東下水，濤聲還似鼓錚鏦。

（三）《郝將軍歌》。《序》云："郝軍長夢麟守晉北南懷化，殲賊甚多，於十月十七日陣亡。臨發，致其家書曰：'沙場爲余歸宿地。'能讎其所言。壯已！悲已！爲揮淚賦此。"

獯猶滿野森齒牙，西驅千里骨成麻。管涔盤鬱號山祖，橫截萬蹄空爬沙。山中將軍人中虎，長劍耿耿天倚杵。賊來賊來腥吾刀，䏢啖齗齗都變鼠。詎知一虎當衆獸，鐵額銅頭困挐鬬。大猛火聚神鬼焦，可憐天險終不守。八千子弟同一烹，將軍雖死猶虎睜。積恨浮天雲不流，積血入地草不生。傳聞將軍初受命，蚤以一身許宗國；有家不歸歸沙場，煌煌大義炳天日。回頭三晉烽連霄，將軍一去成漂摇；雄關日照四面開，河上大帥方逍遥。

（四）《張自忠將軍挽詞》。

垓下雞鳴已十圍，三軍俱墨淚空揮。驅車虎口完忠孝，裹革沙場定是非。雖死應留聲響在，餘威還使海濤飛。精魂繞向團河畔，一樣丹心照落輝。

案，"驅車"云云，是説北事既壞，將軍變服挽車，穿賊地數百里，始和大軍會合。他慷慨地説："我不能貪生，有辱家國。""裹革"云云，是説起初將軍穿賊地時，和外界隔絕，國人很有人懷疑他。及殉國，真相才大白。團河，是佟麟閣、趙登禹兩將軍殉國處，張將軍曾和佟、趙同守此地。

以上除八百孤軍外，都爲國民黨軍的將領，原也勇敢善戰，但誤於其上的失計乖方，遂使嚴疆迭失，喪此將材，真堪痛惜。我嘗有詩云："國殤血盡朝庭小，上將功成焦土多。"就是指這類事。功成焦土多，也是當時蠢事，所謂焦土政策，日寇没有到，就把長沙付之一炬，以爲可使敵人無所掠，仿傚蘇聯，真是畫虎不成反類狗了。

斥奸

我有《讀宋史》一律云：

好家居竟壞纖兒，半壁空存劫後棋。事去相公權作帝，時來佳士善爲師。賊何可父甘稱子，奸不能雄只合雌。西望常山蛇勢在，有人夢想中興時。

這是斥汪僞也。"相公權作帝"，是說金立張邦昌爲楚帝，邦昌心不安，拜官及理事，皆加"權"字。"佳士善爲師"，是說宋高宗趙構稱秦檜爲佳士，檜主和議，奏有"德無常師，主善爲師"的話。汪僞正是這兩個大漢奸的化身。"甘稱子"，是說南宋以父禮事金，正與汪僞屈膝日寇相同。"常山蛇勢"，是用江若海的話。當張浚宣撫川陝之議未決，監登聞檢院江若海曰："天下者，常山蛇勢也。秦、蜀爲首，中原爲脊，東南爲尾。今以東南爲首，安能起天下之脊哉？將圖恢復，必在川陝。"我自從國民黨指揮的部隊節節敗退，十分苦惱之際，突聞八路軍平型關的大捷，遂視延安爲天上，寄以無窮的期望。最後兩句，就是最強烈的表現。我還有詩中兩句云：

天開西北留餘地，地陷東南已不天。

也是這個意思。朱君大可《抗戰詩話》評這詩說："妙在句句說宋史，却句句影射汪僞。'奸不能雄只合雌'，一雌字，活畫出一個汪僞來。一氣呵成，猶其餘事。"

又有一詩，題曰《錢王》，刺浙人某爲僞浙省長也。又有一詩曰

《鸚鵡》，刺某文學家也。

拒　聘

我有一位長輩，提攜我，無不至。不知如何，在孤島中得罪了當時國民黨所潛伏的藍衣黨，屢屢威脅，後竟以子彈和灰包丢入他寓中，破其窗户。不得已，避往所親家。我急往告知唐茹經老師，長輩也是老師的弟子，請老師速其南歸，老師作隱語，囑其作《歸去來辭書後》一文，又爲其籌旅費。長輩已允，及我再往候，則已爲人挾至南部，爲僞大學祭酒了。我和茹經老師相視，太息不已。不旬日，急以電招我往，謂虛高位相待。我置不復，如此者三，最後督責更厲，不得已，作《節婦吟》一詩給他。

自此音信不通者數月。有一天，忽得其滬寓信，招飲。無他客。相見即説："作得好詩。"我謙讓不遑。洒後，他問："還有好詩嗎？"我説不敢。我先是已作得一詩，意在得開勸其急流勇退，至是呈閲，則《棄婦行》也。

他閲後，久久没有説話。我逡巡告辭而别。不意是年除夕，他忽得電話，明日有新校長來，即辦交代。他聽後，突撲地。後來海上治療，我往候之，他第一句話："我已爲棄婦了！"不久即下世。我書其墓碑，不覺涕泗滂沱也。

勝　利

幾年來，我時時期待着最後勝利的到來，常和友朋討論敵情。當時賦詩《再望長江》，充滿了必勝的信心。詩云：

春草扁舟眼暫明，江濤還是舊時清。曾留故國山河影，似帶中原戰伐聲。直下何辭千折盡,長驅會有萬峰迎。天迴地轉終填海,莫再嗚咽嘯不平。

勝利既傳,普天同慶,一時友人爲詩作頌者頗多,如金松岑《天羽感事詩六首》,不獨總賅日寇之敗局,亦且揭露國民黨之醜態,而出之以雅詰,深得風人之旨。

我所著的《國恥詩話》,書云:

> 日人與我同種同文,……以義言,固當共爲提挈,……日之達者,未嘗見不及此。乃一二強梁,熏於利欲,忘本忘義,……非特爲我害,亦且自殘,終以速亡而已。嘗讀張之洞贈日人長岡護美詩有云:"只有合縱紓急劫,故知通道勝要盟。"自注云:此皆席間所談。真藥石言,吾欲持此兩語於十洲三島間,家喻而戶曉之。

此一段,作於數十年之前,雖時移世異,仍然爲中日兩邦之藥石言也,故作爲吾文之殿。

(原載上海社會科學院主辦《社會科學》1983年第七期。今據以收入。)

王蘧常自傳

我年已過耄,多病手顫,不得已由我口述,門人潘詠召筆記。分一、名氏與籍貫;二、學歷與師承;三、工作與遭遇;四、治史與子學;五、文與詩;六、書法;七、著述;八、後言等八節述之。

一、名氏與籍貫

我姓王,名蘧常,字瑗仲,號明兩。我父親部昀公取《史記》"孔子所嚴事,於衛蘧伯玉"一語,伯玉名瑗,乃以蘧名,常是輩行;以瑗爲字,行二,故字瑗仲。明兩是我從《易經》取以爲號的。因爲蘧字不通俗,往往搞錯,如《日本支那士紳圖鑒》作王邃常,國內刊物,或作遽常,或作單名王蘧,或作蘧常,或作籧常。近來日本橋川時雄所編的《中國文化界人名薈鑒》竟把王蘧常、王瑗仲分爲兩人,更是大錯。

我又有別號端六,因生於端午後一天故云。我生年爲庚子,生肖鼠。幼時,嫌其瑣小,吾父曰:"生肖龍爲大,何不曰阿龍?"故取以爲號。晚號欣欣老人。父名甲榮,乃取陶淵明《歸去來辭》"木欣欣以向榮"句,以示終生孺慕之意。其它書齋名號尤多,如繼明軒、四照堂、窈窕軒、珠朗樓、仰韶樓等,凡此皆書生陋習,不足道。

籍貫,據譜牒,望出瑯琊,相傳爲晉右軍將軍王羲之次子凝之的後代。遥遥華胄,未必可信。東晉南渡,羲之父曠,即遷於會稽。

不知何時,又遷至安徽休寧縣。明末大亂,又由休寧遷至浙江嘉興,遂爲嘉興人。五世祖定居於東門外角里街,營布業,歷世慘淡經營。至曾祖名壽號補樓,是全盛時代。補樓公勤儉持家,兼治儒業,樂於爲善。清道光三十年江浙大水,受災者衆,曾捐數千金以拯之。去世後,遭大亂,家道中落。至父親部昀公時,已貧無立錐,但部昀公繼承家風,克勤克儉,刻苦學習,終能自立,道德文章,均有聲於時。

　　清自甲午戰敗以後,思整飭海疆,以重臣裕禄爲北洋大臣,坐鎮天津,廣攬人才,充實其幕府,而吾父與其選。遂自嘉興攜眷北行,寓居天津三太爺廟街。後三年庚子五月初六日,我誕生於此,實一九〇〇年六月二日。時八國聯軍侵犯海防,七十二沽相繼失守,北洋幕僚星散,裕禄張皇無策,終至自裁。吾父視其藁葬畢,始歸家。時津沽已遭浩劫,市民竟相避難,白日無人影,只得夜行。我生後才十八天,吾母懷我隨全家晝伏夜行,由津關而楊柳青,而勝芳,而滄州,始得大舟,顛沛南行,歷經艱險,至嘉興已是中秋,幸免於難。故我刊有"憂患餘生"印章以志之。

　　我從三十歲起,因工作關係,遷居上海,至今已五十四年,嘉興已成原籍。

二、學歷與師承

　　三歲,吾母教以方字,並辨四聲。四歲,從伯父步青公讀《文字蒙求》等啓蒙書。五歲以後,始讀《四書》與《毛詩》,七歲畢讀;然後及《禮記》《尚書》《左傳》等。當讀《毛詩》時,竊作四言詩,伯父笑以爲妄,父則曰"任之"。母能誦老杜五七律詩,嘗授之,至此乃竊讀唐賢韓、柳諸家。一日在灘江舟中,用韓愈"水作青羅帶,山如碧玉簪"句意,作"江帶山簪"之句,伯父見而大賞之,不復禁。年終得十餘篇,吾父爲題曰《鷇音集》,意即如鳥雛離殼初鳴,其音微弱,不能成韻也。

我十歲,始進學堂,名富川縣學,未一年即離去。十三歲入嘉興高等小學。吾父平時管教甚嚴,故不愛玩耍。校選模範生三人,我謬充其數。我於各科、國文、史、地等常得滿分,圖畫、手工亦優,惟算術、英文獨鈍。舊制,各科總平均,不分主次,故學期、學年成績,仍得上第。明年夏,躐等入浙江第二中學校,在嘉興西門,距家遠,然遇雨雪從未遲到。與同學交,雖不洽,未嘗有惡聲。師命作業,雖病亦未嘗一日廢。往來校與家,非父師命,不他往。適英文有孔夫子一課曰"孔斐安斯",同學遂以"孔斐安斯"呼我。不二年,突患惡瘧,初猶抱病往,及瘧作急歸,師長知之,囑病休,始輟學。

惡瘧纏延竟達二年,病愈年漸長。父兄欲我入杭州法政大學,心實不願,而持之堅,不得已往試。作文題爲"述志",我乃借題發揮,極言不願從宦海中討生活,又備論其風波之險惡,陷人於不覺,人情變幻,尤所難堪,願學孔子之教人與孟子之得天下英才爲樂,今違願而來試,則以父兄之命,如能玉成,幸甚幸甚。閱卷者大笑,以爲從來試卷,無此奇文。家兄與其校長有故,問其取否? 則出卷示之,笑曰:"余將成全令弟。"兄出意外,苦笑而已。吾父知之,亦未罪責。病瘧期間,得拜前母族父沈寐叟曾植先生門下,對書學、詩學,得益良多。

一九一九年秋,聞前交通部工業專校校長唐文治先生在無錫創辦國學館,得其同年當時大總統徐世昌之襄助。館生畢業出路,由政府安置,且由施肇曾資助館生膳宿書籍及膏火(獎學金),待遇優厚,均在招生廣告載之。名額二十四人,不拘年齡。父兄立命報考,我慮其錄取不易;即取,又恐引入宦途,有難色。吾父正色曰:"唐先生天下楷模,汝乃不樂爲其弟子耶? 毋自誤!"不得已,遂赴考。不料與試者多達一千五百餘人,且多斑白者,不覺爲之氣短。

試題二：一曰於緝熙敬止論；二曰顧亭林先生云拯斯民於塗炭，爲萬世開太平，試申其義。我知一題出自《詩·大雅》，上有"穆穆文王"句，又《記·大學》引之，以釋"止於至善"，遂由此綰合成文。及發榜，得錄取。

唐先生督教嚴，經文必以背誦爲度。常面試，一差誤，則續試不已，必至無誤乃已。考核尤重月試，不限於經、史、子，亦重文學。等第分超、上、中。每發表，唐先生中坐，秘書在左唱名，遂起立致敬聽評語，評有眉評與總評，如解牛，無不中肯，聽者忘倦，尤喜獎假。我嘗作《觀浙潮賦》，拾古人江海賦之辭采，以蛟、螭、黿、鼇喻軍閥之內戰，翻江倒海，民不聊生。唐先生書評於後曰："極揮霍離奇之能事，物無遁形，木玄虛、郭景純應避其出一頭地。"又曰："寫此題，不能再好矣。"我雖明知溢美過情，然經此鼓舞，益覺感奮勤學不已。唐先生又善於誘導學生治學，各就性之所近。我治三代史，及畢業寫成《商史紀傳志表》若干卷，《夏禮可徵》二卷，《清代藝文志權輿》十六卷，時《清史稿》尚未問世。畢業試分經、史、子、文四門，我於文作《太極賦》一千數百言，唐先生於陳先生評外加評云："融貫中西，包貫今古，前人未有也。"備受鼓勵。

學歷與師承緊相連，治學成就則來自吾師之教育與啓示。我十歲入富川縣學丙班，科目甚多，讀外國地理，始知世界之大；讀外國名人傳，始知學問無窮。在縣學印象最深者，爲校長毛繡虎先生兼任修身課教師，用年丈蔡元培先生所編《修身教科書》。一日講孝親，"子欲養而親不待"及"大孝終身慕父母"云云，不覺泣下沾衿，久久不能成語，同學亦有淚容者。其感人之深如此，使我於雙親益加親敬。

及入嘉興高等小學，國文教師吳子文先生爲清茂才，拘陳法。我不耐株守課本，喜泛覽他書。偶於吾兄書篋中見嚴幾道譯赫胥黎《天演論》而好之，不解，則檢辭書旁注。吳師見而大訶，以爲好高鶩遠,不守本分,且謂著作談何容易,必須學成以後。我慚而中止。然敢於著作始於此,知不可苟作亦始於此,其後作《嚴幾道年譜》亦造端於此。吳師雖訶我,亦自喜,謂同事曰:"吾班居然有著作才,王生乃敢作《天演論》注。"校中傳爲新聞。而後見浙江第二中學教師劉子庚先生所著《中國文學簡史》,辭練而賅,復技癢,又竊注之,以爲文學固分内事。吳師見而不訶,並從而助正之。

進入二中,進謁劉師子庚,即以所注爲贄。劉師大喜,爲遍贊諸先生。時諸先生多名家,小學則朱蓬仙、陸頌襄,文學及印度哲學則鄭斐諶,詩、詞及文學史則劉師,歷史則祝靖遠,英文則王哲安,國維先生弟也,皆一時之選。我周旋進退於其間,甚以爲樂。陸師授《説文》部首,我始知大小篆;鄭師初授文學,多取顧亭林、黄梨洲文,並喜講晚明事。我之服膺亭林自此始,其後作《亭林詩集彙注》《亭林詩譜》《亭林著述考》,皆造端於此。祝師熟古史,不攜課本,書黑板盡三四,皆我所未聞。師寡言笑,不敢親附。一日遇於途,我肅然旁立,師笑頷之。知我喜歷史,遂招入室,我乃申傾慕博通之意。師曰:"予《四史》外,僅熟讀《繹史》一部,《繹史》爲馬驌所作。"我急請觀,師許借閲。乃陸續擷其要,盡數冊。我之治古史始於此,其後欲作《三代史》及撰《秦史》,皆起源於此。

我在國學館時,受教於唐文治先生者至深且大,經學、理學之外,尤深得其論文及讀文之法。其論文云:

　　文字者,經天而緯地者也。吾日求古文之綫索,則知古書之經緯與其命意,於是我之精神與古人之精神欻合而無間;乃借古人之精神,發揮我之精神,舉並世之一切可驚可駭可喜可悲之事,宇宙間之形形色色、怪怪奇奇,壹見於文章;於是我之精神,更有以歆動後人之精神,不相謀而適相感。奮乎百世之上,百世之下,聞者莫不興起也。吾道一以貫之,無非求之經緯而已。……學者欲窮理以究萬事,必讀文以究其法,又必先潛研乎規矩之中,然後能超出乎規矩之外。而又扶之以浩然之氣,正大之音。格物致知,所以充其用也;閱世考情,所以廣其識也。至於化而裁之,從心所欲不逾矩,所謂過此以往,未知或知也。由是而成經成史,成子成集,成訓詁家,成性理家,成政治家,成大文學家,豈非通乎經緯之道而然哉?

唐先生之論讀文云:

學者讀文,務以精熟背誦,不差一字爲主。其要法,每讀一文,先以三十遍爲度。前十遍,求其綫索之所在,畫分段落,最爲重要;次十遍,求其命意之所在,有虛意,有實意,有旁意,有正意,有言中之意,有言外之意;再十遍,考其聲音,以求其神氣,細玩其長短疾徐抑揚頓挫之致。三十遍後,自不知手之舞之足之蹈之也。

我之爲學,稍有成績,多爲唐先生之所教。

我入館之第三年,奉唐先生命,與同學六人常往來於蘇州,從曹元弼先生受《儀禮》。曹先生嘗著《禮經校釋》十餘卷,清廷特授翰林院檢討,當時榮之。曹師語必文言,講授時,旁徵博引,尤稱鄭玄,必曰鄭君,一席話,即一篇詁經文。學期畢,我輩共成《禮經大義》數卷付刊。此乃我服膺鄭玄之始。遺文佚注皆有抄錄,此時尚不知有袁鈞輯本。

學校師長之外,我曾從沈曾植先生受書學與文學,並問業於梁啓超先生,得到啓示與教益甚多。沈寐叟曾植先生爲我外族叔祖父,我稱四公。博通名世,我少時仰之如山斗。入國學館前之二年,我以病家居。一日先生自滬歸里,我父日往談,間聞其高論。乃集平時讀書所不能解者二十餘事,變其書體,托名阿龍,函問之,欲於吾父處得其梗概。某日，吾父歸，果言有一自稱蘭成射策之年黃阿龍，效曲阜孔某以僻典百條試袁枚者，以質四公。四公謂其中唯一條曰"裔然"者不可解，或"裔"爲"奝"之誤，奝然爲日本和尚，在我宋朝，以鄭君《孝經注》來獻云云。時我父已忘我幼年別號阿龍。我聞之喜極，以實告，檢原文果然有"奝然未獻之書"，其爲誤字確矣。於是向往益殷。乃行初見禮，先生掖之起，莞爾笑曰："昔者，余固疑吾子之爲之也。"備加鼓勵。自此我常薈疑請教。先生又教讀書分類札記之法，於是我知作札記，有《知無錄》十餘本。先生又教曰："凡治學，毋走常蹊，必須覓前人夐絕之境而攀登之。如書法學行草，唐宋諸家已爲人摹濫，即學二王，亦少新意，不如學二王之所自出。……章草自明宋（克）、祝（允明）以後，已成絕響，汝能興滅繼絕乎？"又曰："學章草，必須從漢隸出，……汝愛家雞，然當不爲所限。楷法亦然，力避庸俗，滇疆《二爨》，未嘗非醫庸俗之藥石也。"我題先生絕筆楹聯云："昔年書法傳坤艮，置我三王二爨間。"即志此事。

此後，我父又嘗命我問業於梁啓超先生。先生有天下大名，與吾父同年，父極稱其爲學日新不已，眞足頑廉懦立。我所請業，爲子與史，凡多次。最受影響者爲：

> 先生之論孔子學術曰："孔子學術，仰之彌高，鑽之彌堅，不知從何談起？無已，其《論語・憲問》篇所謂'修己以安人'，修己即內聖之學，安人即外王之學。內聖之學即《禮記・大學》篇所謂格物、致知、誠意、正心、修身；外王之學即《大學》所謂齊家、治國、平天下。如此言之，或疑內聖外王之學將分兩截，是大不然。《大學》於八條目後，明說'壹是皆以修身爲本'，故格物、致知、誠意、正心，只是完成修身之幾個階段；齊家、治國、平天下，只是以己修之身去齊、治、平，原爲一貫。故

自天子以至庶人,皆適用此工作。孔子曰'修己以安人',於'修己安人'之中,加一'以'字,正是將外王之學納入內聖之中。後儒於孔學解說紛紜,多語繁而寡要,我自謂此說或能以少勝多乎?」

我於六十餘年後,爲大學生徒講儒學,猶無以易此也。

先生又爲論先秦諸子,以爲必須先明流派,《莊子·天下》篇、司馬談《論六家要指》、《淮南子·要略》篇及《漢書·藝文志》,其要籍也,而《荀子·非十二子》《天論》《解蔽》諸篇、《尸子·廣澤》篇、《韓非子·顯學》篇、《呂氏春秋·不二》篇,亦當會其通,方能得其全。

我他日爲《諸子學派要詮》及《先秦諸子書答問》,皆造端於此。先生又論中國史學曰:

中國舊史,蓋有四蔽。一曰知有朝廷,不知有國家。從來作史者,皆爲朝廷上君與臣而作,曾無一書爲國民而作也。二曰知有個人,不知有羣體。"本紀""列傳",直是合無數之墓誌銘而成,而不知敍羣體之相交涉、相競爭、相團結之道。三曰知有陳迹,不知有今務。夫史將使今世之人鑒之裁之,以爲經史之用,故西洋之史,愈近愈詳。我國則不然,非改朝換代,則一朝之史不出,不惟正史,即各體莫不皆然。此真所謂知古不知今,陸沉者也。四者知有事實不知有理想。中國之史,但如刻版,某日有某事而已。至事之何以生?遠因何在?近因何在?莫能言也;其影響何如?莫能言也。故汗牛充棟之史書,直無生氣之可言。汝喜治史,能知其蔽乎?能毅然立志,一新其面目乎?

先生立論精闢。惜於先生所言,竟無能爲役,深感愧對。然他日擬作《秦史》,妄欲於舊史陋習有所刷新,實由先生高論啓發之。

三、工作與遭遇

我自一九二四年開始教育工作,至今一九八四年,已五十有九年,未嘗徙業。立簡表於左,表後附教學中所遇瑣事數則,可知在工作道路上並不一帆風順。

年　份	地點	校 名 和 職 稱
1924—1926	無錫	私立無錫中學教員
1925—1926	無錫	無錫國學專門學院講師
1927—1941	上海	私立光華大學附中高中教員
1927—1928	上海	私立大夏大學預科講師
1928—1929	上海	私立復旦大學中國文學系講師
1930—1941	上海	大夏大學國學系教授,後又兼任高等師範科國文系主任
1938—1951	上海	遷滬無錫國學專修學校教務長
1938—1942	上海	遷滬私立之江大學歷史系教授
1940—1952	上海	國立交通大學中文科教授(中因汪偽接收,與同事五人同離校,當時所謂反偽六教授者也)。解放後,任中文科主任教授
1946—1947	上海	國立暨南大學中文系教授
1949—1951	無錫	中國文學院副院長(每兩周去一次)
1951至今	上海	復旦大學中文系教授,後調哲學系教授

在將近六十年的教學工作中,所遇之事甚多,不可一一列舉,茲舉其印象較深難以忘懷的瑣事數則如下:

一、我初至無錫中學,唐先生方兼校長,其同年江老先生以病辭,唐先生命我繼任,然知學生年多過於我,又班高氣傲,自度頗難爲繼。然不能辭,只得多參考,備不虞。及上課,態多偃蹇,竊竊言雖髮未燥,又似言密如牛毛,蓋譏我年少而備課多也。明日,我乃不攜片紙,僅憑强記講述,徐步講堂中,或前或後,一聞私語,即輟講注視,於是竟講肅然。此後乃多提問,並及課外,皆唐宋人文,幸不爲屈。一日,有問太極爲何物者,我簡言之。則又言:"江老先生曾謂您於風簷短晷中,能賦太極千數百言,有諸?"我笑曰:"此特應付考試而已。古人研都鍊京,作賦至十年或二十年,方爲不朽也。"自此始稱老師。他日又有三人來,出一紙,皆古文奇字。我笑曰:"諸君欲揚雄我耶?"視之多出《漢書》,遂一一答之,或正其誤。自是迄畢業無閒言。

二、我年三十,任大夏大學國學系教授。初講唐宋文選課,點名時,座無虛席,講未半,多早退者。我再點名,則不足十四五矣。明日,知我再點名,遂無逃席者。我又提議,讀文必須先明大意,次則段落,精煉處必須背誦,我將面試。蓋秉唐先生教也。後忽得一匿名信,謂以教小學生之法對大學生,是可忍,孰不可忍;且少年得志,竟擺出章太炎大師架子,是可忍,孰不可忍;限你速改,否則當以衛生丸奉敬。下畫一槍彈頭,末署無畏英雄。我閱之大笑。明日上課,特朗誦之,聞者哄堂。我曰:"匿名即非無畏英雄,以紙上槍彈爲武器,更非英雄。如不甘爲小學生,盡可商談,奈何出此下策?且我之提議,原出好意,何架子之可言?今乃視爲仇讎,真英雄果如此不明事理耶?今所謂英雄或即在此堂中,如欲名符其實,則請挺身而出,使大家一識英雄丰采。"乃三呼而無應者。

三、學生問難,此常事也。然亦有碰巧,則難者亦易;不碰巧,則易者亦難。我任大夏高師科國文系主任時,學生多勤學,多提問。一日,某生持一信,狀甚急者,曰:"某同學在某城任高中教員,學生家長內有前清秀才者,常持短長。前日以教本歸有光《思子亭記》'漢有太子，死後八日，周行萬里，甦後自述，倚尼渠余，白璧可質'一節爲問，謂遍翻《兩漢書》及《歸震川集》注，無所得；君等皆大學學士，必能解吾惑也。一時無以對，則請限三日。曾遍檢各類書，亦無所獲。爲母校聲譽計，不得不求援於老師矣。"適我前數月，閱年丈吳士鑒《晉書斠注》，記《漢劉聰載記》有其事。遂檢《晉書》，果有云：

> 聰子約死，……道遇一國，曰倚尼渠餘國，引約入宮，與約皮囊一枚。及蘇，開之，有一方白玉，題文曰："倚尼渠餘國天王敬信遮須車天王，歲在攝提，當相見也。"

某生大喜，譽爲博學，又傳其事於當時《大眾雜誌》名人論中。其實偶然碰巧而已，無所謂博學也。有時在尋常經子中而偶忘者，每使我瞠目結舌而無以答，不獨郭公夏五也。

四、我惡宦海風波險惡，故避而入教育界中，不料舊社會教育界中，亦未嘗無風波，未嘗不險惡也。傾軋、謠諑、欺凌、落井下石，竟無一不有。

某年，某大學暑假校務會議，有所謂院長者曰："吾院教授中，有沉湎於跳舞，仙樂、百樂門無不有其踪迹，非子夜不歸，以此式多士，難矣！"校長問何人？則以我對。校長有慍色，曰："如此俾夜作晝，則早課必曠。"即召教務員問之，則早課在八時，未嘗一日遲到也。校長曰："奇哉！"該長者乃囁嚅曰："此或龍馬精神耶？"他日，校長問我，答曰："我固未嘗涉足舞場一步也。"

某年暑假中，某大學開校務會議，所謂文學院長者，傍副校長坐，會議中，忽以指畫案，若有所陳。教務長某君意不耐，問何事？乃曰："王某某本學期僅教課文兩篇。"副校長曰："若是，則曠課必多。"目視教務長，教務長曰："不聞其曠課，學生但嫌其多考核。"因調閱教案簿，則兩者爲蘇軾《志林》與顧炎武《日知錄》之總名，各十餘篇也。文學院長始啞然。我聞之，適飯後，無故受誣，竟抑鬱，釀成胃疾。謠諑之興必於暑期者，以發聘與否決於此時也。

某年某大學聘書久不至。忽系主任以快示至曰："事將不諧，某以部長書至，必欲得一席，當局不能却。系中惟君無後臺，擬以君席與之。今有一綫望者，如得尤大力者推挽，或可無事。"我自思與官場無往來，何以得奧援？至子夜，猶不能寐。忽斜月照壁，見蔡年丈元培所書小聯，蹶然起，自語曰："蔡年丈固世稱之元老也，其能援手乎？"明日往謁，陳其事，年丈面作書與校長曰："年侄王某某，經師人師，國之珍也，想貴校必能重視之。暑盛，不一一。"我大喜，欲自致。年丈曰："我當遣急足逕遞，示鄭重。"我感甚。不三日，聘書果至。數日，又加聘為導師。自此，並謠諑亦無之矣。

某大學某當事，得其黨中派魁寵任。遇人偃蹇，同事與齟齬，竟盛氣呵斥，我大不平，語侵之，遂遷怒於我。謂我黨同伐異，挑撥離間；又謂拒不入黨（因我不參加集體入國民黨），是何居心？後竟誣我與內兄沈鈞儒有政治聯繫。不特竭力排擠，斷我生路，並欲置我於死地。幸得唐先生支援，始不得逞。先生其老校長也。於是變計，箝制我經濟與職位。時物價騰踴，紙幣貶值，一日數驚。同人薪資，時得調整並升級，而我獨無，直至其逃亡，然已備受其毒矣。

我執教近六十年。前三十年，則常在蹭蹬、坎坷、震撼、動盪之中，精神苦悶，疾病叢生。一九四九年全國解放，撥雲霧而見天日。後三十年，在黨的領導下，仍從事教育工作，備受組織關注，師生無間，心情舒暢，精神愉快。前後對比，不啻天壤。

在舊社會三十年之坎坷遭遇中而差足自慰與自豪者，則在弟子行者，或過孔門三千人，而能自樹立者，實繁有徒，並有不少知名之士，如國內則有英國院士、北京考古研究所所長夏鼐，南京大學史學系教授王栻，哈爾濱師範大學中文系教授張志岳，蘇州絲綢工學院院長秦和鳴,華東師範大學歷史系主任吳澤,中國社會科學院馬列主義、毛澤東思想研究所副所長蘇紹智,同濟大學建築系教授、古園林專家陳從周,上海師範學院史學系主任魏建猷,文化部文學藝術研究所《紅樓夢》專家馮其庸等;國外則英國博士、劍橋大學漢文系教授張心滄,美國加州柏塞地那城加州理工學院教授吳耀祖,美國伊利諾大學教授蘇紹禮,美國華盛頓世界銀行總會計師張展成等,及已故美國哈佛醫學博士錢建初,尚有法國巴黎大學博士卡里諾夫斯基從我問陰陽五行之學。

四、治史與子學

我少時趨庭,吾父喜言項王事,及救趙,士無不一以當十,呼聲動天地云云,爲之色動氣湧,至垓下之敗,又爲之嗚咽流涕。問出何書?乃授我《史記菁華錄》。讀之,如厭飢渴,此爲讀史之始,大半能成誦。久之,請益。父又以《綱鑑易知錄》授之,曰:"此非善本,然便初學,如益以陳鶴《明紀》,則貫徹始終矣。閱時應注意書眉標題,如'箕子嘆象箸','甘棠之詩','曹劌論戰'等。"父每夜必飲周公百歲酒,我傍侍,即舉標題爲問,或五六、或八九,能盡舉其辭則喜。不獨明史事,且富典實,法至善也。不一年而畢。此我鳥瞰全史之造端也。以是入高小,歷史教師張慕周先生謬賞之,每試必滿分,吒其同儕曰:"小年所造已如此,他日即歐九先生亦無以限之矣。"

及入中學,得祝靖遠先生教,始讀馬驌《繹史》。祝先生曰:"此爲紀事本末體,後有據之而爲紀傳體者,即襄平李鍇之《尚史》也,'尚史'猶言上古之史。"我大慕之。及入國學館之明年,忽於常州冷攤得之,爲之喜不欲寐。雖捃摭《繹史》,無所增益,然剪裁排比,事迹聯屬,語意貫通,特爲創格,是可取也。於是有《三代史》之嘗試。於夏，僅成《夏禮可徵稿》二卷。於商，於紙上材料外，多取地下材料，如殷墟甲骨等，及羅振玉、王國維諸家考證，先後成《世紀》《本紀》若干卷，《伊尹》《仲虺》二卷，《人表》一卷，《典墳志》一卷等，雖有發表，然粗具規模而已。然實不中聲，乃來不虞之譽，王國維先生謂其友孫德謙先生稱爲"王三代"，雖一時戲言，尤足使人慚汗也。

語云："知子莫若父。"吾父獨謂："三代史體大，非汝才所能勝。無已，其秦史乎？秦結三代之局，乃其史自古無專著。汝能爲之，明二千年建制所由，補十七史斷代之缺，亦盛業也。"我聞之，且愧且喜。然猶慮秦史之未嘗不體大，仍非輇材所得而勝也。擬先爲長編。憶倪濤爲《六藝之一錄》發家人爲助事，因於暑假中，出故書數十種，分於弟妹侄男女閱之，不問解與不解，凡遇"秦"字即錄。不二月，得抄本十餘冊，雖蕪雜，然蕭榛摘秀，於秦事蓋少遺佚矣。因據之作紀傳文若干卷。不意軍閥內戰頻仍，《長編》初本毀於兵燹，而《傳紀》復軼於遷徙。幸《長編》清本猶存，復據以補苴焉。嘗以就正於孫德謙教授，教授時已病，猶樂爲之序云：

予既序王瑷仲教授《諸子學派要詮》之明年，瑷仲復以所纂《秦史》殘稿見示，謂……中更喪亂，稿未成而再毀，此劫灰之餘也。予受而大喜曰："噫嘻！君爲《三代史》，已聞王靜安言之，且戲稱爲'王三代'，而不知復有《秦史》之纂。秦史斷代，二千年來無作手，一若留以待君者。……洛誦讚嘆，蓋有八善：其一、驅遣百家，殆同部勒。其二、無徵不信。其三、申理秦君臣枉屈而能功過不相掩。其四、采擇諸家詮正，不問新故，期於至當。其五、珍視地下材料。其六、《人表》據故創新，使時代顯然，事賅文省。其七、舊史積習掃地括絕，隱然欲立新史楷模。其八、文章爾雅，於《后妃傳》，無見矜慎。爲史家開山,爲祖龍吐氣,洵爲不朽之作矣。"……予曩病日酬,切望此書之成。禍福相倚,治亂如環。異日者,國家昇平,復興文治,網羅篇籍,以爲盛世之資,此書其首選乎?

此稿經東寇之亂,終得保存。不意十年動亂中,竟遭寸磔,幸首册別置得全,收拾叢殘,真如鄭珍所謂如撫病子,累餘八十者矣。四兇既殛,始復勃然有生氣。徐徐摩撫,有感於胡三省數毀終成之事,遂舉炳燭之光,次第補苴之,雖尚未及原擬之半,然駑馬十駕,殺青終有日也。

我之治子學,實爲作史服務也。採摭遺事,視經爲富,詮釋學派,一秉梁啓超先生之教。《自序》曰:

民國十六年春,予始究諸子學,上書於梁任公年丈,丈方作《莊子・天下》《尸子・廣澤》《荀子・非十二子》《韓子・顯學》諸篇釋文,以清華上庠油印本見賜,勖以辨別流派。遂發憤廣丈指,乃有此編之作。明年,爲滬西、大夏上庠高師科諸生論先秦學術,即將草稿次第講授。閱六旬有六日而寫定,即以清本呈丈,乞繩削。復書牟莫,爲定名曰《諸子學派要詮》。不數月,而丈已遽謝賓客矣。

我之從梁先生治子書,實始於前此十年,見上《師承》篇。後專取史料入三代史,又作《先秦諸子新傳》若干篇,皆爲史學而作也。至此始轉而專治子學。近年爲復旦大學研究生上課,乃有研究先秦諸子的方法五篇,並擬與諸生合編《先秦諸子學案》,特粗定大綱而已。

五、文與詩

我之治古文,亦爲作史服務也。自來評述者甚夥,頗多溢美,散見於報章雜誌。鄭逸梅著《藝壇百影・章草第一手》文中曾述及:"王多才藝,……古文尤爲一時翹楚。有人這樣贊許他:'窮事理之奧,極文心之變。自來學人之筆,或質而不文;文士之筆,恒華而不實。而其文華實相宣,文質並茂,而尤善於化俗爲雅,凡古無今有之物,靡不可融鑄以入文,而備盡雅潔。'"

有斐爾者,對我發表文章,搜集頗多,並有評論。曾曰:"我在《申報》春秋欄、《新聞報》茶話欄,和各種雜誌裏,剪存他的作品不少,近來又得到他在交通大學的油印文稿,大約也有數十篇。曾用歸納的方法研究過,覺得它的特點有六:

(一) 善於冶化。可分爲化俗爲雅及化今爲古兩種,前者如《參議伍君墓誌銘》,後者如代人所作《張蟾芬墓誌》。

(二) 善於描寫。如寫鴉片戰爭《陳忠愍公化成別傳》,及寫十九路軍抗日戰役陣亡戰士《金得海傳》。

(三) 善於敘述。如代人作《國務總理杭縣孫寶琦墓誌銘》。

(四) 善於傅會。如代人作《嵩山草堂記》,又爲某大學作《孫太夫人壽序》。

(五) 揭露社會罪惡。如《王彥修家傳》《余孺人家傳》。

(六) 表揚忠義節孝。這一類文字最多,如《甲午死難將士題名記》《李世鴻傳》《旅順義丐傳》《二簡傳》《六十無名烈士傳》《胡阿毛烈士傳》《台山李營長傳》《美利堅肖德上尉傳》《張蒼水先生事狀》等。

所論雖然夸大,但亦道着一二。我少喜《史記》,已如前述。後得清金人瑞所編《才子必讀書》,《史記》專選"太史公曰",我亦十九成誦,覺其總是凌空着筆,班孟堅遠非其倫。後來作史論,實大有助也。我文稿十二卷,除部分編入《抗兵集》外,餘幾全毀於浩劫中,其零篇短簡，轉藉此論以存，故過而存之。

我作詩頗早，成集亦早，全爲四言，已見上述。惟中經父師刪改，多至十七八，少亦五六，故愧不示人。十八歲後至三十二歲所作，別爲《明兩廬詩》，與友人錢萼孫合刊曰"江南二仲詩"。詩雖不多，而評者不少。如陳衍先生之《石遺室詩話續編》，陳守玄先生之《四十年來吾國文學略志》，朱奇之《嚶鳴詩話》(《金剛鑽報》)，及《抗戰詩話》，錢萼孫之《近代詩話》(天津《商報》付刊)，與《十五年來江浙詩派論》(《無錫國專十五周刊紀念刊》)，及姚繼戺之《江南二仲詩評》(《無錫國專年刊》)，斐爾之《王蘧常詩文評判》(《大衆雜誌》)等均有評述。

姚繼戺曾述我詩學淵源云："王君爲嘉興沈寐叟弟子。其曾大父補樓先生有《玉樹堂詩集》，張叔未推爲逼似大蘇。尊人部昀先生諱甲榮，以詩人爲循吏，寐叟稱其詩品在吳梅村上。所著《二欣室詩集》卓然名家，《彩雲》一曲尤負盛名，論者謂非樊樊山所及。君淵源所自，不同凡手。年十三，始學詩。十八，寐叟自海上回籍，君變其書體，以二絕投之，托曰'阿龍'。叟嚅唶曰：'是近玉溪。'君謁之，叟遽稱曰：'阿龍先生。'旋大笑曰：'好爲之。'自是君益致力於詩。……二十，君來錫山，執經於唐茹經尚書之門。治經之暇，時復旁及。一日，見寐叟於海上，談詩，既知君治經，曰：'在在皆詩境，不獨三百篇，他經亦可發詩。吾鄉竹垞翁，固以經發詩者也，而能結唐宋紛馳之軌。'君大悟，詩境由是益高。久之，君游海上，主各大學講席，吟興不復如前，自序所謂'自爲事纏，低首十丈紅塵中，意氣都非疇昔矣'云，道實也。近歲君喜言考據，奮志造三代史，詩幾絕筆，大似孫淵如壯歲以後。古今才人，固無獨有偶也。"

有述我作詩主張者，如錢萼孫《近代詩話》云："乙丑春，始與瑗仲訂交於錫山，商榷詩文，益我良多。是夏在家，有作必寄君，往返信札頗夥。有一札，批導利病，精極不刊。書曰：'尊作伉爽有奇氣,漸脱清人氣味。如能豪放中求深沉,空靈中求密緻,則更加人一等,古人未有不從密緻中下功夫也。自此以往,尤須精研訓詁,細窺物理,求字字錘鍊,句句沉着,無枵響,無捐義。如此方能亘古如新,覺有一種光氣,常動盪於字裏行間,不可捉摸,不可遏抑;不襲古人聲音笑貌,而自有聲音笑貌,可與古人頡頏。"

鄭逸梅著《藝壇百影》謂我詩煉錘多奇句,如"滿地鳴蛙人獨立,碧天如海一燈驕",又"山過大江俱跋扈,春來北地亦蒼涼",又"傲骨三年成百折,狂奴雙淚亦千秋",又"無邊日月摧蓬鬢,如此江山着布衣"。有一次在滬市大世界觀提燈會,有句云:"男兒何必凌霄住,歷歷星辰在下頭。"都能道人所未道。

解放後,宿疾日斟,不甚作詩,然猶勉力作吾黨成立三十周年頌詩六百韵,曾呈政於陳毅元帥。前六年,吾鄉南湖革命紀念館——中共"一大"會址之一來徵書,即錄吾黨誕生一段云:

弄璋望志街,洗三莆柏宅,所居皆高明,遠大於焉小。宗國聞孫生,山川效喜色;父老聞兒生,充間驗犀角。阿干聞弟生,試馬欲聯鑣;阿姨聞甥生,錦褓萬年祝。方其初達時,何因窺埶鵬?扁舟泛鴛湖,水火濟二六。七日得中道,唯時受其福,戒行舟有衲,鬼方久必克。兆以得位爻,侑之無聲樂,我鄉本水國,春到接天綠。澄波一被榮,萬象爭沐浴,汪汪百二頃,雖撓不可濁。環湖多垂楊,拜舞作賀客,從兹拓弧矢,風雷動六幕(讀仄聲)。

其他尚有《長征詩》《十月英雄歌》等等,皆五言長詩也,不復詳述。

六、書　　法

我於書法,自幼即篤嗜,以是略知門徑。二十八九歲時,爲諸

生指授書法,作《書法答問》若干篇,其書久亡。近見某雜誌載之,轉錄一二,以見大概。《自述篇》云:

予幼承先公之教,童稚即好紙筆。二十餘年來,深知此中甘苦,敢先爲諸生陳其一二,或亦小有助焉。余初學二王,少長,效歐陽率更,若《醴泉銘》,若《化度寺碑》,皆臨摹至百數十遍。嘗作楹聯榜書,頗要譽於鄉黨間。然吾兄銘遠獨笑爲干祿書。年十九,見沈寐師於上海。師以爲骨格已樹,可改肄北碑,求縱恣。是年師歸里,瀕行,以舊拓《鄭羲》《敬使君》兩碑見賜。前一日,並指授用筆用墨之法。則大喜,如航大海之得南針。自此向明即起,每晨盡墨一盂。先公又以舊磚方二尺作架賜之,遂作擘窠書。如此者凡一年。吾兄從政歸,見而大許之。先師掃墓歸,過訪先公,見所習《鄭羲》與《乙瑛》,謂猶拘局格禁,不能盡古人之勢,"盍廣攬以博趣,去圓而就方乎?"即背臨《鄭羲》若干字賜之。乃改肄《張遷》《張清頌》諸碑,及龍門諸造象,業更加勤,往往手爲之繭,臂爲之僵,不顧也。如此者又一年。一日爲先公代書吾鄉南堰白苧橋碑文,文爲金蓉鏡丈作。丈見之,過吒先公,以爲如劉文正之有文清也,乃益自勵。後又間摹《兩爨》,以圓勢運方筆。時方從唐尚書授經學,道出海上,以所習上寐師,心頗忐忑,懼不中程,師乃笑曰:"若此,盍再去方就圓乎?"於是復從《鄭羲》入,繼又習《敬使君》。不及一年,而師謝賓客矣。自後握管,輒惘惘不自聊。廿五歲後,疲精考據,常窮日夜,前所自課,乃漸中輟。偶見一二舊拓,躍躍欲一試,而自律不能持久。近歲以來,奔走衣食,舊業久廢。惟不忘金丈及寐師遺教,欲作草,必自章草始,偶偷閒學之。初做《月儀》及《出師頌》,後得松江本《急就章》,日必習一二紙。然卒卒不能致力,覺腕下有鬼,無以發其奇藴，每自訟曰："負吾師矣！負吾師矣！"

又《綜言篇》，言學書之要，兹舉其目如下：

一、專一：舉張芝、鍾繇、釋智永爲例。

二、敏速。舉姜夔、康里子山、趙孟頫等爲例。

三、誠正。舉柳公權、程顥、陳獻章、傅山爲例。

四、虛心。舉趙宧光爲例。

五、博取。舉鄧石如爲例。

六、窮源。舉宋克、祝允明、文徵明爲例。

我中年以後，專學章草。鄭逸梅作《章草第一手》一文中謂我如何學習一段，頗得其實，他説：

> 痛下工夫於《月儀》《出師頌》等。後又得松江石刻《急就章》，他置諸左右，愛不離身。在這時期，有所觀，觀章草；有所書，書章草；致友人書札，亦章草出之；甚至信封上的地址姓名，也寫章草。有人對他説："郵遞員是不識章草的，恐送不到。"他就在章草旁邊，加以注釋，不憚煩到如此。

我在書法方面，雖所得無多，但知己之感却不少。嘗作《書中知己録》云："懷素自敍多録顯貴詩歌稱其書，余則不獨鉅子勝流一字之襃，銘心不敢忘，即無聲譽者之一言，亦引爲知己而不能忘者也。若吾鄉沈寐叟、滮湖遺老金甸丞，及南海康更牲諸先生，知己之感，皆別有記。他如唐蔚芝先生爲作書例，其前言云：'及門王蘧常教授，爲先師沈寐叟先生晚年入室弟子，書法尤得真髓。由北碑上探兩漢，旁及漆書竹簡、石經石室之墜文。先生嘗謂不落唐以後一筆。年來都講上庠，所造益深。'内兄沈蔚文鈞儒見余爲劉生一清書大草長卷於九華堂裱肆，嘍啥曰：'於點畫狼藉中，無一筆不由中鋒，輓近世未嘗見也。'"

近年來，我先後爲吉林博物館、四川李白紀念館，嘉興南湖革命紀念館等寫有字幅。前歲杭州西湖新修岳廟工成，亦爲之書寫長聯一副，文曰："奈何鐵馬金戈，僅爭得偏安局面；至今山光水色，猶照見一片丹心。"浙江時賢沙孟海文若謂其弟子朱關田稱我此聯爲神州之冠，實屬溢譽。錄之，非以自重，欲所自勉焉。

七、著　　述

我年十五六，即妄思著作。初擬作小說，時東氛惡，憂思成疾，乃幻想作《平倭記》數篇以泄忿。爲伯父所見，曰："不古不今，足壞文筆。"乃中輟。然又試注《天演論》，亦爲師所訶。一時頗徬徨。及爲劉子庚師注《中國文學簡史》，始評爲著述正軌。二十以後，師友切磋，著述漸多，復悔蕪雜，始專事史學。其治經子與古文，亦意在作史也。然半生蹉跎，所成無幾，深自悔也。茲分（一）已出版，（二）將出版，（三）已付出版社未見出版，（四）書成不知存亡，（五）有稿未成書，（六）在編補中，（七）在計劃中等。

（一）已出版

①《諸子學派要詮》。一九三六年六月上海中華書局出版，有自序及孫德謙序。②《先秦諸子書答問》。中華書局出版，有自序。後大有補充，稿未殺青。③《嚴幾道年譜》。一九三六年一月上海商務印書館出版，有自跋。上海神州國光社史學叢刊《戊戌變法》有摘要本。④《沈寐叟先生年譜初稿》。商務印書館《東方雜誌》二十六卷十五、十六兩號。⑤《沈寐叟年譜》。商務印書館出版。有補充本，稿未殺青。⑥《補嘉興府志經籍志》。之江文理學院 1940 年年刊。⑦《商代典墳志》。大夏大學十周年紀念刊。此篇爲《商史》中之一種。⑧《商史世紀本紀》。陳柱《中國學術討論集》及《國專年刊》。⑨《明兩廬詩》三卷。常熟印書店《江南二仲

詩》印本。有自序。⑩《抗兵集》。一九四八年新紀元出版社出版,詩文各一卷,有吳丕績序。⑪《國恥詩話》。大夏大學印本及新紀元出版社 1947 年本。⑫《書法答問》。《光華簡報》半月刊印。《大衆雜誌》引有《自述》《綜言》兩篇。⑬《明兩廬題跋劫餘錄》。一九八〇年《書法研究》本,另有影印本。⑭《禮經大義》。與人合著,1922 年無錫印書館本。

(二) 將出版

①《顧亭林詩集彙注》十二卷,將由上海古籍出版社出版。②《顧亭林詩譜》一卷,將由上海古籍出版社出版。③《顧亭林著述考》。④《荀子新傳》。

(三) 已付出版社未見出版

①《梁啓超詩文選注》。北京人民文學出版社爲紀念戊戌變法六十周年約稿。"文化大革命"前《光明日報》有報導,謂即將出版,但至今未見到。②《陳化成年譜》。一九六三年交稿於中華書局編輯所,即今之古籍出版社,至今未見出版。③《曾滌生論學雜抄》四卷。交稿於上海大東書局,今大東書局已關閉,此書不知存佚。④《曾滌生著述考》。有油印本,某書曾載其目。

(四) 書成不知存亡

①《朱子著述考》四卷。遭亂遺失,某君於冷攤得其殘本數十頁寄還,不知其他是否尚存。②《明兩廬文稿》十二卷。本擬付某書局印行,因亂中止,寄存親串家,浩劫中失去。③《錢侃石年譜》。原稿已毀於浩劫中,而吾鄉錢冲甫熊祥及上海秦翰才皆有抄本,惟兩人均已作古,存亡不可知。傳秦君有遺命,將其所藏年譜千餘種捐與上海圖書館,此書或在其中。侃石名儀吉,嘉興人,歷史學者,又詩、古文名家也。

(五) 有稿未成書

①《清代藝文志權輿》十六册。以姓爲綱,尚未分類,作於國

學院中。此時《清史稿》尚未問世也。②《呂忱字林輯本》。以任大椿《字林補遺》爲底本,所補殆過其半。③《三代史叢稿》。《夏史》有《夏禮徵》一卷、《少康本紀》一卷。《商史》除上述《典墳志》及《世紀成湯本紀》外,尚有《太甲》《太戊》《盤庚》《武丁》等本紀,《伊尹》《仲虺》等傳,及《人表》一卷。④《先秦諸子新傳》。⑤《章草十家傳》。

(六) 在編補中

《秦史》。此書前已屢屢言之,不復重述。略記其所不及。當吾父啓發,始願作此書時,興高采烈,即告之寐叟師。師固以治學不走常蹊爲教者也,聞之,不覺拍掌大笑曰:"大好!大好!不意不可一世之祖龍,乃待二千年後之一小子爲之平反,爲之吐氣。彼如有知,必始料所不及者也。雖然,靡不有初,鮮克有終,小子勉之哉!"此數語,竟成我作此書之鞭策,故書經三毀,而其志不衰。當日月重光時,喜極而涕,首即撫摩此書之殘骸,妄欲起死回生。然篤老多病,亦徒托夢想而已。後爲國家四化事業所感召,與夫先師'鮮克有終'之遺言,不覺打疊精神,不能自已。先後補成《世紀》三卷、《本紀》三卷、《人表》一卷、《郡縣志》二卷、《職官志》一卷,《羣籍志》作而未成,《列傳》則有公孫枝、二老、三帥、由余、三良、公孫鞅、張儀、司馬錯、陳軫、樗里疾、三力、甘茂、四貴、白起、范雎、蔡澤、呂不韋、王翦、蒙恬蒙毅、李斯、韓非(收入有說明)、内史騰、章邯等二十三卷。類傳有水工、博士、諫輔、方士、方技、后妃、諸公子、扶蘇、將閭、宗女、列女、四裔等十餘卷,最後爲巨奸《趙高傳》。原定之五十八卷,則所缺猶多,尚待最後之努力矣。

(七) 在計劃中

擬寫《先秦諸子學案》,倣黃宗羲《宋元學案》《明儒學案》例,將與復旦大學研究生合作。

八、後　言

　　蘧常不佞，一生從事於教育，無所建樹。常自念此身豈甘與鳥獸草木同腐，於是妄冀所以不朽者。左氏所謂三不朽，德與功，我何敢望，其惟見之於言乎？故於教學外，獨此爲兢兢。然舊制度下之學校，工作煩重，常溢課外，於是欲見於言者，少餘晷矣。其後母病子弱，入不敷出，不得不求資於寫作，於是昔之妄冀於不朽者，乃轉爲乞米之帖矣。日既疲於執教，又不得不繼晷於午夜，不足一歲，尫瘠乃逾大病。一日，與婦觀電影，見一教師新婚，爲支持生計而盡瘁瘵死，不覺相視泣下。抗戰軍興，生活尤困，學校不足，益以家館，日教不足，益以夜課，銷精鑠神，至勝利而心疾大發矣。静中突聞報紙翻帋聲，竟如獰猋驟起，爲之通體汗下。鄰人憐之，不敢剁肉。昔殷師子病虛悸，床下蟻動，乃如鬭牛，仿佛似之。然不二月即强起赴校，懼失聘也。從此失調，病復日酐。解放後，黨起我於九泉之上，撥我於百寮之底（見前），後又特許我在家爲研究教授。以此乃得期休養。十年中，先後整齊舊作至八九種。昔之將瀕爲朽骨之人，今乃復有不朽之望，其刻骨銘心爲何如耶？故我今日之生，黨與人民生之也；我之今日得稍申其微志，黨與人民申之也；我晚年之一切幸福，無一非黨與人民惠賜之也。我雖耄不任事，苟一息尚存，猶思爲黨爲人民盡其綿薄於萬一也。

王蘧常主要著作目錄

　　一、已出版的有：
　　（一）《禮經大義》。吳縣曹元弼先生講授，與畢壽頤等整理筆記。無錫印書館出版。

（二）《諸子學派要詮》。上海中華書局出版。

（三）《先秦諸子書答問》。同上。附《要詮》後。

（四）《荀子新傳》。《中國歷史文獻研究集刊》第二集，湖南人民出版社出版。

（五）《嚴幾道年譜》。上海商務印書館出版，神州國光社近代歷史叢刊《戊戌變法》有選印。

（六）《沈寐叟先生年譜初稿》。商務印書館《東方雜誌》二十六卷十五、十六兩號。

（七）《沈寐叟年譜》。商務印書館出版。

（八）《增補嘉興府志經籍志》。之江大學年報抽印本。

（九）《商書世紀》。陳柱編《中國學術討論集》出版。

（十）《商書湯本紀》。《無錫國專年刊》。

（十一）《商書墳典志》。大夏大學年刊。

（十二）《明兩廬詩》。常熟印書店出版（與錢萼孫詩合刊，稱《江南二仲詩》）。

（十三）《抗兵集》。上海新紀元出版社出版，臺灣文海出版社《近代中國史料叢刊》第八十二輯有翻印本。

（十四）《國恥詩話》。上海新紀元出版社出版。

（十五）《明兩廬題跋劫餘錄》。上海書畫社《書法研究》。

（十六）《國學講演稿》關於《詩經》《孟子》《朱子》三篇。無錫印書館出版。

（十七）《無錫國專月試文選》。同上。

以上兩種爲少作。

（十八）《王蘧常章草藝術》。湖南人民美術出版社出版。

（十九）《王蘧常書法》。上海書畫出版社《書法》雜誌。

二、已付印即將出版的有：

（一）《顧亭林詩集彙注》。由上海古籍出版社承印。

（二）《顧亭林詩譜》。同上。

（三）《梁啓超詩文選注》。人民文學出版社承印。

（四）《陳化成年譜》。福州人民出版社承印。

（五）《顧亭林著述考》。印入北京中國社會科學院歷史研究所《顧頡剛先生紀念集》中。

（六）《王蘧常章草選》。上海書畫出版社承印。

三、已付印而稿本遺失的有：

《曾國藩論學雜抄》。由大東書局承印（解放後，該局解散，稿本不知去向）。

四、成書未付印的有：

（一）《朱子大全集校釋》。見唐蔚芝先生《自訂年譜》，據《柳詒徵日記》，南京國學圖書館有傳抄本。

（二）《朱子著述考》。因亂遺失。曾由陳君某寄回殘本，僅十分之一而已。

（三）《曾國藩著述考》。稿本已遺失。某君言，有研究曾國藩學說者某書附印於後。我未見。

（四）《錢侃石年譜》。原稿於一九六八年動亂中被毀，但上海秦翰才有抄本，據云，與其他年譜一千餘種，捐獻於上海圖書館，則其書尚在也。又，嘉興錢沖南名熊祥，亦有手抄本，今其人已亡，不知其抄本尚存否？

五、在修補中的有：

《秦史》。此稿共五十六卷，未印，大半毀於動亂中。撥亂反正後，始復修補，至今僅成四十七卷，尚待繼續完成。

（原載《文獻》1984年第4期，又載《中國當代社會科學》第七輯，書目文獻出版社，1986年。今據前者收入。）

後　記

　　本册《國學叢録》所收王蘧常先生單篇文章，最早作於二十世紀二十年代，最晚成於二十世紀八十年代，時間跨度半個世紀以上。本册諸文，散佚已久，此次蒐遺，重新董理，以窺王蘧常先生治學風貌，亦爲學界留下一份學術遺産。

　　本册之成，有賴於王先生哲嗣王興孫先生、王先生門生王運天先生慷慨提供珍藏資料，劉兵博士做了大量資料收集工作，郭建中博士擔任文字標點等整理工作，吴震教授負責指導。對於各位先生的工作和努力，在此一併致謝！

復旦大學出版社
2021 年 9 月

圖書在版編目(CIP)數據

王蘧常文集:全十二册/吴曉明,王興孫主編.—上海:復旦大學出版社,2022.1
ISBN 978-7-309-15670-6

Ⅰ.①王…　Ⅱ.①吴…②王…　Ⅲ.①王蘧常(1900-1989)-文集　Ⅳ.①C52

中國版本圖書館 CIP 數據核字(2021)第 085264 號

王蘧常文集:全十二册
吴曉明　王興孫　主編
出品人／嚴　峰
責任編輯／杜怡順　胡欣軒
裝幀設計／馬曉霞

復旦大學出版社有限公司出版發行
上海市國權路 579 號　郵編:200433
網址: fupnet@fudanpress.com　http://www.fudanpress.com
門市零售: 86-21-65102580　團體訂購: 86-21-65104505
出版部電話: 86-21-65642845
江陰市機關印刷服務有限公司

開本 890×1240　1/32　印張 176.625　字數 4273 千
2022 年 1 月第 1 版第 1 次印刷

ISBN 978-7-309-15670-6/C·413
定價: 1280.00 元

如有印裝質量問題,請向復旦大學出版社出版部調换。
版權所有　　侵權必究